LES ÉPREUVES DE LA VIE

Pierre Rosanvallon

LES ÉPREUVES DE LA VIE

Comprendre autrement les Français

LE COMPTE À REBOURS
SEUIL

Ce livre est publié dans la collection
« Le Compte à rebours »
dirigée par Nicolas Delalande et Pierre Rosanvallon.

ISBN 978-2-02-148643-8

www.seuil.com

LES ÉPREUVES DE LA VIE

Introduction

LES FRANÇAIS À L'ÉPREUVE

La vraie vie des Français n'est pas dans les grandes théories ou les moyennes statistiques. Les principaux mouvements sociaux de ces dernières années n'ont ainsi guère été éclairés par les travaux sur les structures globales de la société et les fractures territoriales qui avaient retenu l'attention et nourri les best-sellers de la période précédente. La vraie vie des Français n'a pas davantage été racontée par les sondages. Ceux-ci ont certes bien documenté la réorganisation des clivages politiques avec la montée en puissance des populismes et l'instauration d'un climat de défiance généralisée. Mais ils n'ont pas déchiffré la boîte noire des attentes, des colères et des peurs qui les fondaient. Cet essai propose des outils pour ouvrir et décrypter cette boîte noire. Il appréhende le pays de façon plus subjective, en partant de la perception que les Français ont de leur situation personnelle et de l'état de la société. Il se fonde pour cela sur une analyse des *épreuves* auxquelles ils se trouvent le plus communément confrontés.

Penser en termes d'épreuves

Cette notion d'épreuve a un double sens. Elle renvoie d'abord à l'expérience d'une souffrance, d'une difficulté de l'existence, de la confrontation à un obstacle qui ébranle au plus profond les personnes. Elle correspond aussi à une façon d'appréhender le monde, de le comprendre et de le critiquer sur un mode directement sensible, et de réagir en conséquence. Pour préciser cette approche, on peut en distinguer trois types :

– *Les épreuves de l'individualité et de l'intégrité personnelle*. Ce sont celles qui déshumanisent les femmes et les hommes, atteignent leur moi profond et peuvent menacer psychiquement et physiquement leur vie même. Il s'agit du harcèlement, des violences sexuelles, de l'exercice sur autrui d'une emprise, d'une manipulation, ou encore d'une mise sous pression pouvant conduire au *burn out*. Ce sont pour l'essentiel des pathologies de la relation individuelle qui s'exercent dans un face-à-face dévastateur. Mais elles ont aussi une dimension systémique quand elles se lient, par exemple, à la longue histoire de la domination masculine ou à certains modes d'organisation du travail. La sensibilité à ces épreuves n'a cessé de s'accroître dans une société de plus en plus attentive au droit des personnes, comme l'actualité nous l'a montré. L'évolution conséquente du droit pénal a conduit à criminaliser plus systématiquement ces faits et à aggraver les sanctions les concernant, allant ainsi jusqu'à faire envisager pour les cas d'inceste une imprescriptibilité.

– *Les épreuves du lien social*. Tout en ayant un impact individuel, elles renvoient à des hiérarchies ou à des formes de domination qui ont une dimension collective. On peut notamment distinguer là les trois épreuves du mépris, de l'injustice et de la discrimination. Il s'agit dans ces trois cas de pathologies de l'égalité, au sens où ces mises à l'épreuve soulignent les obstacles qui sont mis à la constitution d'une société de semblables. Il s'agit là aussi de situations ressenties comme intolérables dans un monde où l'attention aux singularités et à la valeur intrinsèque de chaque individu s'est imposée comme une exigence démocratique élémentaire.

– *Les épreuves de l'incertitude*. Elles ont un double caractère. Elles tiennent d'abord à la situation qui résulte de l'effritement de la notion de risque pour caractériser les problèmes sociaux et leur mode de traitement assuranciel. De plus en plus de situations de précarité ou de pauvreté relèvent en effet de « pannes de l'existence » ou d'événements fortuits qui ne rentrent plus dans les cadres de traitement des mécanismes traditionnels de l'État-providence. D'où l'accroissement du sentiment d'incertitude à un âge où les bouleversements économiques rendent par ailleurs l'avenir plus imprévisible. Pèsent en outre sur toutes les existences les nouvelles menaces d'humanité liées au dérèglement climatique ou aux pandémies, autant qu'aux incertitudes géopolitiques.

Ce sont ces différents types d'épreuves qui constituent le cœur de la préoccupation des gens. Les questions du pouvoir d'achat ou de l'accroissement des inégalités restent évidemment perçues comme centrales. Mais reste le sentiment diffus qu'il s'agit là de problèmes participant d'un système que l'on peut dénoncer mais dont on ne perçoit pas toujours les conditions concrètes de changement. D'où l'atmosphère contemporaine de désenchantement politique : on ne croit plus à une révolution qui instaurerait un ordre radicalement nouveau et domine une atmosphère d'impuissance. Les Français ne sont pas pour autant devenus passifs. Ils n'ont même jamais autant manifesté, pétitionné, échangé. Mais leur attention s'est davantage portée sur l'affrontement à ces épreuves dont l'effet paraît plus immédiat et plus directement sensible.

C'est patent si l'on regarde la nature des mobilisations collectives et de l'attention publique de ces dernières années. Le mouvement *#MeToo* a ainsi été l'archétype des réactions de grande ampleur aux atteintes à l'intégrité individuelle (des femmes en l'occurrence). C'est aussi sur ce terrain que se sont situés les best-sellers comme *La Familia grande* de Camille Kouchner ou *Le Consentement* de Vanessa Springora, sans compter l'écho rencontré par la révélation des violences sexuelles dans l'Église catholique. Le caractère inédit de l'irruption sur la place publique et les ronds-points des Gilets jaunes ne peut être de son côté appréhendé que s'il est rapporté à la dénonciation du mépris de « ceux d'en haut » et de l'injustice (comprise comme l'indifférence de la norme technocratique à la réalité de leurs situations vécues) qui a nourri leur protestation. L'onde de choc, dans l'Hexagone, du mouvement *Black Lives Matter*, ainsi que la montée en puissance de la dénonciation des contrôles d'identité au faciès ou encore les débats sur l'héritage colonial ne sont eux aussi compréhensibles que rapportés à la plus grande attention portée en général aux phénomènes de discrimination. Si l'on considère encore les protestations contre le projet de loi sur la réforme des retraites, il est patent qu'au-delà de l'étincelle première de la résistance des bénéficiaires de régimes spéciaux, c'est le spectre d'une incertitude généralisée sur l'avenir de chacun qui a mis le feu à la plaine. Les mobilisations de jeunes sur le climat depuis l'automne 2019 ont de leur côté également participé d'une inquiétude générationnelle face à un avenir menaçant. La centralité prise par tous ces mouvements de réaction aux différentes catégories d'épreuves que nous avons mentionnées contraste singulièrement avec la nature des grands mouvements sociaux du passé, à l'instar de la longue grève emblématique de l'automne 1995, cantonnée à des revendications sociales dans la continuité des luttes syndicales traditionnelles. Le fait frappant a été à l'inverse celui de la relative absence syndicale dans les différents mouvements que nous venons d'évoquer[1], comme si c'était le champ même du « social » qui s'était déplacé avec eux.

C'est la prise en compte de ce déplacement qui est à l'origine de cet essai. Outre le glissement d'objet opéré par l'avènement de la catégorie d'épreuve qui s'est superposée et même souvent substituée à celle d'intérêt de classe pour décrire les affrontements qui dessinent les enjeux collectifs d'aujourd'hui, c'est aussi la notion même de classe qui semble moins pertinente. En témoigne à sa façon l'usage de plus en plus fréquent du terme de « classes populaires » en lieu et place de celui de classe ouvrière. Le passage du singulier au pluriel est en lui-même le signe d'une perplexité face à une complexification reconnue du monde social. Il mêle une évidence statistique[2] et un flou sociologique. Les auteurs des nombreuses publications récentes sur le sujet[3] parlent ainsi d'un monde social « fragmenté », « hétérogène » tant sont fortes les différences en son sein, d'un « grand corps démembré [...] dont l'organisation des parties est toujours en question[4] ». En fait, derrière cette dénomination de « classes populaires » plane ce qui est de l'ordre d'un désarroi indissociablement intellectuel et politique : la difficulté à désigner un nouvel acteur central de l'émancipation sociale. On a ainsi justement parlé pour cela de « désarmement identitaire et politique[5] ». Mais si la lutte des classes, dans son format d'origine, s'est érodée, les luttes, elles, subsistent sous les nouveaux atours des épreuves. Et de même que les luttes produisaient les classes dans la théorie marxiste, on peut dire aujourd'hui que ce sont les épreuves qui redessinent la carte du social.

S'il a ainsi pour objet l'examen de l'affrontement aux épreuves de la vie, en partant de la compréhension en profondeur des ressorts de celles-ci, cet essai resserre en même temps la focale en ne s'attachant qu'aux épreuves du lien social et à celles de l'incertitude. On peut en effet considérer que les épreuves de l'intégrité

---

1. À l'exception notable du mouvement sur les retraites qui a encore correspondu, en grande part, au répertoire classique de l'action sociale, même s'il en a en même temps dépassé le cadre avec l'accent mis sur la dimension d'incertitude.
2. 80 % de la population française se situent dans une fourchette de revenu mensuel allant de 1 247 à 3 654 euros par mois. Il est alors loisible de faire la distinction entre classes populaires et classes moyennes dans cet intervalle.
3. Voir la synthèse de Yasmine Siblot, Marie Cartier, Isabelle Coutant, Olivia Masclet et Nicolas Renahy, *Sociologie des classes populaires contemporaines*, Paris, Armand Colin, 2015.
4. Sophie Béroud, Paul Bouffartigue, Henri Eckert et Denis Merklen, *En quête des classes populaires. Un essai politique*, Paris, La Dispute, 2016, p. 77.
5. Nicolas Duvoux, Cédric Lomba (dir.), *Où va la France populaire ?*, Paris, PUF/laviedesidees.fr, 2019, p. 8.

personnelle ont déjà été amplement identifiées, médiatisées, documentées et conceptualisées dans la période récente, même si les combats pour les surmonter sont évidemment encore loin d'être achevés.

Questions de méthode

Dans un des grands classiques de la méthodologie en sciences sociales, *L'Imagination sociologique*, le sociologue américain Charles Wright Mills avait appelé à distinguer les « épreuves individuelles » et les « enjeux de structure »[6], montrant que les deux éléments se distinguaient et se liaient à la fois. C'est aussi l'orientation conceptuelle de ce travail. Il vise d'abord à souligner l'importance de ces épreuves qui, parce qu'elles ont un impact personnel, sont génératrices de réactions sous la forme d'émotions[7], qui guident les comportements et déterminent les rapports à autrui comme aux institutions. C'est dans cette perspective qu'il faut comprendre la place majeure qu'occupent dans notre société le ressentiment, l'indignation, la colère, l'amertume, l'anxiété et la défiance. C'est leur prise en compte qui permet en retour de comprendre les exigences, les attentes et les impatiences des hommes et des femmes d'aujourd'hui. Ces émotions ne sont en effet pas cantonnées dans le for intérieur des individus ; elles acquièrent aussi une dimension collective en étant partagées de multiples façons. C'est dans le même esprit que l'historien de la classe ouvrière anglaise, Edward Palmer Thompson, avait forgé la notion d'*économie morale* pour souligner l'importance des affects et des formes de justification de l'action qui déclenchaient les révoltes et constituaient la matière la plus immédiate d'expression d'un collectif. C'est une conceptualisation qui a d'ailleurs souvent été rappelée, à juste titre, pour rendre compte de l'action des Gilets jaunes.

Les communautés d'émotions ou d'expériences qui émergent dans ce cadre se manifestent, par exemple, comme « communautés de lecteurs ou de lectrices » d'un livre, « communautés de *followers* »

---

6. Charles Wright Mills, *L'Imagination sociologique* (1959), trad. française par Pierre Clinquant, Paris, La Découverte, 2006. Voir les p. 10 à 16.
7. Voir *infra* la mise au point de méthode sur la notion d'épreuve en sciences sociales (p. 155-158). Il est nécessaire de s'y reporter pour prendre pleinement la mesure des fondements conceptuels de cet ouvrage.

sur les réseaux sociaux, groupes ponctuels d'action ou de manifestation, ainsi que par toutes autres formes de proximité qui font que des personnes se trouvent en résonance ou immergées dans le même bain. Ce sont là des façons de produire du collectif sur d'autres modes que ceux de l'identité et de l'appartenance qui s'appuyaient, eux, sur des types d'organisations permanentes dont les syndicats étaient l'archétype sociologique et la figure institutionnalisée. Ce sont les objets constitutifs du commun qui se trouvent en conséquence redéfinis, allant bien au-delà de la notion d'intérêt, dont *l'intérêt de classe* était l'expression emblématique dans un monde régi par les rapports de production et de distribution. Si ceux-ci conservent évidemment leur importance, ils ont perdu de leur centralité pour rendre compte des rapports de domination dans le monde d'aujourd'hui.

Les épreuves de la vie que nous analysons dans ces pages peuvent être considérées en elles-mêmes, à partir des effets corrosifs directs qu'elles ont sur les personnes concernées. Mais on ne peut en prendre la pleine mesure que si l'on considère le système qu'elles forment avec les émotions qu'elles suscitent en retour et les attentes de changement qu'elles induisent. Les épreuves sont en effet des faits sociaux totaux qui lient de façon indissociable la réalité et sa représentation. Le psychologique, le politique et le social se nouent intimement en elles. Leur prise en compte conduit pour cela à une compréhension plus dynamique et plus profonde de la marche du monde. Le tableau ci-dessous propose une version résumée de la grille d'analyse qui sous-tend en conséquence cet essai.

Les types d'épreuves	**Les émotions suscitées en réaction**	**Les attentes conséquentes**
L'épreuve du mépris	L'humiliation Le ressentiment La colère	Le respect La dignité
L'épreuve de l'injustice	L'indignation	L'attention des pouvoirs aux réalités vécues
L'épreuve de la discrimination	L'amertume La rage	La reconnaissance L'égalité réelle des chances
Les épreuves de l'incertitude	L'anxiété La défiance	La sécurité La lisibilité

Un des traits saillants de cette approche du monde social par les épreuves est que celles-ci dessinent un nouvel internationalisme. La mobilisation pour le respect et la dignité contre le mépris et l'humiliation se retrouve, par exemple, sur tous les continents. En Syrie, les premières manifestations contre le régime, organisées en 2011 les jours de la grande prière, avaient ainsi été appelées les « vendredis de la dignité », « vendredi de la fierté » ou encore « vendredi des hommes d'honneur »[8]. D'une façon plus générale, que ce soit dans le monde arabe, en Afrique, en Asie ou en Europe, c'est l'arrogance des puissants, la corruption des gouvernements et la négation des droits qui font descendre le plus souvent les hommes et les femmes dans la rue. Les mouvements *#MeToo* et *Black Lives Matter* ont, de leur côté aussi, fait le tour du monde tandis que les menaces d'humanité rapprochent tous les habitants de la planète. Les épreuves sont ainsi déjà « le genre humain » !

Perspectives

Si l'économie des rapports de production et de distribution ainsi que la sociologie des déterminismes sociaux conservent leur pertinence pour *connaître* la société, il faut ainsi également forger de nouveaux outils pour la *comprendre*, avec ses ressorts internes comme avec les capacités de ses membres d'intervenir pour modifier son histoire. C'est la direction qu'indique la théorie des épreuves qui est esquissée ici. Cette réorientation fondée sur la réévaluation de la dimension subjective du monde social est décisive pour les citoyens, pour leur permettre de reprendre le contrôle sur leurs existences et rompre avec le sentiment contemporain d'impuissance. Mais elle est également politiquement essentielle. Pour ceux qui gouvernent, car s'ils ne se fient qu'aux statistiques et aux analyses « objectives » d'une société-système, ils s'avèrent incapables de transformer la réalité et d'avoir l'intelligence de leurs échecs. Pour ceux qui aspirent à gouverner, car ils ne pourront arriver au pouvoir

8. Voir « Les noms des vendredis. Égypte, Syrie, Yémen », dans Leyla Dakhli (dir.), *L'Esprit de la révolte. Archives et actualité des révolutions arabes*, Paris, Seuil, 2020, p. 133-136.

que s'ils comprennent cette dynamique constituante des épreuves et se montrent soucieux d'entrer en résonance avec le paysage émotionnel du pays qui dessine son nouvel horizon d'attente.

Conformément à la philosophie de cette collection, cet essai n'est que la première ébauche d'un travail de reconceptualisation. Il dessine donc à sa façon un programme de travail en dialogue avec les « rebonds et explorations » qui lui sont associés à titre d'exemples. Mais, du fait de la nature de son objet, il indique aussi la direction d'un projet politique. Il ouvre la voie à un progressisme fondé sur des bases renouvelées. Il redéfinit en effet, en l'élargissant, le champ, les objectifs et les moyens d'une politique d'émancipation.

Chapitre I

L'ÉPREUVE DU MÉPRIS

Mépriser une personne, c'est l'estimer inférieure, indigne d'attention ou d'intérêt. Le mépris était l'un des traits les plus caractéristiques des sociétés aristocratiques fondées sur une stricte hiérarchie des rangs. En affirmant que la société ne pouvait être fondée que sur le droit naturel et l'unité sociale, les révolutionnaires de 1789 avaient aboli par décret cet ancien monde d'ordres séparés. Ils avaient en conséquence défini la nation comme « un corps d'associés vivant sous une loi commune ». Les mœurs révolutionnaires en avaient porté la marque directe avec la généralisation de la pratique du tutoiement et l'appellation générique de citoyen dont tous pouvaient s'enorgueillir. La nation était devenue de cette façon une communauté de fiertés. Les pesanteurs de la réalité ont ensuite opéré une marche arrière. Les immenses écarts entre les professions et la distribution des propriétés ont fait renaître des hiérarchies sociales et les barrières de classe se sont liées à l'expression de nouvelles formes de mépris, mettant à mal le projet de formation d'une société de semblables.

Ce retour du mépris s'est manifesté de diverses façons[1]. D'abord, et principalement, sous les espèces les plus classiques d'un « mépris d'en haut », celui-ci ne pouvant certes plus s'exprimer sous les anciens modes d'une distance sociale institutionnalisée. Mais aussi à travers le déploiement de « cascades de mépris », permettant à des personnes dominées de compenser leur situation d'infériorité en méprisant à leur tour des personnes ou des groupes érigés en figures d'une plus grande infériorité sociale. C'est de cette façon que la domination de sexe, le rejet de l'étranger ou encore la stigmatisation de groupes racisés ont joué un rôle historique majeur dans le fonctionnement des sociétés démocratiques. Ces formes de « mépris

1. Nous ne traitons ici que du mépris « public ». Celui qui s'exprime dans des conversations privées est d'un autre ordre car, restant caché, il n'humilie pas, même si, dans les faits, il resurgit d'une manière ou d'une autre dans la vie sociale.

d'en bas » ont de fait souvent servi de « soupapes de sûreté » pour canaliser et dévier en partie les conflits de classe.

Le mépris d'en haut

Dans le cas français, la notion même de société des égaux promue par les trois révolutions modernes (américaine, française, haïtienne) avait été remise en cause par l'instauration d'un suffrage censitaire. Dès la période de la Restauration, la dénonciation de cette fracture a ainsi joué un rôle politique et social central, et c'est pour l'abolir qu'ont été organisées les grandes manifestations populaires et les campagnes de pétitions de la première moitié du XIXe siècle[2] (on notera d'ailleurs que le terme de prolétariat fut dans un premier temps principalement référé à cette situation de privation du droit de vote). Mais ce sont surtout les villes qui s'étaient mobilisées. Le monde paysan était en effet alors largement resté inscrit dans un type de relations de déférence vis-à-vis des notables et de l'ancienne noblesse[3]. Les domestiques, qui composaient le deuxième groupe le plus important de la population active, étaient eux aussi fortement liés à la spécificité du rapport de proximité qui les liaient à leurs maîtres. On ne pouvait pas parler de mépris de classe dans ces deux cas. Il y a en effet toujours un rapport au sentiment d'égalité bafouée dans la perception du mépris. Pour ces deux populations, la distance sociale avec les propriétaires et les maîtres était plus ou moins intériorisée. Elle avait une dimension perçue comme fonctionnelle. Le domestique du XIXe siècle n'avait ainsi rien à voir avec le *butler* dont Joseph Losey fera le portrait dans *The Servant* (1963)[4]. Il en allait tout différemment dans les rapports que les classes supérieures entretenaient avec le monde des ouvriers et des petits métiers urbains.

Dans ce cas, ce n'est pas de mépris, mais plutôt de peur qu'il fallait parler. C'était la peur du nombre, d'une masse indistincte

---

2. On notera le parallélisme avec la situation anglaise. Le mouvement chartiste avait en effet fait de la conquête du suffrage universel la revendication centrale de son manifeste de 1838.
3. Cette notion de « déférence » joue un rôle encore plus central dans l'histoire politique et sociale anglaise. Voir David Cresap Moore, *The Politics of Deference : A Study of Mid-Nineteenth Century English Political System*, New York, Barnes & Noble, 1976 ; Florence Sutcliffe-Braithwaite, *Class, Politics and the Decline of Deference in England, 1968-2000*, Oxford, Oxford University Press, 2018.
4. Dirk Bogarde y incarne un *butler* manipulant son employeur.

et menaçante qui s'était imposée pendant la première moitié du XIXe siècle : c'était le temps des « classes laborieuses, classes dangereuses[5] ». C'était un « peuple machine » que l'on entendait discipliner pour le service de la fabrique[6], un « peuple émeutier » que l'on redoutait, une puissance de sédition que l'on avait vue à l'œuvre à Lyon et à Paris au tout début des années 1830[7]. C'était à un autre radical, assimilé à la figure du barbare, que se sentaient alors confrontées les classes dominantes. Un célèbre article publié dans le *Journal des débats* à l'issue de l'insurrection des ouvriers lyonnais en novembre 1831 avait traduit de façon exemplaire cette peur. Il vaut pour cela la peine de le citer :

> La sédition de Lyon a révélé un grave secret, celui de la lutte intestine qui a lieu dans la société entre la classe qui possède et celle qui ne possède pas. Notre société commerciale et industrielle a sa plaie : cette plaie, ce sont ses ouvriers. Point de fabriques sans ouvriers, et, avec une population d'ouvriers toujours croissante et toujours nécessiteuse, point de repos pour la société […]. Chaque fabricant vit dans sa fabrique comme les planteurs de colonies au milieu de leurs esclaves, un contre cent ; et la sédition de Lyon est une espèce d'insurrection de Saint-Domingue […]. Les Barbares qui menacent la société ne sont point au Caucase ni dans les steppes de la Tartarie : ils sont dans les faubourgs de nos villes manufacturières[8].

Le mépris de classe à proprement parler ne s'est en fait exprimé qu'avec l'avènement du suffrage universel (masculin), quand la pétition d'égalité, qui se dotait avec lui d'une éclatante affirmation symbolique, avait provoqué une sorte de recul instinctif dans les classes dirigeantes, soucieuses de maintenir la distance vis-à-vis des classes populaires dans le nouveau monde de l'égalité politique. Un mépris de distance donc, d'ordre quasiment physique, avait ainsi pris le relais des anciennes peurs. C'est le « cul-terreux » que le grand propriétaire regardait comme participant d'une autre espèce humaine que lui, l'ouvrier dans son logement minuscule dont le bourgeois

5. Sur cette assimilation, voir l'ouvrage classique de Louis Chevalier, *Classes laborieuses et classes dangereuses à Paris pendant la première moitié du XIXe siècle*, Paris, Plon, 1958.
6. Voir Félix de La Farelle, *Plan d'une réorganisation disciplinaire des classes industrielles de la France*, Paris, Guillaumin, 1842.
7. Sur les émotions protestataires au XIXe siècle, voir le texte d'Emmanuel Fureix dans la partie « Rebonds et explorations » de ce volume (p. 189-201).
8. Article publié le 8 décembre 1831 par Saint-Marc Girardin. Reproduit dans Saint-Marc Girardin, *Souvenirs et réflexions politiques d'un journaliste*, Paris, Michel-Lévy Frères, 1873, 2e éd., p. 144-147.

pensait que la modestie de sa condition était normale. Cela allait même parfois plus loin dans l'appréhension de l'écart. Dans *Le Quai de Wigan*, George Orwell parlait ainsi de « ségrégation des classes » et soulignait qu'existait autour de lui un type de répulsion physique envers les basses classes. « Ces gens-là sentent », entendait-il ainsi dire au début du XXe siècle[9]. Ce type de remarque deviendra imprononçable, mais il en restera toujours quelque chose. Dans un pays comme l'Angleterre, où les différences de classes sont plus marquées qu'en France, tout particulièrement[10]. À ce mépris de mise à distance s'est alors superposé puis substitué de façon plus subtile un mépris de distinction.

Le mépris de distinction

Depuis ses premiers pas au XIXe siècle, la société des individus avait été marquée par une recherche de distinction au sein du monde artiste ou de celui des classes élevées dont le roman, de Stendhal à Proust, avait cartographié avec attention les modalités et les mécanismes. Freud en avait donné de son côté une interprétation psychanalytique en parlant du « narcissisme des petites différences ». Cette dynamique de distinction s'est en effet ensuite élargie et « démocratisée ». Mais elle l'a fait sur un mode équivoque. Si la dynamique de distinction s'est inscrite dans une quête positive de singularité, elle s'est également déployée sur le mode d'une rivalité de positions, renouant de la sorte (à une échelle certes beaucoup plus modeste !) avec l'ancien système de la société de cour[11] dans les différentes sphères de la société. Une cour de récréation, pour ne prendre qu'un exemple trivial, n'est évidemment pas semblable à celles des palais royaux, mais elle n'est pas non plus sans analogie avec elles. La relecture des *Mémoires de Saint-Simon* retient ainsi encore aujourd'hui notre attention pour cette raison. L'obsession de la reconnaissance des rangs qui caractérisait la cour de Louis XIV

9. George Orwell, *Le Quai de Wigan* (1937), trad. fr. par Michel Pétris, Paris, Ivrea, 1982 ; rééd. en poche, Paris, 10/18, 2000.
10. Voir les films de Ken Loach. Voir aussi, dans la même direction, le film sud-coréen *Parasite* de Bong Joon-ho (Palme d'or du Festival de Cannes 2019).
11. Voir Norbert Elias, *La Société de cour* (1969), trad. fr. par Pierre Kamnitzer, Paris, Calmann-Lévy, 1974 ; rééd. en poche, Paris, Flammarion « Champs essais », 2008 ; Emmanuel Le Roy Ladurie (avec la collaboration de Jean-François Fitou), *Saint-Simon ou le système de la Cour*, Paris, Fayard, 1997.

s'y liait à l'attention qui était prêtée à une quantité de détails dans l'habit, le maintien, l'art de la conversation, la qualité des relations de proximité, dont on retrouve aujourd'hui des copies certes matériellement bien pâles mais dont les ressorts psychologiques et les mécanismes sociologiques restent proches. À Versailles, le moindre manquement à l'étiquette ou aux mœurs de la cour pouvait être sanctionné par l'expression d'un mépris cuisant et même aller jusqu'à valoir la mort sociale. Le film *Ridicule* (1996) de Patrice Leconte en a parfaitement illustré les ressorts et la cruauté, tandis que *Le Dîner de cons* de Francis Veber (1998) en a démonté les mécanismes en les transposant dans le monde contemporain.

Un tel type de mépris individualiste de distinction s'est aujourd'hui banalisé, suivant les développements de l'individualisme de singularité que nous appréhenderons méthodiquement dans le chapitre suivant. Il importe de ne pas le confondre avec le mépris de classe. Ce dernier type de distance s'inscrit en effet dans une économie générale des divisions sociales qu'elle vise à maintenir et à justifier. Il a pris la forme d'un discrédit porté sur le travail manuel ou sur certaines positions subalternes. Il s'est aussi exprimé sous les espèces d'un regard condescendant de la ville sur la campagne. Mais c'est plus profondément dans l'ordre culturel qu'il s'est le plus fortement affirmé ; le plus fortement car c'est là que se situe le bastion de la résistance ultime au sentiment d'égalité. C'est sur ce plan que se sont manifestées la résurgence et la banalisation de l'assurance aristocratique de faire partie des *happy few* regardant avec commisération la plèbe. Il a consisté de cette façon en une sorte de reproduction inversée et dégradée du sentiment artiste à l'égard de la platitude bourgeoise[12].

Paru en 1979, *La Distinction : critique sociale de jugement* de Pierre Bourdieu a méthodiquement exploré ces relations entre systèmes de classement (relevant du « goût ») et classes sociales. Mêlant la théorie sociologique à de nombreuses enquêtes, l'ouvrage a fait date, attirant un large public du fait de son objet autant que de la conceptualisation déployée. C'est, par exemple, dans ce livre qu'est mise en avant la notion de « racisme de classe » faisant écho à celle de « racisme de l'intelligence », forgée peu de temps auparavant par

12. Voir sur ce dernier point mon cours de 2004 au Collège de France : « Le Désenchantement de la démocratie : histoire et formes d'un sentiment » (disponible sur le site du Collège de France).

l'auteur. Le paradoxe de cet *opus magnum* est qu'il a été publié à un moment où son support empirique avait déjà vieilli. Fondée sur les enquêtes menées pour l'essentiel dans les années 1960, la distribution des goûts esthétiques ou musicaux avait en effet commencé à être bouleversée à partir de ces années 1980, le lien mécanique entre type de consommation culturelle et classes sociales, déjà discuté au moment de la parution de l'ouvrage, ayant du même coup perdu de son évidence, l'effritement de la structure de classe des années 1960 se liant à une plus grande dispersion sociale des préférences en matière culturelle[13]. Le mépris de distinction subsistera certes, mais de façon moins binaire, plus disséminée et plus transversale, opposant notamment avec éclat l'intellectuel et le bourgeois, le capital culturel contre le capital économique, comme l'a bien illustré un film comme *Le Goût des autres* de Jean-Pierre Bacri et Agnès Jaoui (2000).

Le mépris d'en haut, entendu de façon générique, empruntera pour l'essentiel d'autres modes d'expression à partir des années 1980, plus diffus et surtout plus euphémisés. On peut en distinguer deux modalités principales : le mépris de condescendance et le mépris d'indifférence[14].

Le mépris de condescendance

Le mépris de condescendance est le plus subtil. Il se présente en effet sous les traits d'une certaine sollicitude. Mais d'une sollicitude qui rabaisse de fait l'interlocuteur par sa tonalité paternaliste. Il participe de l'établissement d'une distinction qui s'immisce insidieusement dans une pétition d'égalité. Ce type de mépris a une longue histoire. On en trouve les premières manifestations dans la vision du « peuple-enfant » mise en avant par les élites républicaines et révolutionnaires dans la deuxième moitié du XIXe siècle. Cette vision a, dans un premier temps, conduit certains à juger prématuré le suffrage universel, le peuple réel n'étant pas jugé à la hauteur de son

---

13. Voir, par exemple, Bernard Lahire, *La Culture des individus. Dissonances culturelles et distinction de soi*, Paris, La Découverte, 2004, ainsi que Michèle Lamont, *Money, Morals and Manners. The Culture of the French and American Upper-Middle Class*, Chicago, The University of Chicago Press, 1992.
14. Typologie librement dérivée des catégories élaborées par Axel Honneth dans *La Société du mépris. Vers une nouvelle théorie critique*, trad. fr. par Alexandre Dupeyrix, Pierre Rusch et Olivier Voirol, Paris, La Découverte, 2006.

concept. D'aussi ardents révolutionnaires que Blanqui et Cabet justifieront sur cette base leur campagne pour ajourner au printemps 1848 les premières élections au suffrage universel. Cabet écrira :

> Le peuple ne sait pas, il faut qu'il sache. Ce n'est pas l'œuvre d'un jour ou d'un mois [...]. Il faut que la lumière pénètre dans les derniers hameaux de la République. Il faut que les travailleurs redressent leurs fronts courbés par la servitude. Les élections, si elles s'accomplissent, seront réactionnaires [...]. Laissez le pays naître à la République ; à cette heure, il est encore emprisonné dans l'étouffante enveloppe de la monarchie[15].

Jugement qui recoupait sur un mode politique les préventions conservatrices concernant l'immaturité du peuple. Cette condescendance s'exprime ensuite de façon plus euphémisée autour du thème de la nécessaire « éducation de la démocratie » qui est au cœur de la philosophie politique républicaine. Tandis qu'un Renan appelait la démocratie « à extraire le diamant des foules impures[16] », George Sand disait du suffrage universel qu'il était « un géant sans intelligence encore[17] ». « Il est jeune, l'enfant-roi », avait-elle écrit au moment de l'élection de Louis-Napoléon Bonaparte ; il a les travers de son âge, il est téméraire, romanesque, impatient. Il ne supporte pas les corrections injustes et cruelles. Dans sa colère, il brise ses liens et ses jouets. Naïf et crédule, il se fie au premier venu[18]. »

C'est par ce biais démopédique que n'a cessé de se manifester souterrainement la permanence d'un sentiment aristocratique-paternaliste de surplomb. C'est notamment sous l'aile d'une idéologie méritocratique qu'il a prospéré, en accréditant l'idée d'une aristocratie objective et légitime des capacités dont les libéraux du XIXe siècle avaient, les premiers, formulé le projet[19]. Un Emmanuel Macron en a donné une version contemporaine typique, la teintant même parfois d'un certain parfum d'arrogance. Cela a, par exemple, été le cas lorsqu'il a qualifié d'« illettrées » des ouvrières d'un abattoir, en

---

15. Adresse reproduite le 15 mars 1848 en première page du *Bulletin de la République*.
16. Ernest Renan, *Prière sur l'Acropole* (1876), dans *Œuvres complètes d'Ernest Renan*, Paris, Calmann-Lévy, t. II, 1948, p. 757.
17. George Sand, *Journal d'un voyageur pendant la guerre*, p. 168 (journal en date du 5 novembre 1870).
18. George Sand, « À propos de l'élection de Louis Bonaparte à la présidence de la République » (texte daté du 21 décembre 1848), dans *Questions politiques et sociales*, Paris, Calmann-Lévy, 1879, p. 291.
19. Voir sur ce point mes développements dans *Le Moment Guizot*, Paris, Gallimard, 1985.

Bretagne, menacé de fermeture, dont les qualifications rendaient difficile la reconversion, ou parlé de « gens qui ne sont rien », en les distinguant de « ceux qui réussissent » (il inaugurait alors Station F, un incubateur de start-up à Paris, dans l'ancienne halle Freyssinet). Le mépris s'était exprimé derrière ce que le locuteur estimait être un fait avéré ou une donnée d'évidence. D'où le fait qu'il tombât des nues après avoir constaté à quel point ses propos avaient pu choquer.

Ce mépris de condescendance n'est pas l'apanage des classes dirigeantes. Il se diffuse dans toute la structure sociale et il se répand d'autant plus que s'affirme l'impératif d'égalité. Il transcende alors les barrières de classe proprement dites. Ce sont, par exemple, des jeunes préparant un baccalauréat professionnel qui peuvent se sentir regardés de haut par les élèves suivant le cursus général au lycée, ou un manœuvre du bâtiment considéré avec dédain par un ouvrier professionnel ou un conducteur d'engins. Une étude récente a mis en lumière comment cette forme de mépris pouvait même être violemment ressentie par des élèves de collège ou d'école élémentaire face à leurs professeurs[20]. Ce mépris se manifeste souvent sous les traits d'une certaine sollicitude. Mais d'une sollicitude qui rabaisse de fait l'interlocuteur. Ce sont aussi des propos apparemment chaleureux qui blessent car ils se lient à un stéréotype implicite. C'est un « c'est formidable ce que vous faites », sous-entendant « pour quelqu'un comme vous », qui laisse percer le peu de considération que le locuteur porte à une personne, tout en se plaçant dans une position naturelle de supériorité. On peut noter que ce type de mépris de condescendance emprunte une forme équivalente à des manifestations de racisme que l'on a qualifiées d'imperceptibles, et dont l'auteur n'est même pas conscient la plupart du temps. Avec des phrases d'apparence banale comme « Vous venez de quel pays ? », « Comme vous parlez bien français » ou « Vous n'avez aucun accent », adressées, par exemple, à des Français des Antilles ou d'origine africaine[21]. On a parlé aux États-Unis de *microaggressions*[22] pour qualifier ce

20. Voir Christina Romain, Véronique Rey et Nolwenn Lorenzi-Bailly, « La perception de mépris chez les élèves : télescopage de valeurs inscrites dans des systèmes idéologiques différenciés entre enseignant(e)s et élèves », *Revue de linguistique et de didactique des langues*, n° 61, 2020 (numéro spécial sur « le mépris en discours »), disponible en ligne.
21. Voir Philippe Bernard, « Les microagressions, fléau d'un racisme inconscient mais ravageur », *Le Monde*, 21 juillet 2007.
22. Voir la synthèse de Derald Wing Sue et Lisa Beth Spanierman, *Microaggressions in Everyday Life*, Hoboken, NJ, Wiley, 2e éd., 2020.

type de racisme « ordinaire » dont la répétition est ressentie comme insupportable.

Le mépris d'indifférence

Le mépris d'indifférence est peut-être celui qui est le plus violemment ressenti. Il revient en effet à faire comme si des gens ne comptaient pas, n'existaient pas, simples rouages anonymes repoussés dans l'ombre de la vie sociale. En publiant en 1952 *L'Homme invisible*[23], Ralph Ellison a donné à la littérature américaine un de ses monuments sur la condition noire en partant de cette question. Parallèlement à toute la littérature engagée classiquement consacrée aux violences de la ségrégation et aux multiples manifestations du racisme au quotidien, Ellison avait fait le choix de prendre comme héros un personnage qui se décrivait comme « l'homme qu'on ne voit pas ». Alors qu'il est physiquement le plus repérable des individus, son existence singulière est niée en étant renvoyée à une indistinction de masse. Il est « invisible parce que les gens *refusent* de le voir », mais aussi parce qu'ils sont *incapables* de le voir ; cela « tient à la construction de leurs yeux internes », notait l'auteur. Le roman voulait réintégrer cette existence dans la vie commune, lui donner consistance et dignité, la rétablir dans sa vérité, l'extraire de la gangue des stéréotypes et des fantasmes qui aveuglaient le monde blanc. Mais il visait aussi à donner une confiance en lui-même au monde noir, à lui donner foi en sa valeur propre. À le rendre en quelque sorte visible à ses propres yeux, en l'émancipant des projections des Blancs sur lui, en même temps que de la tentation de s'y conformer. À donner, en un mot, des repères à sa quête d'identité et de reconnaissance. C'était pour lui le moyen de surmonter le mépris d'indifférence qui coiffait le racisme des Blancs. Ce roman a aussi été le moyen d'affirmer que la littérature a une fonction indissociablement morale et politique de participation à la reconstruction d'un monde commun. James Baldwin lui a pour cela rendu hommage en donnant pour titre à un recueil d'essais : *Personne ne sait mon nom*[24].

---

23. L'ouvrage reçut en 1953 le *National Book Award*.
24. James Baldwin, *Personne ne sait mon nom*, trad. fr. par Jean Autret, Paris, Gallimard, 1963 (1re éd. sous le titre *Nobody Knows my Name*, New York, Dial Press, 1961).

Réduire des hommes et des femmes à l'état d'invisibilité, c'est en faire des individus dont les vies sont diminuées, niées, méprisées. L'invisibilité redouble la dureté des conditions de vie, car des existences laissées dans l'ombre, ce sont des existences qui ne comptent pas, qui ne sont pas représentées au sens où leur réalité n'est pas présente dans le débat public. Le mépris d'indifférence est tout simplement là un déni d'existence. Il se décline aussi comme un déni d'utilité sociale. L'historien Bronislaw Geremek avait signalé que des individus avaient été condamnés au Moyen Âge pour avoir été considérés comme « inutiles au monde » ou « inutiles à la chose publique »[25]. Nombreux sont aujourd'hui celles et ceux qui restent appréhendés sur ce mode, exclus moralement et socialement de la cité commune. Mais beaucoup plus nombreux encore sont ceux qui se trouvent rejetés de fait dans le non-monde des invisibles. Parce que leur métier est considéré comme subalterne, et/ou leur travail quotidien exercé de façon solitaire, ou bien dans l'ombre, comme soustrait à la reconnaissance d'autrui. C'est donc aussi de violence symbolique que l'on peut parler pour qualifier le non-rapport entre ces personnes et la plupart de leurs concitoyens. C'est une injustice qui n'avait, jusqu'à présent guère été prise en compte. L'épreuve de la Covid-19 a rappelé qu'une société ne pouvait fonctionner sans tous les invisibles qui sont aussi les indispensables au fonctionnement de la société, même si la dénomination de « non essentiel » a simultanément jeté le trouble. Avant cela, ce sont les Gilets jaunes qui avaient exprimé avec leur habit de lumière leur colère contre leur réduction à l'état d'invisibilité, nous y reviendrons à la fin de ce chapitre.

Face à ces diverses manifestations du mépris d'en haut, les milieux populaires n'ont pas toujours courbé l'échine ou baissé les yeux. L'histoire sociale ne saurait pour cela se limiter au récit de l'exploitation et de la domination. Le peuple s'identifiait, par exemple, à des traditions locales dont il se sentait avec évidence l'âme vivante. Il savait faire front sous les espèces de l'insurgé ou du rebelle qui avaient fait l'histoire dans des moments essentiels, des journées de juillet 1830 à celles de février 1848 typiquement. Il s'identifiait aux voix puissantes d'un Béranger sous la Restauration,

25. Bronislaw Geremek, *Truands et misérables dans l'époque moderne (1350-1600)*, Paris, Gallimard/Julliard, 1980. Les expressions se retrouvent en français aussi bien qu'en allemand ou en anglais.

des poètes ouvriers de la monarchie de Juillet ou encore d'un Victor Hugo. Il s'était ainsi affirmé comme participant d'une puissance collective. Tout cela avait progressivement fait émerger un certain sentiment de fierté, psychologiquement et culturellement compensateur du mépris d'en haut, en partie du moins.

Le temps de la fierté ouvrière

Au moment où Marx et Engels publiaient *Le Manifeste du Parti communiste* (1848), le prolétariat qu'ils célébraient comme acteur d'une grande révolution à venir restait encore un concept loin des réalités. Les ouvriers ne représentaient d'abord qu'une minorité au sein de la population. En 1848, les trois quarts des Français vivaient ainsi encore à la campagne et les paysans constituaient les deux tiers de la population active. Les ouvriers étaient par ailleurs loin de constituer véritablement une classe. Ils formaient au XIXe siècle un monde encore très hétérogène. Ceux qui travaillaient dans les manufactures et les usines n'étaient, par exemple, encore qu'une minorité. Leurs rémunérations pouvaient par ailleurs varier considérablement. À la fin du Second Empire, les différences de salaires entre les ouvriers qualifiés des différents métiers pouvaient aller d'un salaire quotidien de 3,50 francs pour un métallurgiste du Creusot à 10 francs pour les porcelainiers de Limoges ou les souffleurs de verre de la Loire. Dans un même corps de métier, les simples manœuvres pouvaient gagner cinq fois moins que les ouvriers les mieux rémunérés de leur atelier[26].

Il faudra attendre le XXe siècle pour que la notion de classe ouvrière, telle que nous l'entendons aujourd'hui, fasse véritablement sens dans la réalité. C'est l'usine qui lui a donné forme sensible : « L'usine, mot magique », dira Michelle Perrot[27]. C'est elle qui symbolisera le monde unifié du travail. Les usines donneront l'image d'un monde qui fait corps. Si le terme d'ouvrier-masse n'avait pas encore été forgé, ce qu'il évoquait était devenu tangible en ce début

26. Voir Georges Duveau, *La Vie ouvrière en France sous le Second Empire*, Paris, Gallimard, 1946, p. 302-313. On peut d'ailleurs rappeler que c'est sur cette base du métier et non pas de l'entreprise que les syndicats seront organisés jusqu'au début du XXe siècle.
27. Michelle Perrot, « Les vies ouvrières », dans Pierre Nora (dir.), *Les Lieux de mémoire*, t. III/*Les France*. 3. *De l'archive à l'emblème*, Paris, Gallimard, 1992, p. 86-130.

du XXe siècle. La référence à *une* classe ouvrière avait désormais fait sens. Celle-ci s'était également inscrite dans le paysage urbain : la réalité de classe était identifiée au monde des faubourgs où elle résidait, l'assimilant à un territoire bien spécifique. Les ouvriers avaient par ailleurs leurs coopératives de consommation, leurs clubs de sport, leurs loisirs spécifiques ; leurs familles se fréquentaient quotidiennement et ils ne sortaient pas de ce cercle. Ils formaient un monde qui se distinguait également des autres par l'habillement, les chansons, la langue même. C'est donc bien au-delà des déterminations du mode de production que s'était forgée à partir de cette époque la forte identité de cette classe ouvrière, comme l'ont montré nombre d'historiens.

La constitution de la classe ouvrière a été pour cela indissociable de l'expression d'une conscience de classe, pour reprendre la terminologie marxiste classique. Être ouvrier, c'était reconnaître son appartenance à une communauté de vie et de travail qui avait une fonction d'intégration des individus. La notion de classe faisait écho à une expérience de travail et de lutte pour la défense de ses intérêts, mais aussi à une culture[28], à des valeurs. Elle ne renvoyait pas à un monde que l'on cherchait à fuir ou dont on aurait eu honte. On voulait améliorer les conditions de vie et de travail pour tous sans que des stratégies personnelles brouillent les choses. Dans l'atelier, le « fayot » était ainsi honni, considéré comme indigne[29], et la morale du « refus de parvenir » soudait les militants[30]. L'appartenance de classe avait en ce sens une dimension positive. Si l'ouvrier se sentait exploité, il était en même temps fier de ce qu'il faisait, et la vision marxiste du monde l'avait même désigné comme la force motrice de l'histoire : le futur lui appartenait, il était destiné à en être le personnage central. Le mépris d'en haut était du même coup relativisé, en étant absorbé dans un combat dont on pensait pouvoir dominer l'issue.

---

28. Michel Verret, l'un des plus importants sociologues du travail des années 1960, publiera ainsi *L'Espace ouvrier. L'ouvrier français* (Paris, Armand Colin, 1979) et *La Culture ouvrière* (Saint-Sébastien, ACL éditions/Société Crocus, 1988) pour caractériser la classe ouvrière ; ce volume suit celui publié sous le titre *Le Travail ouvrier* (avec la collaboration de P. Nugues, Paris, Armand Colin, 1982).
29. Voir Daniel Mothé, *Journal d'un ouvrier (1956-1958)*, Paris, Les Éditions de Minuit, 1959.
30. Voir le numéro spécial « Le Refus de parvenir », *Mil neuf cent. Revue d'histoire intellectuelle*, n° 37, 2019.

La classe ouvrière constituait un monde qui se définissait certes aussi par l'opposition souvent analysée entre « eux » et « nous ». Mais ce fait d'une séparation, n'avait rien de diminutif : c'était celui d'une confrontation entre deux puissances. L'appartenance au monde ouvrier n'était pas alors vécue sur le mode d'un clivage impliquant un sentiment d'infériorité entre une masse et une élite. Celui-ci avait même conscience d'avoir en son sein sa propre élite, celle de la qualification professionnelle avec évidence, mais plus encore celle des responsables qu'il s'était donnés pour le représenter et organiser la lutte[31]. Le Parti communiste a joué sur ce terrain un rôle essentiel pour appeler l'ouvrier-classe à prendre conscience du fait qu'il participait d'un univers autosuffisant et valorisant, avec à ses côtés la présence de grands poètes, d'artistes ou de savants. Les noms d'un Aragon, d'un Picasso, d'un Langevin ou d'un Joliot-Curie lui faisaient ainsi signe. L'ouvrier anonyme pouvait pour cela se sentir fier de ce qu'il était ; il était inséré dans un milieu qui lui permettait de se forger une certaine estime de soi. Dans bien des villes, les municipalités socialistes avaient de leur côté édifié des Bourses du travail et des Maisons de la culture auxquelles on avait souvent donné le nom de « Palais du peuple ». C'étaient des bâtiments qui en imposaient et qui se comparaient effectivement avec les plus beaux édifices publics[32].

La classe ouvrière avait aussi pris forme et force parce qu'elle s'était organisée syndicalement, même si l'implantation des organisations françaises ne soutenait pas la comparaison avec celle de leurs voisins allemands et anglais. Les syndicats, avait souligné une des grandes figures du droit des années 1920, « donnent une structure juridique définie aux classes sociales[33] ». Au-delà de leur rôle d'associations représentatives et revendicatives, ils avaient d'une certaine façon institutionnalisé la lutte des classes pour la réguler. D'où l'espèce de fonction publique qu'ils exerçaient en négociant des conventions collectives ou en faisant pression pour l'adoption de mesures législatives. En coordonnant des actions collectives qui pouvaient être couronnées de succès, les syndicats permettaient aussi

31. Voir sur ce point les développements de Marcel Martinet, *Culture prolétarienne* (1935), Agone, Marseille, 2004, p. 27-29.
32. [Collectif], *Architecture pour le peuple. Maisons du peuple (Belgique, Allemagne, Autriche, France, Grande-Bretagne, Italie, Pays-Bas, Suisse)*, Bruxelles, Aux Archives d'architecture moderne, 1984.
33. Léon Duguit, *Traité de droit constitutionnel* (1911), Paris, 1927, t. I, 3e éd., p. 664.

au monde ouvrier de redresser la tête. Après les grandes grèves du Front populaire, Simone Weil avait ainsi écrit à un ouvrier syndiqué : « Tu as acquis de l'importance [...]. Maintenant tu es quelqu'un, tu possèdes une force[34]. »

C'est dans l'ensemble de ces termes qu'est généralement décrit l'âge de la société de classes, identifiée à ce « siècle des ouvriers » dont on a pu parler pour qualifier les années 1880-1980. Les ouvriers formaient un bloc de fierté parce qu'une vision idéologique se superposait à la réalité pour la simplifier et la transcender. Alors qu'un Proudhon parlait encore au pluriel des classes ouvrières, le passage au singulier s'était imposé en inscrivant la notion de classe ouvrière dans une théorie politique de la révolution. Une perspective politique clairement dessinée et un certain flou sociologique ont ainsi longtemps pu cohabiter dans les univers socialistes et communistes. « Par ouvriers, notait typiquement Jean Jaurès, je n'entends pas seulement ceux qui travaillent de leurs muscles, mais tous ceux qui produisent et qui créent, travailleurs du cerveau, travailleurs des mains, ouvriers, ingénieurs, chimistes, savants, artistes, poètes, tous les créateurs de richesse, de beauté, de joie[35]. » Le rôle joué jusqu'aux années 1980 par le Parti communiste en France (qui mobilisait de 20 à 28 % des votes de 1945 à 1981) avait de son côté fortement contribué à maintenir dans bien des têtes cette présupposition d'unité. Comme de nombreux travaux l'ont souligné[36], il se présentait en effet comme l'expression la plus aboutie de la réalité de classe autour de laquelle s'organisaient son projet et ses analyses. Il incarnait sur le mode d'une contre-société cette vision, en même temps que sa puissance, liée à la propagande de l'URSS et de ses satellites, pouvait être prise par ses membres et ses électeurs comme un gage de la consistance de ses promesses d'un avenir radieux.

Une classe ouvrière comprise dans ces termes était comme une petite patrie. Ce n'était pas un monde dont on aurait pu se sentir prisonnier. D'où la difficulté à s'en détacher que certains pouvaient éprouver. Des chercheurs ont ainsi souligné la « peur de s'élever »

---

34. Simone Weil, « Lettre ouverte à un syndiqué » (juin 1936), dans *La Condition ouvrière* (1937), Paris, Gallimard, coll. « Idées », 1979, p. 243-244. Elle avait insisté sur le fait que cette force et cette importance personnelles étaient indissociables de l'appartenance à un collectif.
35. Discours du 8 octobre 1905, cité dans les actes du colloque *Jaurès et la classe ouvrière*, Paris, Éditions ouvrières, 1981, p. 197.
36. Voir au premier chef les travaux pionniers d'Annie Kriegel, *Les Communistes français. Essai d'ethnographie politique*, Paris, Seuil, 1968.

qui était parfois ressentie lorsque la perte de contact avec une communauté d'amis en devenait la conséquence[37]. Une vaste littérature a traité de cette question sous l'angle plus large des « transfuges de la classe[38] ». Elle a sous-tendu toute l'œuvre littéraire d'une Annie Ernaux et a nourri de nombreux travaux sociologiques parlant de la honte et du sentiment de trahison parfois ressentis par ceux que le « miracle scolaire » avait fait émigrer vers un autre monde social. Sentiment ambivalent témoignant à sa façon d'une certaine nostalgie pour un monde social dont émanait une forme de grandeur.

Il y avait peut-être loin de ces images pieuses de la classe ouvrière à la réalité. « Les marxistes – avait ainsi souligné un des ouvrages de sciences sociales les plus marquants des années 1960 – ont souvent été amenés à déduire du concept philosophique de prolétariat une unité sociologique de la classe ouvrière qui, en réalité n'a jamais existé[39]. » Mais ces images avaient un effet d'entraînement des esprits. Elles illuminaient le quotidien des promesses de l'avenir et donnaient à chacun le sentiment d'être partie prenante d'une histoire glorieuse. À la Libération, dont le souvenir était encore proche, les ouvriers avaient d'ailleurs été reconnus comme des artisans essentiels de la reconstruction nationale, et les mineurs avaient même été considérés comme de véritable héros. Du côté anglais, les écrits d'un George Orwell avaient mis l'accent sur l'authenticité des gens ordinaires et la force morale qui était la leur (la notion de *Common Decency*[40] liant chez lui morale et sociologie). C'était une appréhension du monde et de la place qu'y occupait le monde ouvrier qui faisait encore sens dans les années 1970. Aurélie Filippetti avait, par exemple, bien rendu compte de cette dimension

37. Voir sur ce point le développement de Richard Sennett, *Respect. De la dignité de l'homme dans un monde d'inégalité*, trad. fr. par Pierre-Emmanuel Dauzat, Paris, Albin Michel, 2003, p. 112-113.
38. Voir récemment Gérard Bras et Chantal Jaquet (dir.), *La Fabrique des transclasses*, Paris, PUF, 2018, et Paul Pasquali, *Passer les frontières sociales. Comment les « filières d'élite » entrouvrent leurs portes*, Paris, Fayard, 2014. Une grande partie de la littérature sur le sujet reste consacrée à la difficulté de sortir de son milieu social, les « transfuges de classe » étant perçus comme des exceptions aux lois implacables de la reproduction sociale.
39. Serge Mallet, *La Nouvelle Classe ouvrière* (1963), Paris, Seuil, 4e éd., 1969, p. 25. « Les idéologies véhiculées par le mouvement ouvrier ont entretenu de multiples illusions sur le caractère "global" de la classe ouvrière. Du concept juridique et de la déduction philosophique opérée par Marx, les formations socialistes, au fur et à mesure que s'épaississaient les strates bureaucratiques entre les ouvriers et leurs dirigeants, ont tiré une véritable "essence métaphysique de la classe ouvrière" et, descendant de l'abstrait au concret, ont habillé cette réalité théorique de symboles sociologiques taillés sur mesure » (*ibid.*, p. 49).
40. Voir sur ce point : Bruce Bégout, *De la décence ordinaire*, Paris, éditions Allia, 2008.

rémanente dans son roman consacré à une haute vallée de la Moselle au cours des années 1980, *Les Derniers Jours de la classe ouvrière*. « Le Parti, écrivait-elle, avait surtout empli d'espoir la vie de tous les jours. Il y avait quelque chose à faire pour l'avenir, on n'allait pas mourir au fond du trou d'une mine comme ça, ça servirait à la cause, on était des ouvriers, merde, il y avait de la fierté là-dedans. On bombait un peu le torse[41]. » Et Bernard Lavilliers pouvait encore intituler au tournant du siècle une de ses chansons les plus écoutées « Les mains d'or » pour célébrer les sidérurgistes.

Le mépris « d'en bas »

Le monde ouvrier, on l'a documenté de mille manières, a connu de profonds bouleversements à partir de la fin des années 1980. Mais cette évidence économique et statistique[42] s'est aussi accompagnée d'un véritable effondrement mental : celui de la vision d'une classe faisant l'histoire, à laquelle l'avenir était promis. Le changement sociologique a ainsi vu ses effets démultipliés sur le plan psychologique autant que politique. C'est pourquoi la descente aux enfers du Parti communiste ne peut pas seulement se mesurer à l'échelle du mètre électoral. Ce qu'elle a symbolisé a traduit une rupture qui allait bien au-delà de son périmètre spécifique. Ce recul a en effet fait resurgir la dimension de construction sociale qui était attachée à l'ancienne vision de la société de classes. Est apparu du même coup que « la classe ouvrière n'était plus ce qu'elle n'avait jamais été », selon une formule souvent répétée[43]. C'est donc aussi la précédente appréhension de la fierté ouvrière qui a pris congé, créant une sorte de vide psychologique et identitaire. D'où la recherche de nouveaux moyens d'affirmation sociale pour surmonter un sentiment d'infériorité mis à nu par l'annonce serinée dans les médias d'une « fin de la classe ouvrière ».

---

41. Aurélie Filipetti, *Les Derniers Jours de la classe ouvrière*, Paris, Stock, 2003, p. 155.
42. Selon la *Photographie du marché du travail en 2020*, publiée par l'INSEE, les ouvriers représentaient 19,2 % de la population active à cette date (soit moins que les 20,4 % de cadres et professions intellectuelles supérieures) alors qu'ils étaient encore 37,2 % en 1975. Ils constituaient près des deux tiers des salariés dans les années 1950. Au-delà de ces chiffres synthétiques, c'est aussi la composition de ce monde qui a changé, avec la montée en puissance des chauffeurs-livreurs, des réparateurs à domicile et des employés des grands centres logistiques (ce sont eux et non plus les usines qui regroupent les grandes masses de salariés), qui forment beaucoup moins des collectifs de travail au sens ancien du terme.
43. Due au sociologue Roger Cornu.

Les voies nouvelles de la résistance à la domination de classe

Il y a deux voies principales qui ont été empruntées pour cela. La première a pris la forme d'un déplacement des antagonismes sociaux. Alors que les possibilités d'avancées, ou même de résistance, sur le front économique, apparaissaient plus réduites, du fait de la révolution technologique qui avait secondarisé un certain type de travail ouvrier et du fait aussi du déclin de la puissance syndicale, c'est sur le terrain culturel que s'est en partie reporté le conflit de classe. Certains « perdants » de la mondialisation et de la nouvelle économie ont ainsi pu avoir le sentiment de retrouver une certaine centralité sociale en se considérant comme les gardiens d'un précieux héritage. La défense de valeurs traditionnelles, liée à la stigmatisation de la culture « progressiste », est ainsi souvent devenue – partout dans le monde, de l'Amérique trumpiste au Brésil de Bolsonaro ou à la Hongrie d'Orbán – un vecteur de reconquête d'une fierté perdue de toute une partie des milieux populaires. Ce n'est plus le capitalisme qui a fait l'objet de la vindicte de certains des milieux les plus défavorisés, tant il ne désigne qu'une figure multiforme et insaisissable. Ce ne sont même pas les patrons, mais les élites politiques, culturelles et intellectuelles, que l'on s'est mis à vouer aux gémonies, le retour en force des sentiments religieux jouant dans bien des cas un rôle essentiel. Avec la conséquence décisive que cela entraîne : alors que la lutte des classes pouvait faire l'objet de compromis avec la négociation d'une amélioration du contrat salarial, les nouvelles batailles culturelles sont, elles, de l'ordre de guerres à mort dans les termes où elles sont posées. Elles radicalisent des antagonismes qu'aucun « réalisme » ne peut modérer alors que le rapport conflictuel des salariés à leur patron est par la force des choses susceptibles d'être géré de façon pragmatique. Le champ culturel est à l'inverse celui d'une brutalisation des différends, la notion même d'accommodement lui est étrangère. Les combats pour des valeurs apparaissent pour cela plus violents et décisifs que les oppositions d'intérêts : ils ont une dimension proprement existentielle. Cette réalité a puissamment contribué à redessiner la dynamique des affrontements contemporains en donnant de nouveaux ressorts à une certaine fierté de classe sous la bannière de la réappropriation inversée de l'ancienne prétention à la distinction.

La résistance à la domination de classe s'est aussi exprimée sur un second mode, plus négatif, d'ordre sociologique. Dans le cas français, des sociologues ont parlé à ce propos de « conscience sociale triangulaire » des catégories modestes. L'un d'entre eux a utilisé ce terme pour souligner que certains travailleurs situés en bas de la hiérarchie[44] ne se situaient pas seulement à partir de la distinction classique entre « eux » (les dominants, les élites, les classes supérieures) et « nous » (les travailleurs de base), mais qu'ils mettaient aussi fortement l'accent sur ce qui les différenciait de l'univers de ceux qu'ils qualifiaient souvent « d'assistés » ou de « cassos ». Univers composite englobant des familles immigrées qu'ils estiment vivre indûment d'allocations ou de chômeurs qui ne cherchent pas d'emploi et vivent du RSA. Avec le sentiment que ce sont avec leurs impôts de modestes travailleurs que toutes ces personnes sont financées, « prospérant » ainsi sur leur dos. Simples exécutants, soumis aux ordres de leur hiérarchie dans leur milieu du travail, ces individus se considèrent ainsi comme doublement contraints : par des décisions déstabilisatrices qui viennent d'en haut, prises par des gens qui les prennent de haut ; et par la situation de ceux d'en bas qu'ils estiment vivre à leurs dépens. C'est en se distinguant des seconds, considérés avec colère et mépris, qu'ils entendent retrouver une forme de dignité. Enquêtant sur un autre terrain, celui des habitants d'un quartier pavillonnaire, des chercheurs ont mis au jour le même processus de distinction des « petits-moyens » vis-à-vis de plus démunis qu'eux[45]. Une forme de rejet « du bas » et de stigmatisation était là aussi un moyen d'affirmation d'une certaine estime de soi. C'est donc de multiples façons qu'une identité de mépris peut servir de fondement dissimulé à une fierté retrouvée, selon des modalités tenant compte des divisions objectives autant que des perceptions de soi structurant la société d'aujourd'hui[46].

Ces réarrangements contemporains ont pour caractéristique de souvent s'exprimer en référence au mode de fonctionnement et

---

44. Au premier chef Olivier Schwartz, « Peut-on parler des classes populaires ? », site laviedesidees.fr, 13 septembre 2011 (reprenant de larges extraits de son habilitation à diriger des recherches). Les remarques sur ce point lui ont été suggérées par une longue enquête auprès de conducteurs de bus de la RATP. URL : https://laviedesidees.fr/Peut-on-parler-des-classes.html
45. Voir Marie Cartier, Isabelle Coutant, Olivier Masclet, Yasmine Siblot, *La France des « petits-moyens ». Enquête sur la banlieue pavillonnaire*, Paris, La Découverte, 2008.
46. Pour une étude de cas plus récente, voir Raphaël Challier, « S'engager au Front national pour ne plus être des "cassos" ? Le rôle du mépris de classe dans une campagne municipale », *Sociétés contemporaines*, vol. 119, n° 3, 2020, p. 61-87.

aux effets redistributeurs de l'État-providence. C'est sur ce terrain que se justifie en effet fréquemment la défiance vis-à-vis de certains groupes. Nous venons de le voir dans le cas français. Mais c'est encore plus flagrant si l'on se tourne vers l'exemple américain. Dans ce pays, le mépris raciste se légitime en effet par l'accusation implicite que lancent nombre de Blancs aux Afro-Américains d'être des tricheurs, de « profiter du système ». Ces Blancs sont fiers de se considérer relativement, eux, comme des individus responsables, qui prennent leur vie en main. Ils sont du même coup prêts à renoncer à la mise en place de mécanismes redistributifs, dont ils pourraient personnellement profiter, du seul fait que, par hostilité raciale, ils veulent écarter les Noirs des bénéfices sociaux que ces derniers en tireraient aussi. Cette hypothèse est corroborée par le constat que, sur l'ensemble des États-Unis, ce sont les États qui ont le plus faible pourcentage d'Afro-Américains dans leur population qui offrent les prestations sociales les plus généreuses. On voit donc là que le racisme a, en Amérique, une fonction constituante des sentiments de défiance et de confiance qui définissent les lignes de fracture du social.

Cette vision triangulaire du social n'a rien d'original. Elle n'a fait que renouer avec de plus anciennes figures de mépris compensateur. Cette résurgence s'est opérée selon des modes spécifiques à chaque pays. Aux États-Unis que nous venons d'évoquer, c'est le racisme latent des petits Blancs[47] qui s'est enflammé dans les États du Sud et du Middle West, un Donald Trump s'en étant explicitement fait le propagateur et le champion. En Europe, ce sont au premier chef les sentiments xénophobes qui se sont développés, l'ascension des populismes les suivant et les alimentant alternativement. Pour bien comprendre notre présent et les ressorts de ce qu'on peut appréhender comme des formes de « mépris compensateur », un détour historique est utile. Ces types de mépris d'en bas, qui ont alimenté des « fiertés perverties », ont en effet joué un rôle majeur au XIXe siècle et au début du XXe siècle dans les milieux populaires, avant que la présence de partis de gauche

47. Voir, par exemple, Sylvie Laurent, *Pauvre petit Blanc*, Paris, Maison des sciences de l'homme, 2020. Pour une analyse critique de la vaste littérature américaine sur le sujet, voir Isaac William Martin, « Redneck blues », site laviedesidees.fr, 9 novembre 2016, URL : https://laviedesidees.fr/Redneck-blues.html ; Joan C. Williams, *La Classe ouvrière blanche. Surmonter l'incompréhension de classe aux États-Unis*, trad. fr. par Carole Roudot-Gonin, Nice, Éditions Unes, 2020.

fortement structurés ne conduise à canaliser sur d'autres modes les impatiences et les colères du monde des dominés. Trois figures majeures de ces formes historiques de fiertés perverties peuvent être retenues : celle de la fierté masculine exprimée aux dépens de la soumission des femmes ; celle de la fierté du Blanc fondée sur la stigmatisation d'un groupe racisé ; et celle de la fierté nationaliste-identitaire saturée de xénophobie. Si la première n'a plus d'espace légitime aujourd'hui[48], les deux autres prospèrent et alimentent les populismes.

Le sexisme compensateur

Les femmes ont été les grandes oubliées des mouvements d'émancipation liés aux révolutions fondatrices du XVIIIe siècle, alors même qu'elles avaient pris une part active aux événements révolutionnaires dans le cas français. C'est ce qu'ont dénoncé les voix des premières féministes dès 1789. La postérité a retenu le nom d'Olympe de Gouges, parce qu'elle avait publié en 1791 une Déclaration des droits de la femme et de la citoyenne. Mais il y avait alors eu bien d'autres expressions de cette dénonciation d'une révolution hémiplégique qui avait libéré l'homme de ses fers et maintenu sa compagne en servitude[49]. Au début des années 1830, c'est dans le milieu saint-simonien que la protestation avait été amplifiée et systématisée. La condition de la femme était rapportée dans les deux cas à une forme de domination archaïque. Celle de l'esclavage au premier chef. Mais on l'assimilait aussi à la rémanence d'une forme de monarchisme dans la nouvelle société de l'égalité citoyenne. « Avis aux patriotes sur la royauté civile », un placard[50] apposé fin 1792 sur les murs parisiens, avait filé l'argument dans des termes qui illustraient bien cette approche. « La royauté criminelle et l'insolente féodalité sont encore enracinées sur notre territoire. Où ? dans le mariage [...] Le modèle de la royauté est dans nos maisons », y

48. Même si l'on a pu observer le retour de « masculinismes » de combat : voir Christine Bard, Mélissa Blais et Francis Dupuy-Déri (dir.), *Antiféminismes et masculinismes d'hier et d'aujourd'hui*, Paris, PUF, 2019.
49. Voir le recueil *Les Femmes dans la Révolution française*, Paris, Éditions d'histoire sociale (EDHIS), 1982, 2 vol. et une pochette, qui rassemble 70 textes et un recueil de placards et d'affiches.
50. Reproduit en fac-similé dans la liasse d'affiches constituant la pochette du recueil cité ci-dessus, *Les Femmes dans la Révolution française*.

lisait-on. L'argument mis en avant par les auteurs du placard était celui de la cohérence : on ne pouvait pas avoir la république dans la société si la monarchie régissait encore les rapports entre les sexes. C'était mentir que prétendre s'émanciper des pouvoirs de domination politique si on restait soi-même en position de dominant dans l'ordre domestique.

Au mitan du XIXe siècle, c'est la figure du prolétaire qui symbolise le malheur social assimilé à l'exploitation capitaliste. C'est donc à son échelle qu'est mesurée la situation de la femme. Flora Tristan peut ainsi écrire dans ses *Pérégrinations d'une paria* que « l'homme le plus opprimé peut opprimer un être qui est sa femme », et que cette dernière est du même coup « le prolétaire du prolétaire même »[51]. Friedrich Engels usera d'une formule voisine, estimant que « dans la famille, l'homme est le bourgeois ; la femme joue le rôle du prolétariat[52] ». Les mêmes mots se retrouveront encore dans la bouche d'Hubertine Auclert, la grande voix du féminisme des années 1870-1880. « J'ai bien peur, avait-elle lancé aux délégués ouvriers réunis à Marseille en 1879, que les femmes soient dupées par les hommes du prolétariat comme les prolétaires l'ont été par les bourgeois. » Et elle avait poursuivi : « Nous femmes, nous ne nous occuperons pas d'aider le despotisme à changer de mains[53]. » Alors que la plupart des socialistes et des syndicalistes estimaient que la place de la femme était au foyer[54], Auclert n'admettait pas, par exemple, que l'homme doive pourvoir seul aux besoins de la famille et elle demandait pour le moins que le travail domestique soit rémunéré par le mari. Mais comment persuader le monde ouvrier masculin de changer de regard et de comportement ? Si Hubertine Auclert appelait ses sœurs à compter sur elles-mêmes pour s'affranchir, elle était en effet bien consciente que le principal levier du changement, la conquête du droit de vote, était entre

51. Elle écrit également dans son livre *Union ouvrière* (1re éd., 1843) que les femmes sont « les dernières esclaves qui restent encore dans la société française », Paris, 1844, 2e éd., p. 70.
52. Friedrich Engels, *L'Origine de la famille, de la propriété privée et de l'État* (1891), Paris, Éditions sociales, 1954, p. 72.
53. Intervention au 3e congrès socialiste de France (Marseille, 22 octobre 1879), reprise dans *Hubertine Auclert, pionnière du féminisme. Textes choisis*, présentation de Steven C. Hause, préface de Geneviève Fraisse, Saint-Pourçain-sur-Sioule (Allier), Bleu autour, 2007, p. 92 et p. 94.
54. La résolution finale du 1er congrès ouvrier de France (Paris, octobre 1876) notait : « Tout en reconnaissant le droit au travail pour la femme, nous voudrions qu'elle ne fît rien en dehors du foyer. »

les mains des hommes. Il fallait donc trouver l'argument décisif qui emporte l'adhésion des militants.

Comme ses sœurs de la période révolutionnaire ou les « femmes prolétaires » du saint-simonisme, la pionnière du suffragisme français pensait que la reconnaissance de la pleine égalité entre les femmes et les hommes dérivait d'un constat simple : l'émancipation du genre humain ne pouvait être qu'une. D'où ses mots :

> Si vous, prolétaires, vous voulez aussi conserver des privilèges, les privilèges de sexe, je vous le demande, quelle autorité aurez-vous pour protester contre les privilèges de classe ? Que pouvez-vous reprocher aux gouvernants qui vous dominent, qui vous exploitent, si vous êtes partisans de laisser subsister dans l'espèce humaine des catégories de supérieurs et d'inférieurs ? Craignez d'être accusés par vos maîtres de leur disputer des prérogatives dont vous êtes jaloux[55].

L'histoire du droit des femmes a montré que ces arguments, que l'on pourrait qualifier d'universalistes, n'ont pas eu l'influence qu'ils auraient logiquement dû avoir. La faute aux pesanteurs d'un patriarcat qui plongeait loin ses racines ? La peur de voir les voix des femmes subordonnées aux prêtres et aux conservateurs ? Ces facteurs historiques et sociologiques, souvent évoqués, ont joué un rôle. Mais il y a aussi eu un blocage plus profond, touchant à la nature même de la masculinité, autant qu'à sa fonctionnalité. Hubertine Auclert a touché du doigt la question en parlant de *privilège de sexe*, suggérant avec ce terme que c'était dans le cadre d'une économie générale de la domination qu'il fallait comprendre la soumission des femmes ; celle-ci constituant un élément structurant de la fierté masculine, une sorte de « compensation » domestique apportée à la condition d'exploité du prolétaire. Bien loin de résulter d'un simple archaïsme hérité, la soumission des femmes pouvait être comprise dans cette perspective comme ayant une fonction spécifique dans une société démocratique dont les principes égalitaires fondateurs étaient bafoués de mille manières : elle était pour les hommes un mode pervers de constitution d'une égalité de distinction, d'affirmation d'une certaine fierté de corps. Et ce, d'autant plus qu'ils se trouvaient dans

55. *Hubertine Auclert, pionnière du féminisme. Textes choisis*, *op. cit.*, p. 88-89.

une position sociale dominée. Maria Deraismes, l'amie d'Hubertine Auclert et de Louise Michel[56], avait alors démonté ce mécanisme de façon lumineuse dans un article au titre évocateur : « La grandeur des petits hommes » :

> Ne nous y méprenons pas, les ennemis les plus acharnés de la cause que nous défendons sont les petits hommes [...] Chaque petit homme est au moins assuré d'être grand devant quelqu'un : grand devant la femme en général, grand devant la sienne en particulier. Le jour où il va aux élections, il se sent supérieur à Madame George Sand et à toutes les femmes d'esprit de son temps, il est homme enfin, cela dispense du reste [...]. Rentré chez lui, il est souverain, il est arrogant, il impose silence [...] On croirait presque qu'il peut quelque chose : il a des « je veux » napoléoniens[57].

Et c'est spontanément que le parallèle avec les privilèges de l'ancienne noblesse s'était imposé sous sa plume pour parler de la position dominatrice des hommes sur les femmes. « En France, avait-elle ainsi résumé, la suprématie masculine est la dernière aristocratie[58]. »

Le nationalisme xénophobe

C'est le même type de mécanisme « compensateur » qui a alimenté à partir des années 1890 la montée en puissance d'un nationalisme violemment xénophobe. Il venait de loin. Dès les années 1830, les gouvernants conservateurs avaient en effet essayé de faire du national-protectionnisme un moyen de désamorcer les impatiences d'un prolétariat naissant. Il s'agissait à leurs yeux de valoriser un « travail national » présenté comme porteur d'identité positive et d'égalité face à la puissance de dissolution sociale du monde extérieur. Cette idée d'un protectionnisme égalisateur et rassembleur avait été au cœur de l'argumentaire des hérauts de ce projet sous la

56. Elle fut cofondatrice (avec Louise Michel notamment) de la Société pour le droit civil des femmes en 1869, puis avec Hubertine Auclert de la Société pour l'amélioration du sort de la femme en 1874.
57. Article cité, *Le Droit des femmes*, n° 6, 15 mai 1869.
58. Et elle poursuivra : « Elle se débat vainement ; son tour de disparaître arrive. » Discours de son initiation maçonnique au Pecq le 14 janvier 1882 (elle sera à l'origine de la création, un peu plus tard, de la seule obédience maçonnique mixte française, *Le Droit humain*). Cité dans Éliane Brault, *La Franc-maçonnerie et l'Émancipation de la femme*, Paris, Dervy, 1998, p. 106.

monarchie de Juillet[59]. Ceux-ci y voyaient un moyen de secondariser les tensions de classes en introduisant une nouvelle arithmétique de l'identité collective et de l'homogénéité. Charles Dupin, l'un des têtes pensantes du régime, disait ainsi que, grâce aux barrières douanières, la figure du prolétaire céderait la place à celle d'ouvriers regroupés « sous l'égalité glorieuse du drapeau tricolore[60] », une forme d'inclusion nationale se substituant de cette façon au spectre de l'exclusion sociale. « Pour rester dans le vrai, martelait-il, parlons d'ouvriers français et non pas de prolétaires[61]. » Les thuriféraires du régime ont alors célébré l'« ouvrier national » pour conjurer l'emploi du terme menaçant de prolétaire, et ils ont évoqué les principes d'une « économie patriotique » pour suggérer l'existence d'une communauté structurelle d'intérêts entre industriels et salariés face à la menace étrangère.

Cette idéologie a refait surface avec force au moment où la première mondialisation commençait à produire ses effets, au début des années 1890. Ce qui n'avait été qu'un ballon d'essai au mitan du siècle deviendra une idéologie qui fera vaciller les distinctions politiques acquises, une « droite révolutionnaire » se rapprochant d'une « gauche réactionnaire » en inventant un nationalisme d'exclusion aux antipodes de la nation universaliste célébrée par les révolutionnaires de 1789 à 1793. Maurice Barrès s'en est fait le champion et le théoricien. Il a ainsi marqué en 1893 son entrée en politique en publiant un pamphlet au titre incendiaire, *Contre les étrangers*. Le projet d'une patrie d'exclusion a entendu chez lui se substituer, en l'accomplissant, à l'idée socialiste. « L'idée de patrie, disait-il, implique une inégalité, mais au détriment des étrangers[62] », appréhendant du même coup la nation comme une communauté de rejet et de distanciation. Pour Barrès, la fierté nationale était fondée sur le mépris de l'étranger. Certains milieux d'extrême gauche glisseront sur cette base du radicalisme révolutionnaire à un ultranationalisme exalté, devenant des « sociaux-chauvinistes » violemment

59. Pour une présentation informée des débats sur le sujet pendant cette période, voir David Todd, *L'Identité économique de la France. Libre-échange et protectionnisme, 1814-1851*, Paris, Grasset, 2008.
60. Charles Dupin, Discours du 14 avril 1836 (dans le débat sur les tarifs douaniers), *Archives parlementaires*, 2e série, t. CII, p. 34.
61. *Ibid.*, p. 35, ainsi que pour les expressions qui suivent.
62. « Contre les étrangers », dans *L'Œuvre de Maurice Barrès*, Paris, Club de l'Honnête homme, t. V, 1966, p. 412.

xénophobes et antisémites[63]. C'est dans leur cercle qu'avait été formée en 1894 la Ligue pour la défense du travail national. Il n'y était question que de « France aux Français », de « France envahie par l'étranger » et de « socialisme nationaliste ». Socialiste toujours, car on s'y déclarait en même temps, sur un mode xénophobe, « partisan de l'égalité sociale la plus absolue ». Faute de penser réalisables leurs projets insurrectionnels et révolutionnaires, ces hommes avaient alors reconverti leur radicalisme et reformulé leur exigence d'égalité sous la forme d'un nationalisme virulent. Pour eux, la fierté du prolétaire était devenue indexée sur la haine de l'étranger beaucoup plus que sur le combat contre l'exploitation.

On a alors retrouvé sans surprise des formulations identiques sous les plumes exaltées de la nouvelle extrême droite qui prenait son envol sur le même registre. Il n'était question dans leurs brochures que d'« envahissement », d'« invasion », d'« infiltration ». On y parlait des ouvriers étrangers comme de criminels et de fauteurs de troubles. Quant à ce qui était qualifié de « marée montante des naturalisations[64] », on y voyait la menace que ces « actes contre nature » conduisent à ce que « la race française sera sûrement débordée avant peu ». Les manifestations de rue contre les travailleurs étrangers se multiplieront en conséquence dans ces années 1890. Le phénomène n'était certes pas complètement nouveau. On avait ainsi pu observer dès la Restauration et la monarchie de Juillet des mouvements sociaux contre les étrangers, même si on avait alors fréquemment pour habitude d'englober dans cette catégorie des groupes professionnels rivaux autant que des personnes originaires d'autres régions[65]. L'hostilité s'était faite plus forte après 1848, avec les désenchantements engendrés par l'échec du suffrage universel à résoudre la question sociale. Mais c'est seulement vers la fin du XIXe siècle que le mouvement a pris sa pleine ampleur et que se sont concentrés les plus graves incidents xénophobes[66]. Incidents parfois

63. Notamment dans les cercles blanquistes, alors qualifiés de néo-hébertistes : voir Marc Crapez, *La Gauche réactionnaire. Mythes de la plèbe et de la race*, Paris, Berg International Éditeurs, 1997, notamment p. 221-224.
64. L'expression faisait allusion à la loi de 1889 sur les modes d'acquisition de la nationalité française.
65. Voir Pierre-Jacques Derainne, *Le Travail, les migrations et les conflits en France : représentations et attitudes sociales sous la monarchie de Juillet et la Seconde République*, thèse de doctorat d'histoire, université de Bourgogne, Dijon, 1999, dact., 409 pages + annexes.
66. Voir Laurent Dornel, *La France hostile. Socio-histoire de la xénophobie (1870-1914)*, préface de Gérard Noiriel, Paris, Hachette, 2004.

dramatiques, comme en 1893 à Aigues-Mortes dans une attaque ultraviolente contre des Italiens faisant plus de 20 morts et une centaine de blessés[67], ou à de multiples reprises contre les Belges dans le Nord. Les syndicats naissants et les divers partis socialistes s'étaient opposés à ces réactions[68], mais ils ne purent en contrôler le surgissement. Là aussi, c'est une forme sauvage d'affirmation d'une égalité de corps qui s'était manifestée à travers cette expression haineuse d'une « fierté d'être français ». C'est en effet significativement dans les milieux ouvriers les moins qualifiés et les plus précarisés que la xénophobie était la plus vive, exprimant sur ce mode négatif la recherche d'un statut et d'une forme d'intégration qui leur étaient refusés dans le travail[69]. Le chauvinisme national a alors été pour nombre d'individus situés en bas de l'échelle sociale le mode d'expression pervers d'une dignité perdue.

Ce mode d'affirmation d'un « privilège d'identité » dans la France des années 1890 peut être rapproché de ce qu'a représenté la constitution d'un « privilège blanc » dans l'Amérique de la même époque. Un bref détour par l'histoire du racisme en Amérique est pour cela utile. Celle-ci montre en effet de façon exemplaire comment des personnes dans une position sociale dominée ont voulu retrouver collectivement une forme d'importance et de dignité en méprisant une population jugée inférieure. Il y a même eu dans le cas américain une véritable institutionnalisation de cette distinction et de ce mépris avec les lois ségrégationnistes mises en place à partir des années 1890.

Du racisme en Amérique

Tocqueville avait interprété le racisme en Amérique dans cette perspective dès les années 1830, soulignant la différence qu'il y avait dans la façon d'articuler la situation légale et la barrière des mœurs entre Noirs et Blancs au nord et au sud du pays. Dans le Sud, l'esclavage avait effectivement creusé un tel abîme entre les

---

67. Voir Gérard Noiriel, *Le Massacre des Italiens : Aigues-Mortes, 17 août 1893*, Paris, Fayard, 2010.
68. C'est même le moment où se développe un véritable internationalisme au niveau de ces deux types d'organisations. Voir Nicolas Delalande, *La Lutte et l'Entraide. L'âge des solidarités ouvrières*, Paris, Seuil, 2019.
69. Sur la différence de fonctionnement de la fierté d'être français dans les classes supérieures et les classes inférieures, voir les travaux de Gérard Noiriel.

Noirs et les Blancs que ces derniers ne pouvaient voir une menace dans le fait d'un voisinage. Il n'y avait dans ce cas aucune correspondance entre l'idée d'égalité et celle de proximité. Et l'auteur de *La Démocratie en Amérique* de résumer en ce sens :

> Au Sud, le maître ne craint pas d'élever jusqu'à lui son esclave, parce qu'il sait qu'il pourra toujours, s'il le veut, le rejeter dans la poussière. Au Nord, le Blanc n'aperçoit plus distinctement la barrière qui doit le séparer d'une race avilie, et il s'éloigne du nègre avec d'autant plus de soin qu'il craint d'arriver un jour à se confondre avec lui[70].

La situation au Sud va ainsi paradoxalement se durcir après l'abolition de l'esclavage résultant de la fin de la guerre de Sécession en 1865. Forcés d'accepter ce nouveau cadre légal, bientôt prolongé par l'obtention du droit de vote pour les Noirs, les États du Sud n'acceptèrent pas pour autant que cet affranchissement conduise à bouleverser leur monde social. Ils multiplieront ainsi les conditions « techniques » mises à l'exercice du droit de vote qui, sans être explicitement discriminatoires vis-à-vis des Noirs, conduisaient pratiquement à les écarter des urnes. Le vote noir fut de la sorte presque totalement suspendu dans les faits. Dans un État comme la Louisiane, les électeurs noirs qui étaient près de 130 000 après leur obtention du droit de suffrage en 1869, ne seront ainsi plus qu'un millier au tournant du XXe siècle[71]. Parallèlement des *Black Codes* conduisirent à maintenir de fait nombre de travailleurs noirs dans la dépendance. Des formes de « travail contraint » furent, par exemple, mises en place sous le couvert de réglementations sur le vagabondage ou de « remboursements en nature », qui permettaient de retenir une personne sous-payée au service d'une autre. Pour ne rien dire de l'exacerbation de la violence directe contre les Noirs, dont d'ignobles scènes de lynchage par des foules de Blancs haineux sont restées gravées dans les mémoires.

---

70. Alexis de Tocqueville, *De la démocratie en Amérique*, édition d'Eduardo Nolla, Paris, Vrin, 1990, t. I, p. 265. Sur cet usage du mot « nègre » qui nous choque aujourd'hui, voir le dossier rédigé par Anne Chemin, « Nègre, ce mot lourd des crimes qui l'ont forgé », *Le Monde*, 23 janvier 2021, ainsi que la préface de Françoise Vergès à *Nègres. Négrier. Traite des nègres*, Saint-Pourçain-sur-Sioule, Éditions Bleu autour, 2007 (extraits du *Grand Dictionnaire universel Larousse du XIXe siècle*).
71. Chiffres donnés par Comer Vann Woodward, *The Strange Career of Jim Crow* (1re éd. 1955), New York et Oxford, Oxford University Press, 3e éd. 1974.

Au-delà de toutes ces mesures qui « rusaient » avec l'émancipation légale, des dispositions ouvertement ségrégationnistes se mirent en place à partir des années 1890[72]. Elles restructureront complètement la vie quotidienne des États du Sud dans toutes ses dimensions. Les Noirs et les Blancs deviendront partout séparés. L'imagination ségrégationniste n'a alors connu aucune limite. Un nouveau Sud s'est formé sur la base de cette frénésie, fort différent de celui de la période esclavagiste. La ségrégation était en effet alors impraticable : maîtres et esclaves cohabitaient nécessairement, par la force de la quotidienneté. Ils étaient tout à la fois immensément inégaux en termes de statut et constamment en contact direct ; distance sociale et proximité physique allaient structurellement de pair. La ségrégation a instauré une nouvelle économie de la distance et de l'inégalité. Le racisme prit dès lors la forme d'un rigoureux séparatisme.

Dans son livre fondateur, *An American Dilemma : The Negro Problem and Modern Democracy*[73], Gunnar Myrdal a bien souligné qu'en Amérique le racisme ne pouvait pas seulement être appréhendé comme une perversion de la démocratie, mais qu'il devait également être compris comme une de ses formes structurantes. Le racisme y a en effet joué un rôle essentiel dans la construction de l'imaginaire égalitaire des Blancs. Il va lui donner une nouvelle forme et un nouvel horizon. La perception des inégalités qui traversaient la société, y compris les plus criantes, se modifia complètement par l'exacerbation du sens de la similarité en termes de couleur de peau. Les Blancs pouvaient avoir le sentiment de s'élever solidairement en méprisant de concert un groupe jugé inférieur ; groupe dont les contours pouvaient être, physiquement, immédiatement appréhendés. L'érection de la « blancheur » (*whiteness*) en catégorie sociale et mentale centrale permit ainsi de secondariser les autres dimensions du monde social[74]. Il y a donc eu une spécificité de ce racisme. Il n'a pas été fondé sur le simple sentiment d'une

---

72. Pour une mise au point sur le sujet, voir John David Smith (dir.), *When Did Southern Segregation Begin ?*, Boston, MA, Bedford, 2002.
73. Gunnar Myrdal (avec la collaboration de Richard Sterner et Arnold Rose), *An American Dilemma : The Negro Problem and Modern Democracy*, 2 vol., New York, Harper, 1944.
74. Voir Theodore W. Allen, *The Invention of the White Race*, 2 vol., Londres, Verso, 1994-1997 ; Grace Elizabeth Hale, *Making Whiteness : The Culture of Segregation in the South, 1890-1940*, New York, Vintage, 1999. Ce thème de la *Whiteness* est devenu central dans les sciences sociales américaines, en lien avec l'idée de « privilège blanc », à partir des années 2000 : voir, par exemple, Shannon Sullivan, *Revealing Whiteness : The Unconscious Habits of Racial Privilege*, Bloomington, IN, Indiana University Press, 2006.

aversion ou d'une différence menaçante : il a appartenu en propre à l'âge démocratique. « La croissance de l'idéologie raciste, a dit très justement Colette Guillaumin, dépend en fait étroitement des valeurs égalitaires : elle est une réponse à la pétition d'égalité[75]. » Si le racisme américain est un phénomène social global, dont on trouve les manifestations dans toutes les couches de la société, il y a bien ainsi une spécificité fonctionnelle du « racisme d'en bas ».

Le propre de l'« effet d'égalisation » du groupe racisant est de produire une *égalité de corps*. Il ne s'agit donc pas d'une égalité de type démocratique, celle-ci impliquant la détermination de normes de justice entre *individus*. Sur ce mode, ressurgit plutôt une égalité que l'on pourrait dire « archaïque », de type aristocratique. C'est ce qu'avait très bien perçu Gustave de Beaumont, le compagnon de voyage de Tocqueville outre-Atlantique.

> Comme l'existence d'une population esclave établit une classe inférieure, tous les Blancs du Sud se considèrent comme formant une classe privilégiée [...] ; la couleur blanche est regardée, dans le Sud, comme une véritable noblesse. Les Blancs se traitent donc entre eux avec d'autant plus d'égards et de bienveillance qu'il se trouve à côté d'eux des hommes auxquels ils n'accordent que du mépris. Il s'introduit ainsi dans les mœurs du Sud quelque chose d'aristocratique[76].

En aristocrate venu du vieux continent, il avait bien vu la chose. Dans l'Europe du XVIIIe siècle, le sentiment aristocratique était en effet fondé sur l'idée d'appartenir à une race distincte, à une humanité séparée, partageant un même « sang bleu ». Cela suffisait à établir un sentiment de parité entre le grand seigneur et le petit hobereau, à les distinguer du commun, au-delà des énormes écarts de fortune qui pouvaient les éloigner. « L'aristocratie, avait noté en ce sens Rousseau, n'admet que des droits de corps et non des droits individuels[77]. » Plus on descendait vers le bas de l'échelle sociale chez les Blancs du Sud, plus fort était donc le souci de

75. Colette Guillaumin, *L'Idéologie raciste, genèse et langage actuel*, Paris, Mouton, 1972, p. 40.
76. Gustave de Beaumont, *Marie, ou l'esclavage aux États-Unis*, Paris, 1835, t. I, p. 303-304. Dans son ouvrage *Les États-Unis aujourd'hui* (Paris, Armand Colin, 1927), André Siegfried notera un siècle plus tard : « Moins bien payé que dans le Nord, mal protégé légalement dans l'atelier, le "pauvre Blanc" possède cette satisfaction d'amour-propre de se sentir membre d'une aristocratie » (p. 93).
77. Jean-Jacques Rousseau, *Constitution pour la Corse*, dans *Œuvres complètes*, t. III, Paris, Gallimard, « Bibliothèque de la Pléiade », 1969, p. 909.

maintenir les Noirs à l'écart, autant que dans une position d'infériorité. La peur du déclassement qui hantait socialement ces individus, à cause de leur situation économique défavorisée, était surmontée sur ce mode[78].

Dans ce contexte américain, le racisme a ainsi conduit à absorber le phénomène social plus ancien du *nativisme* (terme désignant le sentiment de cohésion et de supériorité des groupes ouvriers les plus anciens et les plus qualifiés qui s'exprimait au milieu du XIXe siècle sous la forme d'un mépris et d'un rejet des nouveaux immigrants, alors irlandais pour la plupart). Sentiment dont Marx et Engels avaient, les premiers, souligné la prégnance pour donner aux ouvriers qualifiés le sentiment aristocratique de former une société d'égaux, en se rapportant plus à la distance vis-à-vis du reste du monde ouvrier qu'à la distance de classe qui les séparait eux-mêmes des classes possédantes[79]. Le fossé instauré par le racisme a été plus profond et plus structurant, parce qu'il a été plus permanent d'abord, mais aussi plus universel, invitant à la lecture la plus simplifiée qui soit des distinctions sociales. De la sorte a été introduit le biais d'une perception très particulière de la condition ouvrière chez les Blancs. Leur sentiment d'exploitation a été en permanence contrebalancé par la mise en scène de la supériorité raciste vis-à-vis des Noirs, au Nord comme au Sud. Il y a eu pour cette raison un obstacle très puissant à la formation d'une représentation du prolétariat comme figure générique de la souffrance sociale aux États-Unis.

La dynamique des « grandeurs de revanche »

Privilège du sexe masculin, privilège de la couleur blanche, privilège du national. Ces expressions que l'on retrouve encore utilisées aujourd'hui sont parfois considérées comme choquantes. On leur reproche de présupposer des différences de statut là où

---

78. Sur cette peur du déclassement (*fear of falling*) dans le monde blanc, voir les articles suggestifs de Margaret Kohn, « The other America : Tocqueville and Beaumont on race and slavery », *Polity*, vol. 35, n° 2, hiver 2002, p. 69-93, et Laura Janara, « Brothers and others : Tocqueville and Beaumont, US genealogy, democracy and racism », *Political Theory*, vol. 32, n° 6, décembre 2004, p. 773-800.

79. Voir, par exemple, la lettre de Marx à Siegfried Meyer et August Vogt du 9 avril 1870, dans Karl Marx et Friedrich Engels, *Letters to Americans, 1848-1895*, New York, International Publisher, 1953, p. 77. On doit aussi souligner ici que c'est en s'appuyant sur ces sentiments nativistes que s'est développé le syndicalisme.

règnent les principes de l'égalité de droit. Elles apparaissaient déjà choquantes au XIXe siècle, du fait de leur caractère littéralement inapproprié[80]. Mais les plumes libérales ou sagement réformatrices qui les avaient utilisées voulaient justement frapper les esprits en soulignant qu'avait ressurgi l'équivalent de ces anciennes distinctions. Lorsque Maria Deraismes parlait de la suprématie masculine comme rémanence de l'ancien monde de l'aristocratie ou que Gustave de Beaumont estimait qu'il y avait quelque chose d'aristocratique dans les mœurs du sud des États-Unis, ils voulaient suggérer que la société moderne, c'est-à-dire la société de classes, conservait toujours des traits archaïques qui jouaient un rôle essentiel dans son fonctionnement. C'est d'ailleurs au cœur de la tradition marxiste elle-même que sera forgé quelques décennies plus tard le terme d'*aristocratie ouvrière*. Lorsque Engels avait utilisé pour la première fois l'expression[81], il voulait ainsi souligner un type de division interne à la classe ouvrière qui pouvait rendre problématique la perspective révolutionnaire. Lénine en avait fait un usage similaire dans *L'Impérialisme, stade suprême du capitalisme* (1916), en soulignant que l'embourgeoisement d'une partie du prolétariat anglais, bénéficiant des retombées de la politique impérialiste de l'époque, l'opposait de fait à la masse de la classe ouvrière.

Cet entrelacs du vieux et du neuf est aujourd'hui au cœur des représentations et des réactions sociales. D'un côté, le mépris d'en haut ne fait qu'alimenter un fort ressentiment, tandis que de l'autre, le mépris d'en bas est destructeur du lien social. Mais ces deux types de mépris se distinguent progressivement de moins en moins. Ils empoisonnent de concert le monde social en s'entremêlant. Le mépris finit ainsi par faire système, la dynamique du mépris compensateur diffractant sans fin son expression, tel un écho qui se répercute à l'infini.

---

80. Sauf dans le cas américain à partir des lois ségrégationnistes, le principe de la séparation des races ayant alors été légalement entériné. La doctrine du *Separate but Equal* fut validée par la Cour suprême du pays en 1896 (arrêt *Plessy vs Ferguson*).

81. En 1892, dans la deuxième édition allemande de *La Situation de la classe laborieuse en Angleterre*. Voir à ce propos l'article « Aristocratie ouvrière », dans Georges Labica et Gérard Bensussan, *Dictionnaire critique du marxisme*, Paris, PUF, 1982.

Du ressentiment à l'attente de dignité

Le tournant des Gilets jaunes (I)

L'épreuve du mépris est au cœur de la question sociale d'aujourd'hui. Un retour aux Gilets jaunes peut être éclairant pour bien en prendre la mesure. À condition de ne pas chercher à dissiper trop vite leur dimension d'objet politique et social non identifié et leur caractère inédit. Chacun a en effet eu spontanément tendance à rattacher le mouvement et ses acteurs à des catégories familières ou à des précédents bien répertoriés. Des historiens ont ainsi pu évoquer à leur propos les anciennes jacqueries paysannes, les révoltes frumentaires du XVIIIe siècle (le prix des carburants remplaçant celui du blé), voire l'insubordination ouvrière de 1968 ou les grandes grèves de 1995. Des sociologues ont cru pouvoir les rapporter à la notion de « petites classes moyennes », ou les rattacher à la catégorie générale de « classes populaires », tandis que certains géographes ont vu en eux l'« incarnation charnelle de la France périphérique ». Quant aux appréciations politiques de ces Gilets jaunes, elles n'ont été dans bien des cas que matière à confirmation des opinions de leurs auteurs : « populistes » ou « poujadistes » pour les uns, avant-garde de « l'insurrection qui vient » ou figures d'un peuple victime du néolibéralisme, pour d'autres. Pour ne pas en rester à ces généralités, il est préférable de partir du côté énigmatique du mouvement, dans la double difficulté rencontrée de le caractériser sociologiquement et de le qualifier en tant que forme politique et sociale.

La résistance à une définition sociologique des Gilets jaunes est le point marquant. Un petit nombre d'études ont été publiées sur la question, chacune d'entre elles étant restée partielle et dépendante de l'indétermination même de son objet[82]. Elles suggèrent cependant quelques éléments convergents. Le caractère composite du mouvement au premier chef. Parmi les Gilets jaunes actifs, c'est-à-dire présents sur les ronds-points, si les ouvriers et les employés dominent (19 % pour les premiers, 44 % pour les

82. Voir notamment les données recueillies à partir des 166 entretiens réalisés dans six régions par le collectif rattaché au Centre Émile-Durkheim de l'université de Bordeaux (résumé dans *Le Monde* du 12 décembre 2018) et la Note du 28 novembre 2018 de la Fondation Jean-Jaurès, « Les Gilets jaunes : révélateur fluorescent des fractures françaises » (sur la base d'un sondage IFOP). On peut aussi se reporter à la Note « Qui sont les Gilets jaunes et leurs soutiens ? » de l'Observatoire du bien-être du CEPREMAP et du CEVIPOF, n° 03-2019, 14 février 2019.

seconds), on compte aussi 14 % d'artisans, commerçants et chefs d'entreprise, 13 % de professions intermédiaires et 7 % de cadres et professions intellectuelles supérieures, soit pour ces trois dernières catégories le tiers des personnes interviewées[83]. Un sondage de l'IFOP sur les personnes se définissant comme Gilets jaunes dans les différentes catégories socioprofessionnelles donnait une physionomie proche, les ouvriers et les employés (31 % et 23 % de leurs catégories respectivement) voisinant avec 25 % des travailleurs indépendants, 15 % des retraités, 13 % des professions intermédiaires et 11 % des cadres et professions intellectuelles. Cela ne dessine donc nullement le profil d'un mouvement de « damnés de la terre[84] ». Des « petits-moyens », a-t-on pu dire, d'une formule floue et pertinente à la fois[85]. Ce n'est en tout cas pas en termes traditionnels de classe qu'il convient d'appréhender ces Gilets jaunes.

Ce ne sont en effet pas des intérêts de classe, au sens classique du terme, qui les ont constitués. En a témoigné avec éclat le fait qu'ils ne se sont à aucun moment dressés contre le patronat : lors des manifestations parisiennes, le siège du MEDEF a ainsi été totalement ignoré. Ou cela n'a été qu'en opposant éventuellement les petits et les gros, des patrons de TPE et des indépendants étant des leurs. C'est l'État fiscal qu'ils ont d'abord stigmatisé, le mouvement ayant eu pour déclencheur le projet d'augmentation des taxes sur le carburant. Ce sont les institutions politiques dont ils ont dénoncé le caractère insuffisamment démocratique, c'est le président de la République, avec son image d'arrogance, qu'ils ont voué aux gémonies. Si la caractérisation des Gilets jaunes en termes de catégories socioprofessionnelles reste ainsi problématique[86], il y a un autre type de lien qui les a indubitablement réunis : celui d'avoir eu le sentiment d'être méprisés[87].

Ces Gilets jaunes ont aussi pu apparaître énigmatiques en termes de conduite de leur action. Ils ont en effet inventé de nouvelles formes

83. Enquête citée du Centre Émile-Durkheim de l'université de Bordeaux.
84. Sondage IFOP dans la Note du 28 novembre 2018 de la Fondation Jean-Jaurès.
85. « On n'est pas des « petits-petits » mais des « petits-moyens » avait dit une personne interviewée par une chercheuse (Isabelle Coutant, dans *Regards*, hiver 2019, p. 59).
86. Sauf à souligner des caractéristiques purement fonctionnelles comme celle de la forte présence des professions liées à la route.
87. Cette appréciation vient en tête de leur motivation à s'exprimer dans les rues des grandes villes (après la critique de la répression de leur mouvement, voir la note 43 du chapitre II).

de protestation, et ce, de plusieurs façons. En investissant d'abord des lieux inédits d'expression : les ronds-points, des dispositifs de ralentissement. Des « non-lieux » à vrai dire, pour reprendre l'expression de l'anthropologue Marc Augé[88], tant ils sont faits pour le croisement, l'évitement et non la rencontre. À l'exact opposé donc des « mouvements de place[89] » qui s'étaient inscrits dans la longue histoire protestataire des rassemblements dans les centres-villes. Pas de foules, là, au départ, mais des petits groupes dispersés sur le territoire, à la différence des regroupements urbains qui indexaient leur visibilité sur le caractère massif de leur présence. Quand ces « Gilets jaunes de la semaine » ont convergé vers les villes les samedis, à partir de la fin novembre 2018[90], ils n'ont pas formé des cortèges de manifestants regroupés derrière des banderoles, suivant un itinéraire balisé. Ils sont restés statiques, dispersés, à l'état de foule décomposée, marchant parfois sans paraître avoir d'objectif précis. Ils ont alors simplement dit : « Nous sommes là, nous existons, vous ne pouvez pas nous faire taire. » On pourrait parler en ce sens d'une politique de la présence, dont la visibilité du gilet fluorescent a logiquement constitué l'emblème. Il s'est agi d'un existentialisme politique, au sens propre du terme. Leur premier objectif a en effet été de sortir de l'obscurité tout en restant anonymes, d'être reconnus. C'est-à-dire de repousser le mépris d'indifférence qui les tenait pour quantité négligeable. Ils ont pour cela illustré la centralité prise par les affects dans la perception contemporaine de la domination[91]. C'est ce qui a constitué le premier élément caractéristique de leur mouvement et c'est ce qui lui confère son importance historique[92]. Loin d'y voir la seule expression d'une révolte passagère et circonstancielle, il faut en effet bien comprendre qu'il a marqué une date dans l'histoire sociale dont on ne fait que commencer à saisir la portée.

---

88. Voir Marc Augé, *Non-lieux. Introduction à une anthropologie de la surmodernité*, Paris, Seuil, 1992. L'auteur rangeait dans cette catégorie les aires d'autoroutes, les halls de gare ou d'aéroport, les échangeurs routiers.
89. On pense évidemment d'abord sur ce point aux révolutions arabes des années 2010-2011 symbolisées par l'occupation de la place Tahrir au Caire. Mais aussi aux mouvements en Europe comme celui des Indigènes à la Puerta del Sol à Madrid en 2011 également, ou à celui de Nuit debout sur la place de la République à Paris en 2016.
90. Les diverses manifestations du 17 novembre 2018 avaient rassemblé de 200 000 à 300 000 personnes sur le territoire.
91. On trouvera sur ce point des développements utiles dans Nicolas Renahy et Pierre-Emmanuel Sorignet, « Pour une sociologie du mépris de classe. L'économie des affects au cœur de la domination », *Sociétés contemporaines*, vol. 119, n° 3, 2020, p. 5-32.
92. Voir aussi *infra* le paragraphe « Les injustices de situation et le mouvement des Gilets jaunes (II) » dans le chapitre II (p. 57-88).

Cette place des affects dans l'irruption des Gilets jaunes explique qu'ils soient restés difficiles à comprendre par les partis et les syndicats qui appréhendent principalement la question sociale au prisme des intérêts économiques et des normes de redistribution. Elle explique aussi pourquoi c'est à travers l'expression d'un sentiment de haine à l'égard du chef de l'État et non pas sous une forme programmatique que s'est principalement exprimée leur opposition au pouvoir en place.

Les noces de la fierté et du ressentiment

Pour la plupart des Gilets jaunes, cette expérience de présence collective sur les ronds-points ou aux postes de péage des autoroutes a eu un caractère libérateur. Très peu d'entre eux avaient en effet un passé militant. En interagissant avec les automobilistes, ils ont approfondi le sens de leur action et aussi pris conscience de ce qu'ils représentaient. Cette expérience réflexive a été une dimension importante de leur action[93]. L'attention médiatique qu'ils ont suscitée a aussi joué un rôle d'aiguillon pour leur donner un sentiment de légitimité et d'importance. Cela a été de cette façon pour chacun une occasion de reconquête d'une certaine fierté ; une expérience d'échanges et de rapports fraternels aussi, pour la plupart d'entre eux qui vivaient dans un relatif isolement[94]. Protestation et convivialité se sont ainsi liées. Mais ces bénéfices personnels ont aussi été progressivement obscurcis par un sentiment de piétinement, refroidissant les enthousiasmes et les espérances. Le désenchantement et le ressentiment ont alors commencé à se loger dans les têtes.

Bien au-delà de ce cas des Gilets jaunes, l'expression du ressentiment a partie liée avec le mépris et l'humiliation[95]. C'est pourquoi il doit retenir l'attention. Il a été appréhendé par ses premiers observateurs comme une disposition psychologique qui mêle l'hostilité à l'impuissance. Éprouver du ressentiment c'est en effet se considérer comme rabaissé, infériorisé ou méprisé par autrui sans être en mesure d'analyser lucidement cette situation et de trouver

93. Benoît Coquard a consacré des pages intéressantes à cette expérience de terrain des Gilets jaunes dans *Ceux qui restent. Faire sa vie dans les campagnes en déclin*, Paris, La Découverte, 2019.
94. Voir la part importante de retraités, de routiers ou de mères célibataires parmi eux.
95. Pour une discussion de la notion d'humiliation, voir le texte de Gloria Origgi dans la partie « Rebonds et explorations » (p. 163-175).

les moyens d'inverser la domination que l'on subit. L'individu dans cette position se retrouve ainsi prisonnier de son malheur, pris dans les rets de sa colère. On a pu dire pour cela que c'était une émotion des faibles qui souffrent de se sentir dominés ou humiliés tout en se sentant incapables de combattre cet état de choses[96]. Max Scheler, le premier philosophe à en avoir proposé une théorie dans le sillage de Nietzsche, avait parlé pour cela d'un processus « d'auto-empoisonnement psychologique[97] ». Celui qui éprouve du ressentiment est en effet submergé par une haine diffuse, replié sur son impuissance, englué dans la « rumination » de son affect[98]. Le ressentiment est au premier chef l'expression d'une réaction accusatrice, il n'est pas porteur d'une politique revendicative.

Le ressentiment a surtout été analysé dans sa dimension psychologique par les premiers philosophes à en avoir souligné la spécificité. Scheler a ainsi parlé de l'*homme* du ressentiment, avec l'accent anthropologique qu'implique cette formulation. Il y a une spécificité moderne de ce type de passion tenant à l'impératif d'égalité qui définit en démocratie la « société des semblables ». Dans les anciennes sociétés d'ordre, chacun était en effet assigné à une place donnée et ne pouvait envisager de se comparer aux puissants, qui appartenaient à un autre monde. Ainsi, l'imagination des individus était bridée et les champs de l'envie circonscrits – alors que l'imagination ne connaît pas de limites dans une société démocratique, chacun devenant structurellement enclin à se comparer aux autres, s'inscrivant dans une quête d'égalité jugée légitime et simultanément toujours inachevée. L'avènement d'une société de classes avait en même temps inscrit cette dynamique égalitaire-démocratique dans un cadre collectif qui en modifiait les conditions d'expression. Le prolétaire du XXe siècle avait ainsi pu se libérer de son propre ressentiment et surmonter son sentiment d'impuissance en devenant le membre d'un parti ou d'un syndicat œuvrant au changement de sa condition. C'est ce qui a perdu de sa force aujourd'hui, faisant

96. Pour une bonne synthèse récente sur l'histoire de cette notion et ses développements contemporains, voir Antoine Grandjean, Florent Guénard (dir.), *Le Ressentiment, passion sociale*, Rennes, Presses universitaires de Rennes, 2012.
97. Max Scheler, *L'Homme du ressentiment* (1912), Paris, Gallimard, 1933, p. 14.
98. *Ibid.*, p. 9. Cette dimension a justement été soulignée par Cynthia Fleury dans *Ci-gît l'amer. Guérir du ressentiment*, Paris, Gallimard, 2020. Elle reprend l'expression de Scheler en notant que la rumination est « quelque chose qui se mâche et se remâche, avec cette amertume caractéristique d'un aliment fatigué par la rumination » (p. 19).

ressurgir en conséquence une atmosphère de ressentiment largement disséminée dans le corps social.

Il ne s'agit cependant pas d'un simple retour à une addition de ressentiments individuels. Le ressentiment est en effet devenu un des axes majeurs d'une certaine culture politique : celle du populisme. On a ainsi pu parler d'« entrepreneurs du ressentiment » à propos des partis qui l'incarnent[99]. Projeté dans la sphère publique, le ressentiment trouve une expression politique qui le conforte et l'anoblit d'une certaine manière. Il donne par ce biais un visage jugé légitimement haïssable à l'objet de ce ressentiment : celui d'une élite méprisante ou d'envahisseurs menaçants. En devenant le ressort d'une politique, le ressentiment se détache de l'impuissance qui l'accompagnait lorsqu'il était rapporté à la psychologie de l'individu. S'inscrivant dans un processus d'affirmation de soi, il devient alors de la « dynamite » pour reprendre les termes de Nietzsche[100], une « dangereuse matière explosive »[101]. Michael Walzer emploie à son propos le terme de « démon émotionnel de la politique[102] ».

La montée en puissance du ressentiment populiste en politique ne s'accompagne pas de revendications précises. Il reste lié au flou des raisons de la colère qu'il porte. Il s'enlise du même coup dans une politique négative. Le peuple dont il se veut l'expression n'a plus la capacité d'action positive d'un prolétariat qui pensait écrire une nouvelle page de l'histoire de l'humanité : il s'est rétréci à un peuple-veto qui n'est vraiment sûr que de ses haines, de ses rejets, de ses peurs. C'est pourquoi il ne fait pas exister une communauté de vie et de projet. Mais du sein même de ce type de ressentiment, on peut en même temps entendre une sourde attente de respect et de dignité qui réussit mal à trouver son langage et à définir des objectifs de changement des rapports de domination impliqués.

---

99. Une partie des Gilets jaunes a pu paraître sensible à cette vision sans que l'on puisse globalement les réduire à cette dimension.
100. Friedrich Nietzsche, *L'Antéchrist. Imprécation contre le christianisme*, § 62, dans *Œuvres*, t. II, Paris, Laffont, « Bouquins », 2009, p. 1103.
101. Friedrich Nietzsche, *Généalogie de la morale*, III, 15, dans *Œuvres*, t. II, *op. cit.*, p. 861. Il écrit aussi que « le prêtre est l'homme qui change la direction du ressentiment ».
102. Michael Walzer, *Raison et passion. Pour une critique du libéralisme*, trad. fr. par Camille Fort-Cantoni, Paris, Circé, 2003, p. 89.

L'attente de dignité

Pour bien comprendre ce que recouvre l'attente de dignité dans le monde d'aujourd'hui, il faut l'appréhender à partir de l'évolution de cette notion. On peut dire pour simplifier que le terme a d'abord eu une définition sociologique avant de prendre la connotation morale et philosophique que nous lui connaissons. Dans un ouvrage qui avait fait référence sur le sujet au XVIIe siècle, le *Traité des ordres et simples dignités* (1610), le juriste Charles Loyseau distinguait ainsi les hiérarchies fonctionnelles et les distinctions honorifiques dans la société. Les premières, estimait-il, sont nécessaires car « nous ne pouvons pas vivre ensemble en égalité de condition. Il faut par nécessité que les uns commandent et que les autres obéissent[103] ». Quant aux secondes, elles étaient attachées aux seules personnes en reconnaissance de qualités éminentes[104]. Dans l'univers mental marqué depuis le XVIIIe siècle par la révolution des droits de l'homme, c'est la dimension morale et philosophique de la dignité, désormais inséparable de l'adjectif « humaine », qui s'imposera. La dignité sera donc appréhendée comme un attribut inaliénable de l'individu, un de ses éléments constitutifs (comme l'était, par exemple, l'âme dans la vision religieuse). Puis elle qualifiera de façon dérivée un mode de traitement de l'individu. On dira ainsi que des malades ou des prisonniers sont traités de façon indigne. La dignité a du même coup eu le statut d'un attribut simultanément constitutif et fragile[105].

Ces deux approches, que la théorie contemporaine distingue en s'intéressant surtout à la seconde, se sont en fait historiquement largement superposées. Cela a notamment été le cas pendant la Révolution française. L'abolition des privilèges de la noblesse ne s'était ainsi pas opérée sur le mode d'un nivellement par le bas : elle avait plus profondément voulu dire que chacun pouvait dorénavant se considérer comme l'équivalent d'un aristocrate, qu'il

103. Charles Loyseau, *Traité des ordres et simples dignités*, édition de 1678, p. 1.
104. « J'appelle simples dignités tous les titres et qualités dont on se peut titrer et qualifier par honneur seulement » (*ibid.*, p. 65). Le *Dictionnaire de l'Académie française* retient toujours cette approche dans son édition de 1814, notant au mot dignité : « Mérite. Importance. Il signifie aussi élévation, distinction éminente. »
105. Sur les théories contemporaines de la dignité, on peut se rapporter à deux bonnes synthèses : Suzy Killmister, *Contours of Dignity*, Oxford, Oxford University Press, 2020, et Michael Rosen, *Dignity : Its History and Meaning*, Cambridge, MA, Harvard University Press, 2012.

était reconnu comme méritant une attention particulière, qu'il était important. Cela n'avait certes fait que dessiner un horizon d'attente, mais il était bien présent dans les têtes, invitant à considérer que la page de la condescendance et du mépris institutionnalisés avait été tournée. Un exemple qui peut paraître marginal, mais qui avait alors eu une grande portée symbolique, a été celui de l'égalisation des peines. Avant la Révolution, les nobles étaient en effet soumis à un régime spécial de détention et ils bénéficiaient même d'un privilège en matière d'exécution de la peine de mort, puisqu'ils n'étaient pas pendus comme le commun des mortels. Ils avaient, eux, la tête tranchée, modalité jugée plus expéditive et moins dégradante. Lors de la réforme pénale de l'automne 1789, l'application à tous du supplice réservé aux nobles fut pour cela considérée comme un symbole fort du nouveau régime d'égalité[106]. L'idée était ainsi que les plus humbles devaient être considérés comme aussi importants que l'avaient été précédemment les nobles.

C'est à ce type d'égalité par le haut que correspond toujours aujourd'hui la revendication populaire d'être traité dignement, rejoignant sur ce mode l'attente de respect. Si le comportement des individus ne peut être commandé, celui des agents publics peut, lui, être codifié pour que les individus soient respectés et traités avec dignité et même déférence. On peut bien sûr spontanément penser aux policiers ; mais l'attitude de tous les agents de guichet est aussi essentielle, car ce sont les figures de l'État au quotidien[107]. C'est un des moyens les plus lisibles et les plus sensibles de commencer à construire une société sans mépris. Le langage politique est là aussi contraint à une forme d'exemplarité, ce qui est loin d'être le cas.

Une politique de la reconnaissance est le complément nécessaire d'une politique de la dignité. Elle s'exprime au premier chef par une manifestation de respect vis-à-vis d'autrui, avec les éléments de formalité que celui-ci implique dans les rapports de civilité. Mais elle va plus loin, car la reconnaissance a aussi une dimension

---

106. Les peines dégradantes avaient alors aussi été supprimées pour ce motif. Voir sur ce point significatif les développements très éclairants de James Q. Whitman dans *Harsh Justice : Criminal Punishment and the Widening Divide Between America and Europe*, New York, Oxford University Press, 2003.
107. On notera que les magistrats sont les agents publics perçus comme les plus respectueux d'autrui. Comme quoi il y a bien des habitus de corps en la matière.

substantielle. C'est seulement sur ce mode que l'on pourra sortir par le haut de la société du mépris. Elle concerne en effet les personnes dans leur concrétude et dans la totalité de ce qu'ils sont et de ce qu'ils font. Nous en parlerons dans le troisième chapitre.

Chapitre II

L'ÉPREUVE DE L'INJUSTICE

Aucune question n'a été plus discutée que celle des inégalités en ce début du XXIe siècle. Il y a des raisons objectives à cela, au premier chef le constat de leur spectaculaire accroissement[1], que *Le Capital au XXIe siècle* (2013) de Thomas Piketty a documenté avec une ampleur sans précédent. Les chiffres mille fois rapportés sont en effet éloquents. Ils ont à la fois concerné les revenus et les patrimoines des 1 % ou des 0,1 % les plus aisés et ceux des 10 % ou 20 % se situant en bas de la distribution. Alors que les premiers voyaient leur situation s'envoler, celle des seconds stagnait, voire régressait. Si on s'en tient à l'exemple américain, le plus spectaculaire, les 0,1 % les plus riches détiennent aujourd'hui 22 % de la richesse nationale, soit autant que les 90 % du bas (22,8 %)[2]. Si le mouvement a commencé à se manifester dès ces années 1980, c'est au XXIe siècle qu'il s'est accéléré. Dans les cas français, une partie de la population n'a ainsi toujours pas retrouvé le niveau de vie qu'elle avait avant 2008, alors que les années postérieures à cette crise ont été celles de l'accélération de la concentration des revenus et des patrimoines. Entre 2010 et 2020, les 500 plus grandes fortunes françaises ont, par exemple, vu leur montant tripler, passant de 210 à 730 milliards d'euros, soit de 10 % à 30 % du PIB, selon les calculs du magazine *Challenges*. La crise de la Covid-19 n'a ensuite fait qu'amplifier le mouvement.

Ces évolutions spectaculaires suffisent à justifier l'attention qui a été portée aux inégalités et à expliquer pourquoi la question des rapports de distribution a pris depuis les années 2000 l'ascendant

1. L'article pionnier sur le sujet portait sur les États-Unis, c'est celui de Thomas Piketty et Emmanuel Saez, « Income Inequality in the United States, 1913-1918 », *The Quarterly Journal of Economics*, vol. 118, n° 1, 2003, p. 1-39.
2. Voir Branko Milanovic, *Le Capitalisme sans rival. L'avenir du système qui domine le monde*, trad. fr. par Baptiste Mylondo, Paris, La Découverte, 2020. Cette donnée montre aussi la place des 9,9 % intermédiaires qui détiennent 52,8 % de la richesse nationale. Cela souligne l'importance de l'endroit où l'on place le curseur pour mesurer la concentration de richesses.

sur la question des rapports de production. Il y a eu là un glissement majeur d'attention sur lequel on ne saurait trop insister. L'idée que la société industrielle était polarisée autour d'un affrontement entre le capital et le travail avait en effet constitué depuis son origine l'horizon mental des combats et des propositions de la gauche. Avec comme conséquence le lien établi entre émancipation et socialisation des moyens de production, quels que soient les moyens de mise en œuvre de cette dernière. C'était pour tous une évidence fondatrice. Cette longue période pendant laquelle la critique sociale s'était prioritairement liée à une analyse du capitalisme, dans l'opinion comme dans le monde des sciences sociales, s'est achevée au tournant du XXIe siècle. C'est le thème des inégalités, lié à une dénonciation beaucoup plus vague du néolibéralisme, qui s'est alors progressivement imposée. Il a fait les succès de librairie et constitué une figure obligée des discours politiques de toutes obédiences. Un moderne *Dictionnaire des idées reçues* se devrait ainsi d'être doté d'une entrée « inégalités » en notant : « les déplorer avec indignation ».

Il est pourtant évident de constater que cette critique n'a pas clarifié les clivages politiques, ni redessiné l'horizon de l'idéal d'émancipation, ou contribué si peu que ce soit à préciser la conception de ce que devrait être une « société des égaux ». Pour en rester au cas français, il est ainsi frappant de constater que cette dénonciation des inégalités n'a pas été au cœur des mouvements sociaux qui ont fait l'actualité récente. Si une très large majorité de Français estime qu'il faudrait les réduire, cette dénonciation s'est dans les faits cantonnée à alimenter le débat public sur la légitimité de l'accroissement du taux d'imposition des revenus les plus élevés et à justifier la protestation contre les décisions d'Emmanuel Macron de réduire la fiscalité sur les revenus du capital et à vider de son contenu l'impôt de solidarité sur la fortune. Mais sans grand succès : l'opinion ne s'est finalement pas mobilisée autour de propositions de réformes sur le sujet. De manière d'ailleurs surprenante, tant la mise en place d'un impôt exceptionnel sur les revenus et les patrimoines des plus aisés aurait pu *a priori* s'imposer pour financer, au moins en partie, l'accroissement spectaculaire des dépenses publiques lié à la Covid-19. C'est le recours à l'emprunt, inégalitaire et insensible, qui a fait silencieusement consensus, marquant une différence notable avec la manière dont la plupart des grandes crises historiques précédentes s'étaient liées à de profondes réformes fiscales[3].

La secondarisation de la question des inégalités est encore plus manifeste aux États-Unis, là où elles dessinent pourtant les écarts de revenus et de patrimoines les plus spectaculaires. Là aussi le sujet a été parfaitement documenté et amplement commenté dans les médias. S'il a joué un rôle notable dans la primaire démocrate de 2020, il n'a cependant pas été au cœur de l'affrontement entre Biden et Trump. Et il n'a surtout pas retenu l'attention de l'électorat populaire de Trump. Que ce dernier soit un milliardaire n'a pas choqué ses électeurs. Leur haine a été dirigée contre les intellectuels et les élites démocrates, pas contre les riches. Sans être aussi tranché, le comportement des électeurs populistes en Europe a témoigné d'une même appréhension des choses. Il y a ainsi eu, et il y a toujours, dans cette relative indifférence *pratique* aux inégalités un fait social majeur qu'il est décisif d'analyser pour comprendre les ressorts des sociétés contemporaines. Situation qui contraste en effet avec une sensibilité accrue aux injustices. C'est sur ce point qu'il convient de s'interroger.

Évidences statistiques et indifférence pratique

Le discours économique dominant sur les inégalités a contribué à simplifier la question sociale en opposant les 1 % les mieux lotis et les 99 % restants. Le problème a été que l'évidence statistique, d'ailleurs encore plus manifeste si l'on considère les 0,1 % ou les 0,01 %, ne fonde pas une sociologie. On ne peut en effet pas parler de ces petites cohortes de quelques milliers ou dizaines de milliers de personnes comme constituant une classe sociale, au sens sociologique autant que marxiste du terme. La dénomination générique de « riches », d'un usage courant, n'a fait là que brouiller le

3. Rappelons qu'au XXe siècle ce sont les deux guerres mondiales et la crise de 1929 qui avaient entraîné une augmentation spectaculaire du taux de l'impôt sur le revenu. On peut aussi donner l'exemple de « l'impôt sécheresse » mis en place en 1976 pour financer une aide exceptionnelle aux agriculteurs. Les deux millions de contribuables les plus aisés avaient alors vu leur impôt sur le revenu majoré de 10 %. Il n'a pas été question de cela en 2020 et 2021. Sur le lien des guerres et des crises avec les révolutions fiscales et les politiques de redistribution, voir Walter Scheidel, *Une histoire des inégalités. De l'âge de pierre au XXIe siècle*, trad. fr. par Cédric Weiss, Arles, Actes Sud, 2021.

jugement. Le terme a en effet une consonance puissamment évocatrice tout en restant sociologiquement confus. Il suscite la réprobation ou l'envie, mais de façon relativement abstraite ou lointaine, comme s'il s'agissait d'une réalité appartenant à un autre monde que celui des citoyens ordinaires, à l'image de celui que mettent en scène les magazines *people* ou certaines vidéos pour faire rêver les gens beaucoup plus que pour les inviter à s'indigner. Une réalité de cette nature est tellement incommensurable et distante qu'elle peut être considérée comme moins choquante que de beaucoup plus petites différences vécues, constatées autour de soi ou susceptibles d'être rapportées à sa propre expérience. Cette dimension que l'on pourrait dire cognitive joue un rôle clef dans le rapport aux inégalités. Mais il y en a aussi deux autres, touchant à la structure des inégalités et à leur légitimité au regard des différents modes d'acquisition de la richesse, qu'il faut prendre en compte pour appréhender le rapport aux grandes inégalités.

Le fait marquant concernant la structure des inégalités est que leur accroissement est essentiellement dû à la situation des 0,1 % ou des 0,01 % les plus favorisés. Ce sont eux qui ont vu leurs patrimoines et leurs revenus exploser de façon spectaculaire. L'écart entre ceux qui forment le bas du premier décile et les 20 % du bas de la distribution générale ne s'est que très peu accru[4]. Or, c'est à l'aune de ce monde des 90 %, celui dans lequel ils vivent et dont ils observent quotidiennement la réalité, que la majorité des gens apprécient leur situation relative. Si l'écart de revenu n'est que de 1 à 3 environ entre un smicard et celui qui gagne 4 000 euros par mois (ce qui le classe au seuil des 8 % les mieux rémunérés), c'est pourtant à partir de ce dernier niveau de revenu que les Français considèrent que l'on peut commencer à être considéré comme riche. Au-delà de l'approche statistique, c'est la grande diversité des trajectoires, les accidents de parcours professionnel ou de vie personnelle, qui multiplient les distinctions à l'intérieur du milieu des rémunérations « ordinaires ». Ces « petites inégalités » sont souvent perçues de façon plus subjective, relevant de ce qui est ressenti comme des formes *d'injustices subies* et non pas de simples différences objectives constatées. Et ce sont par ailleurs de petites

4. En France, il fallait disposer en 2017 d'un revenu net mensuel compris entre 3 654 euros et 8 675 euros pour faire partie des 9 % qui suivent le sommet des 1 % de la distribution (formant donc ensemble les 10 % les mieux rémunérés).

variations statistiques qui peuvent fortement modifier la perception que les individus ont de leur situation, comme on l'a bien montré à propos du sentiment de pauvreté[5].

La très grande hétérogénéité du monde des 0,1 % ou des 0,01 % conditionne de son côté la perception spontanée que l'on peut en avoir (quoi de commun entre un inventeur de génie et un footballeur, une riche héritière menant la belle vie et un travailleur forcené comme Elon Musk ?). Cela explique que ces « riches » puissent être socialement considérés de façon très différente, ôtant du même coup au terme d'inégalités l'apparente évidence que lui donnent ses expressions. Car le fait est bien que ces 0,1 % ou 0,01 % dessinent un monde très diversifié, qu'il s'agisse de l'appréhender du point de vue des patrimoines ou des revenus[6], et plus encore des modes d'acquisition de ceux-ci. Concernant les premiers, la distinction essentielle est entre les héritiers-rentiers, économiquement passifs, et les capitalistes-entrepreneurs (l'appartenance successive à chacune de ces catégories pouvant s'apprécier en termes de génération). Le rapport entre ces deux catégories varie considérablement d'un pays à l'autre. En France, ce sont les héritiers qui dominent. Si l'on considère les cent premières fortunes françaises, on ne compte ainsi actuellement que sept créateurs d'entreprises[7]. Les héritiers passifs (non directement impliqués dans la gestion des entreprises) sont eux au nombre de vingt-huit, les héritiers diversement actifs constituant la majorité de cette population. Ces derniers peuvent être de simples « continuateurs » gestionnaires (les frères Wertheimer, les fils Pinault, Besnier, Bouygues…) ou des « développeurs » constituant un nouveau groupe à partir d'une base familiale donnée (cas de Bernard Arnault ou de Vincent Bolloré). La situation est totalement différente aux États-Unis où les créateurs d'entreprises dominent largement la tête du classement *Forbes*.

5. Voir sur ce point l'article éclairant de Nicolas Duvoux et Adrien Papuchon, « Qui se sent pauvre en France ? Pauvreté subjective et insécurité sociale », *Revue française de sociologie*, vol. 59, n° 4, 2018, p. 607-647, ainsi que son texte de « Rebonds et explorations » dans le présent volume (p. 177-187).
6. Les deux dimensions ne sauraient cependant être appréhendées de façon séparée, les revenus élevés se transformant partiellement en patrimoines et les patrimoines engendrant des revenus.
7. Source : « Les cinq cents fortunes professionnelles en France », *Challenges*, 9 juillet 2020. Trois de ces créateurs opèrent dans le domaine des télécoms ou de l'internet (Patrick Drahi, Xavier Niel et Jacques-Antoine Granjon).

La situation est encore plus diversifiée du point de vue des revenus. Et plus intéressante, car elle est un bon indicateur des différents modes de production et d'accaparement de la valeur dans le capitalisme d'aujourd'hui. On peut en distinguer quatre modalités principales. *L'économie de la rente et du profit d'abord.* On est là dans le cadre du mode de production capitaliste le plus classique. *L'économie de l'innovation*, ensuite, qui a pris une place majeure à l'âge de la révolution numérique, aux États-Unis et en Chine tout particulièrement. Elle a fait surgir une classe d'entrepreneurs dont la vitesse et l'ampleur de l'enrichissement sont sans précédent dans l'histoire. Tout le monde a en tête le petit monde des patrons des GAFAM ou des entreprises liées au développement du numérique en général. Au point où un certain nombre d'entre eux ont estimé qu'il était devenu insignifiant de recevoir un quelconque salaire[8] ! Deux autres types d'économies, plus inédits, alimentent aussi les cercles des titulaires des revenus les plus élevés : *l'économie du talent* et *l'économie de la dérivation.*

L'économie du talent désigne l'univers dans lequel un travail personnel tel qu'une œuvre, une performance ou une contribution bien individualisée à un collectif, a la capacité de créer et de dominer un marché. C'est le cas de l'artiste, du sportif ou du spécialiste d'une discipline rare (la mise au point d'un logiciel de *trading*, par exemple). La mondialisation des marchés du sport (via la télévision ou les sites spécialisés) ou de l'art (avec les grandes foires) a permis à un petit nombre de ces artistes ou de ces sportifs de percevoir des revenus exorbitants en captant une part significative d'un marché mondialisé. Le cas du football est à cet égard exemplaire en France. Pour la saison 2019-2020, la moyenne de rémunération annuelle des trente footballeurs les mieux payés était de 9,2 millions d'euros[9]. À comparer avec les 5,8 millions d'euros des P.-D.G. du CAC 40[10]. L'écart étant encore plus marqué entre les dix P.-D.G.

---

8. C'est le cas de Mark Zuckerberg, ou de Jack Dorsey, le fondateur de Tweeter (à la tête d'une fortune de 5,7 milliards de dollars, il ne perçoit qu'un dollar de salaire par an). De son côté, Elon Musk avait renoncé à tout salaire fixe… mais a obtenu des actionnaires l'engagement de percevoir un bonus de 56 milliards de dollars si la capitalisation de Tesla atteignait 650 milliards de dollars (*les Échos*, 23-24 mars 2018). Ce qui est arrivé. Il est du même coup devenu la deuxième fortune mondiale en 2020, le cours de l'action Tesla s'étant envolé.
9. Source : *L'Équipe*, 7 février 2020. Rémunérations brutes communiquées par les clubs. Elles n'intègrent pas les primes ! On a vu en France l'effet sur les rémunérations des acteurs du football du changement d'échelle de ces marchés avec l'effondrement de Mediapro fin 2020.
10. Source : *Le Revenu*, 19 juin 2020. Ces chiffres incluent les rémunérations variables et les plus-values de levée des stock-options. Ils sont extraits des comptes annuels des entreprises qui ont l'obligation de les mentionner.

les mieux rémunérés (moyenne annuelle de 9,2 millions d'euros) et les dix footballeurs dans la même position (16,3 millions d'euros) ; les 36,7 millions annuels de Neymar (Paris Saint-Germain Football Club – PSG) supplantant dans la même proportion le P.-D.G. le mieux payé de l'année 2019, Bernard Charles de Dassault Systèmes, avec ses 24,7 millions de rémunération globale[11].

L'économie du talent engendre aussi des écarts de revenus qui peuvent être considérables entre les différentes catégories d'artistes, l'ampleur de ces revenus étant liée à la taille des marchés concernés et à la capacité de différenciation en leur sein. C'est l'économie du *Winner Takes All*. En France, les footballeurs supplantent ainsi les artistes, du fait de la mondialisation des retransmissions de matchs dans leur discipline, les rémunérations étant de fait indexées sur le montant des contrats de diffusion. Les chanteurs français n'attirent de leur côté qu'un public national alors que les vedettes anglo-saxonnes qui ont une envergure mondiale peuvent amasser de plus importantes fortunes. Des rappeurs américains comme Kanye West ou Jay-Z ont ainsi fait en 2019 leur entrée dans le club des milliardaires selon les statistiques publiées par *Forbes* (soit des fortunes plus de trente fois supérieures à celle d'un Johnny Hallyday). En dépit de cette distinction, un petit nombre d'écrivains, d'acteurs de cinéma ou d'artistes divers peuvent disposer de revenus avoisinant ou dépassant le million d'euros annuels, rentrant ainsi dans le groupe des 0,01 %.

L'économie de la dérivation et de la prédation correspond quant à elle aux mécanismes par lesquels des individus et des petits groupes se trouvent en position de prélever une partie substantielle des plus-values ou des volumes d'affaires dans lesquels ils sont impliqués. C'est, par exemple, le cas des gestionnaires de fonds (et tout particulièrement des *hedge funds*). On ne dispose pas en France d'informations spécifiques sur la rémunération de ceux-ci. Mais les données publiques concernant les États-Unis peuvent donner des points de repère dans ce domaine. Elles montrent qu'en 2020 les quinze gérants des plus grands *hedge funds* ont vu leur fortune

11. Dans le domaine de la course automobile, les rémunérations sont encore plus spectaculaires. Le pilote de F1 le mieux payé, Lewis Hamilton, gagne 48 millions d'euros par an et le second, Sebastian Vettel, 42 millions. Le niveau des salaires baisse ensuite rapidement puisque le sixième, Kimi Räikkönen, gagne 4 millions et le dixième, Esteban Ocon, 1 million et demi. L'écart est ainsi de 1 à 30 entre le premier et le dixième (chiffres pour la saison 2020. Source : site themoney.com).

bondir de 23,2 milliards de dollars[12], leurs commissions étant supérieures aux rémunérations des dirigeants des cinq cents plus grandes entreprises américaines. L'agence Bloomberg estime que les gérants de ces fonds s'approprient personnellement au minimum 20 % des profits qu'ils génèrent pour leurs clients.

Les pourcentages prélevés par les avocats ou banquiers d'affaires dans le domaine des fusions et acquisitions sont, eux, compris entre 1 et 2 %. Mais ils s'appliquent au volume des opérations et sont donc sans risque. Cela signifie que pour réaliser une opération qui porte sur 5 milliards d'euros la commission des opérateurs (négociation, mise en place juridique) est de 50 ou 100 millions d'euros, générant des rémunérations d'exception[13].

Cette économie de la dérivation et de la prédation fait système, car c'est à l'intérieur d'un monde social relativement clos que se situent les ordonnateurs et les bénéficiaires de ces rémunérations, les comités de rémunérations des conseils d'administration constituant un autre exemple particulièrement visible de cet entre-soi. Au-delà du petit nombre de bénéficiaires de ces rémunérations hors norme, un certain ruissellement permet à chaque fois à une dizaine de cadres de premier plan (les membres des comités exécutifs typiquement) de bénéficier également de fortes rémunérations, les plaçant dans le petit cercle des 0,1 %, voire des 0,01 %. Ce qui est vrai dans l'entreprise l'est également dans d'autres domaines. Dans le monde du football, par exemple, les entraîneurs ont leur part du gâteau. Celui du PSG touchait ainsi en 2019 un salaire annuel de 7,5 millions d'euros, et celui de l'OM 4,8 millions[14], soit davantage que certains P.-D.G. de grandes entreprises. Quant au « salaire minimum » des joueurs en Ligue 1, il est de l'ordre des 300 000 euros par an pour les moins bien payés des deux ou trois clubs en bas du classement, soit environ vingt-cinq fois le SMIC[15], les plaçant ainsi au seuil des 0,1 %.

Les 0,01 % et les 0,1 % participent à un même monde de privilégiés. Mais ni les uns ni les autres ne dessinent pourtant une classe sociale au sens strict du terme : ils ne se définissent pas par une position identique dans le système de production. Sans compter

12. Calculs de l'agence Bloomberg, *Les Échos*, 12-13 février 2021.
13. Le cas de Jean-Marie Messier en France est exemplaire. Rappelons que le jeune Macron avait perçu, en plus de son salaire, une commission de 1 million d'euros chez Rothschild pour avoir supervisé une acquisition.
14. *L'Équipe*, 7 février 2020.
15. *Ibid.*, là aussi sans les primes.

le fait qu'ils sont situés sur des échelles très distinctes de légitimité sociale, dans les cas de l'économie du talent ou de l'innovation tout particulièrement. Et ils ne dessinent surtout pas en creux une classe des 90, 99 ou 99,9 %.

Les facteurs que nous venons d'examiner permettent de comprendre comment et pourquoi la connaissance des inégalités n'a pas engendré de mouvement social pour les corriger et n'a pas eu de traduction dans le champ politique. J'ai parlé de « paradoxe de Bossuet » dans *La Société des égaux* pour qualifier cette énigme en m'appuyant sur les données de plusieurs études consacrées à la perception des inégalités et le sentiment de justice, publiées au début des années 2010[16]. Elles montraient que 90 % des Français considéraient qu'il était nécessaire de réduire les écarts de revenus mais que 57 % d'entre eux considéraient simultanément que les inégalités étaient le prix inévitable à payer pour qu'une économie soit dynamique, 85 % estimant même que les différences de revenus sont acceptables quand elles rémunèrent des mérites individuels correspondants. Les Français vouent ainsi aux gémonies les inégalités de fait alors qu'ils légitiment implicitement les ressorts des mécanismes les produisant. Ils déplorent ainsi en théorie ce à quoi ils consentent en pratique[17]. Toute autre est la sensibilité aux injustices.

Inégalités et injustices à l'âge de l'individualisme de singularité

Le sentiment d'injustice est fondé sur la perception qu'il y a une mauvaise mesure des choses, une appréciation erronée de soi ou de ses proches : il a une dimension personnelle et subjective[18]. Il se rapporte essentiellement à des situations vécues, à des expériences sensibles. Le sentiment d'injustice se distingue en cela des approches statistiques qui ont pour but de décrire des faits sociaux objectifs

16. Pierre Rosanvallon, *La Société des égaux*, Paris, Seuil, 2011. Voir en particulier p. 16-18.
17. Bossuet avait fameusement dit que « Dieu se rit des hommes qui se plaignent des conséquences alors qu'ils en chérissent les causes ».
18. Aristote lie le sentiment d'indignation au constat qu'une situation ou une position ne sont pas méritées ou à l'inverse qu'un mérite n'est pas reconnu (*Rhétorique*, II, 9, 1386b, 13-14). C'est ce qui explique à ses yeux pourquoi des révoltes commencent fréquemment par de « minuscules affaires privées » ou à partir de « petites choses », car c'est là que l'injustice est appréhendée de la façon la plus manifeste et le plus sensible (*Politique*, V, 4, 1303b 17-18). Aristote insiste sur la différence entre les « petites choses » comme causes directes et les processus qui s'enchaînent *à partir* de petites choses.

en les rapportant à des moyennes ou en construisant des catégories générales de classement. C'est sur ce mode statistique que les inégalités sont classiquement appréhendées, comme on l'a vu. D'où la différence entre une connaissance des inégalités et une expérience des injustices. La distinction est essentielle. Du point de vue du mode d'appréhension et d'appropriation de la réalité qui est impliqué dans chaque cas, donc. Mais également au regard du type d'indignation suscité. Les inégalités, économiques et sociales au premier chef, sont mesurables et mesurées. Chacun peut les rattacher à des mécanismes économiques, à des pesanteurs historiques, à des déterminations sociales. Et du même coup les subir, les déplorer, les considérer comme obscènes, mais sans que cela soit une blessure personnelle, car elles ont un caractère objectif. Elles peuvent être considérées comme scandaleuses sans humilier pour autant ceux qui se situent en bas d'une distribution. Il en va tout autrement pour les injustices, qui sont immédiatement ressenties comme un affront personnel, l'expression d'une dénégation de ce qu'on est, de ce qu'on vaut, de ce qu'on apporte à la société. Elles entraînent du même coup des réactions qui sont davantage du registre de l'émotion, car il y a toujours un auteur de l'injustice que l'on peut nommer et détester, alors que c'est une puissance anonyme, le système capitaliste ou le néolibéralisme, voire les pesanteurs de l'histoire ou de la nature humaine, qui semblent fabriquer les inégalités. C'est pourquoi les injustices sont ressenties comme révoltantes alors que les inégalités ne sont que choquantes. Le constat des inégalités peut se lier à un certain fatalisme, alors que les injustices suscitent toujours l'indignation.

Ce sont les révoltes contre l'injustice qui ont fait l'histoire

L'injustice suprême, c'est l'existence de privilèges qui constituent la négation même d'une commune mesure entre les hommes. C'est leur dénonciation qui avait donc logiquement été le moteur de la Révolution française[19]. Le premier pamphlet de Sieyès, le père de la Constitution française, celui qui a donné un langage à la révolte, avait pour titre *Essai sur les privilèges* (1788). Il y avait pourfendu la prétention des nobles à constituer un groupe auquel nul ne pouvait prétendre se comparer. D'où le mot d'ordre révolutionnaire de

19. Sur ce point, voir le texte d'Emmanuel Fureix dans le présent volume (p. 189-201).

n'accepter de différences que « fondées sur l'utilité commune », la justice consistant à ce que chacun soit désormais apprécié à cette seule aune, considéré en lui-même, comme un membre à part entière de la nation, jugé à ses œuvres. L'Assemblée constituante s'était pour cela attelée dès ses premières heures à en traduire l'impératif en détruisant les privilèges fiscaux, les droits exclusifs et les barrières professionnelles. Le célèbre décret pris dans la nuit du 4 août 1789 avait symbolisé cette entreprise. Quand il dénonçait l'univers des privilèges, Sieyès n'instruisait pas seulement le procès des exemptions légales, des fantasmagories de race et des élucubrations historiques sur les droits spécifiques de la noblesse[20]. Il se livrait à une critique plus sensible et plus globale des prétentions sociales à la supériorité et à la distinction. Le terme de « privilégiés » s'étendait pour lui à tous ceux qui estimaient qu'« ils ne sont point faits pour être confondus, pour être à côté, pour se trouver ensemble[21] ». L'invention du vocable « aristocrate(s) », qui date de cette période[22], avait alors lié les multiples façons qu'avait le peuple d'éprouver des situations de distance sociale, de mépris, d'exclusion, de confrontation à des barrières infranchissables.

Fait significatif, le développement du capitalisme sera fréquemment assimilé à la résurgence d'un pouvoir aristocratique et féodal par les socialistes du XIXe siècle. Comme si c'était avec ce langage que l'indignation sociale pouvait s'exprimer avec le plus de pertinence et de véhémence[23]. On peut d'ailleurs aussi rappeler que c'est dans ces mêmes termes que, dans l'Amérique des années 1930, Franklin Delano Roosevelt avait stigmatisé les grandes compagnies de son pays, accusées d'être restées indifférentes aux destinées communes[24].

Ce rôle moteur du sentiment d'injustice dans les luttes sociales a aussi été observé outre-Manche. C'est notamment ce qui constitue le cœur des analyses d'Edward Palmer Thompson dans le maître livre consacré à son pays, *La Formation de la classe ouvrière*

---

20. Voir sur ce point François Furet et Mona Ozouf, « Deux légitimations historiques de la société française au XVIIIe siècle : Mably et Boulainvilliers », *Annales ESC*, 34-3, 1979, p. 438-450.
21. Emmanuel Joseph Sieyès, *Essai sur les privilèges*, Paris, PUF, 1982, p. 10.
22. Voir Jacques Guilhaumou, « Aristocrate(s), aristocratie (1789-1793) », dans le *Dictionnaire des usages socio-politiques (1770-1815)*, fascicule 1, Paris, Klincksieck, 1985, p. 9-38.
23. Voir tous les ouvrages stigmatisant la « féodalité financière » et les « barons de l'industrie ».
24. Il parlera ainsi des « économies royalistes » qui fondaient de « *new dynasties* » construisaient de « *new kingdoms* » en méprisant le peuple et les petites entreprises (discours du 27 juin 1936 devant la convention nationale démocrate).

anglaise[25]. Il avait souligné dans ce travail que la classe ouvrière anglaise « n'est pas née par génération spontanée à partir du système de la fabrique » et que sa formation « relève tout autant de l'histoire politique et culturelle que de l'histoire économique »[26]. C'est autour des « injustices ressenties », et ressenties avec colère, que s'est nouée la naissance du mouvement ouvrier : ce sont des réalités que « des tableaux de chiffres sur le coût de la vie ne suffisent pas à éclairer [...] car il est tout à fait possible que les moyennes statistiques et les expériences humaines suivent des directions opposées »[27]. Soulignant que les faits sociaux étaient ainsi constitués d'émotions autant que de données objectives, Thompson appelait en conséquence à distinguer le niveau de vie, mesurable à partir de l'évolution des prix et des salaires, et la notion plus qualitative et donc plus subjective de mode de vie. Si les statistiques permettaient d'apprécier le premier, ce sont des « documents littéraires » (pamphlets, chansons, etc.) qui aidaient à comprendre ce qu'étaient précisément ces injustices ressenties par les ouvriers. Et c'étaient bien elles qui avaient créé une culture commune, un sentiment de classe, alors même que les rémunérations pouvaient fortement varier selon les métiers et les branches industrielles. L'histoire des injustices n'a ainsi cessé de devoir être distinguée d'une simple histoire matérielle de l'exploitation.

Les facteurs contemporains de la sensibilité croissante aux injustices

Dans une première approximation, on a pu appréhender la nouvelle sensibilité contemporaine aux injustices sous les espèces d'une mutation de la notion même d'inégalité. C'est ce qu'on a appelé, dès les années 1990, l'avènement d'un « nouvel âge des inégalités[28] » caractérisé par l'élargissement de leur perception. On s'est ainsi aperçu que s'étaient développées les inégalités « intra-catégorielles » à l'intérieur même du monde ouvrier, par exemple,

25. Edward Palmer Thompson, *La Formation de la classe ouvrière anglaise*, (1963), trad. française par Gilles Dauvé, Mireille Golaszewski et Marie-Noëlle Thibault, Paris, Gallimard/Seuil, 1988 ; réédition en poche, Paris, Points/Histoire, 2012.
26. *Ibid.*, p. 174.
27. *Ibid.*, p. 181-188.
28. Voir Jean-Paul Fitoussi et Pierre Rosanvallon, *Le Nouvel Âge des inégalités*, Paris, Seuil, 1995.

en fonction des parcours de travail et avec le début d'un processus d'individualisation des rémunérations. Un âge dans lequel le vocabulaire des inégalités s'était aussi élargi à des nouvelles variables de la vie sociale, invitant à prendre en compte les distinctions entre les sexes, les générations, les territoires, et bien d'autres dimensions encore : celles qui relevaient, par exemple, de variables proprement biographiques, mais aussi d'accès aux différents services publics, à des équipements culturels, ou encore de confrontation à la délinquance… La liste a été, là, potentiellement infinie, s'étendant à tous les domaines dans lesquels les chercheurs ont élargi à de nouveaux champs la mesure des inégalités.

L'usage de la notion d'inégalités s'est ainsi démultiplié. C'est aux situations d'autrui, de façon générale, que chaque individu, avec ses spécificités et son histoire, s'est progressivement rapporté pour apprécier sa place dans la société. C'est sur ce mode que la notion d'injustice, plus floue et plus forte à la fois, s'est superposée à celle d'inégalité. C'est une évolution dont le terme d'individualisation, que l'on a employé à tort et à travers, ne rend pas adéquatement compte. Le type d'individualisme que nous connaissons ne relève en effet pas au premier chef d'un retrait des individus du monde commun, il est d'abord de l'ordre d'une démultiplication des critères d'appréciation du rapport à autrui, et donc de la perception du juste et de l'injuste, de l'égal et de l'inégal. Il se lie ainsi à une superposition des réalités objectives et des appréhensions subjectives de ce que l'on vit. C'est la conséquence de l'entrée dans un nouvel âge de l'individualisme, celui de l'individualisme de singularité.

Il est utile de faire un détour historique pour bien prendre la mesure de ce que signifie ce nouvel individualisme de singularité. En soulignant tout d'abord que la notion d'individualisme, en son origine, n'avait en rien correspondu à l'idée superficielle d'une atomisation de la société et d'un repli sur soi des individus[29]. En mettant les droits de l'homme au poste de commandement, les Révolutions américaine, française ou haïtienne avaient voulu affirmer un idéal d'égalité et le principe d'une similarité entre les hommes. Les reconnaître comme égaux et semblables invitait à mettre en œuvre une façon inédite de faire société. Célébrer l'individu porteur de

29. Cette vision simpliste d'un individualisme-atomisation reste centrale dans les déplorations conservatrices d'un monde qui « fout le camp », d'une société « en voie de dissolution », ignorante du bien commun.

droits inaliénables, c'était le reconnaître comme un sujet pleinement humain, car c'était la part de généralité qu'il y avait en lui qui était niée dans les sociétés d'Ancien Régime, enfermant chacun dans la particularité de sa condition d'origine. On pouvait parler dans ce cas d'un *individualisme d'universalité*. Mais parallèlement à cette reconnaissance politique et juridique d'une dimension d'universalité, les femmes et les hommes ont aussi voulu exprimer psychologiquement leur personnalité propre dans leur rapport immédiat avec autrui. Du moins ceux et celles dont les conditions de vie rendaient possible cette expression. Ce sont donc dans un premier temps surtout les artistes qui ont pu « se payer ce luxe », inaccessible à tous ceux que leur labeur réduisait à n'être que des bêtes de somme. C'est même de cette manière qu'ils ont défini leur identité en faisant dissidence du commun, qu'ils assimilaient à l'univers renfermé de la platitude bourgeoise autant qu'à la vie diminuée de la masse des travailleurs. Cet individualisme de distinction du monde artiste a ainsi mêlé au XIXe siècle l'esprit de la bohème romantique avec des relents de sentiments aristocratiques[30]. D'où son ambiguïté et sa force en même temps.

L'individualisme de singularité contemporain peut être compris comme une généralisation de cet ancien individualisme de distinction. Il l'a banalisé, lui a enlevé son côté élitiste : il l'a en un mot « démocratisé ». S'est ouverte avec lui une nouvelle étape de l'émancipation humaine : celle du désir d'accéder à une existence pleinement personnelle. Son avènement a été lié à la complexification et à l'hétérogénéisation du monde social, aux mutations du capitalisme donc également. Mais plus profondément encore au fait que les individus sont dorénavant autant déterminés par leur histoire que par leur condition sociale. L'affrontement aux événements, les épreuves subies ou les opportunités rencontrées façonnent aujourd'hui la plupart des existences ; ils marquent des points d'arrêt, condamnent à des régressions ou entraînent des améliorations de la condition de chacun. Deux personnes sorties d'un même milieu ou ayant eu la même formation auront des parcours qui pourront, par exemple,

---

30. Voir sur ce point Nathalie Heinich, *L'Élite artiste. Excellence et singularité en régime démocratique*, Paris, Gallimard, 2005. Sur l'artiste et la constitution du moi moderne, voir Charles Taylor, *Les Sources du moi. La formation de l'identité moderne*, trad. fr. par Charlotte Melançon, Paris, Seuil, 1998, ainsi que Jerrold Seigel, *Paris bohème, 1830-1930*, trad. fr. par Odette Guitard, Paris, Gallimard, 1991.

fortement diverger en fonction des situations de chômage ou de divorce qui auront balisé leur parcours[31]. Les travaux des psychologues ont d'ailleurs mis l'accent sur le fait que les individus n'étaient dorénavant pas tant sensibles à ce qu'ils possédaient précisément à un moment donné qu'à ce qu'ils craignaient de perdre où à ce qu'ils espéraient gagner. C'est de façon dynamique qu'ils considèrent de plus en plus leur existence. L'individu-histoire, nécessairement singulier, s'est ainsi superposé à l'individu-condition, davantage identifié à un groupe.

Cet individualisme de singularité correspond aussi à des nouvelles attentes démocratiques. Dans la démocratie comme régime politique lié à l'individualisme d'universalité, le suffrage universel signifiait que chacun détenait une portion de souveraineté égale à celle des autres. Dans la démocratie comme forme sociale de l'individualisme de singularité, il y a l'aspiration à être important aux yeux d'autrui, à être unique. Il y a la formulation implicite d'un droit égal pour chacun à être considéré comme une star, un expert ou un artiste ; à voir ses idées et ses jugements pris en compte, reconnus comme ayant une valeur[32].

L'appréhension de l'égalité comme qualité d'une société de semblables n'a certes rien perdu de son actualité dans ce nouveau contexte. La forme la plus insupportable d'inégalité reste en effet liée au sentiment de ne pas être traité comme un être humain, d'être rejeté hors du cercle, considéré comme « moins que rien ». L'idée d'égalité se confond donc toujours dans ce cas avec la revendication d'être regardé comme quelconque, assimilé aux autres, de ne pas être assigné à une spécificité excluante. Être reconnu comme un semblable, c'est être reconnu dans ce cas pour la généralité d'humanité qu'il y a en soi (la notion d'humanité renvoyant en son origine à une qualité d'unité-indistinction). Mais cette appréhension s'est en même temps complexifiée et élargie. Elle se lie dorénavant au désir d'être regardé par autrui dans sa particularité, avec son histoire et ses caractéristiques propres, de ne pas être « considéré comme un numéro ». Elle s'identifie à la volonté d'être quelqu'un,

31. Il y a une vaste littérature sociologique sur la question qui est aussi au cœur de nombreux romans.

32. Voir le sens pris par la multiplication des blogs sur Internet. Les réseaux sociaux sont en général le moyen d'expression et de valorisation de cette aspiration.

d'être reconnu comme unique. C'est sur ce socle que se construit aujourd'hui le sentiment d'être injustement traité.

Les deux régimes d'injustice

Les inégalités sont détectées partout où des chiffres sont disponibles pour les mesurer. Leur appréhension a suivi les progrès de la connaissance statistique. On l'a vu de manière éclatante en matière de revenus ou de patrimoines. La question a du même coup occupé la place centrale dans le langage des médias et des partis, que nous avons évoquée. Ce sont aussi des inégalités entre les sexes, les territoires, les catégories sociales qui ont été mises en lumière et commentées dans un nombre considérable de domaines par la statistique publique ou diverses enquêtes universitaires. Les injustices, elles, ne sont pas dans les statistiques, dans la majeure partie des cas du moins. Ce sont en effet des vies particulières, dans leur diversité et leur complexité, qui sont dans ce cas concernées. On peut en distinguer deux types : *les injustices de position* et *les injustices de situation.*

Les injustices de position

Les injustices de position sont appréhendées relativement aux proches, à ceux auxquels on tend spontanément à se comparer. Dans l'entreprise, ce n'est pas à l'aune du statut des dirigeants qu'un jeune ingénieur va, par exemple, apprécier ses conditions de travail ou de rémunération : il se situera spontanément par rapport aux autres jeunes diplômés. Et c'est à ce niveau qu'il parlera d'injustice s'il estime qu'existe un type d'écart qualifié à ses yeux d'« injustifié », car ne reposant pas sur des critères qui lui semblent admissibles. On pourrait donc aussi parler dans ce cadre *d'injustice de proximité*. Et en même temps, d'un point de vue substantiel, de sentiment d'injustice fondé sur un *conflit de normes* entre un individu et une organisation ou une autorité. Cette sensibilité aux injustices de position s'est notamment accrue dans le monde du travail du fait des mutations du capitalisme contemporain.

Dans l'ancienne société de classes, l'organisation de l'entreprise était caractérisée par l'existence d'une grille des emplois fondée sur leur niveau requis de qualification. Cette « grille de classification », selon le terme en vigueur, distinguait, par exemple, les différentes catégories d'ouvriers (qualifiés, spécialisés, manœuvres, chacune étant subdivisée en niveaux) ou d'employés. Les « cadres », de leur côté, se voyant reconnaître une place particulière, entérinée par un statut spécifique. Ce système avait été mis en place en 1945. On parlait de la « grille Parodi-Croizat », des noms du conseiller d'État chargé du dossier (Alexandre Parodi) et du ministre communiste du Travail de l'époque (Ambroise Croizat). Les conventions collectives devaient se fonder sur elle pour définir les conditions d'embauche (en fonction des diplômes acquis), de promotion (en fonction de l'expérience) et de rémunération. Cette grille organisait aux yeux de tous une forme de justice, chaque individu se trouvant situé dans une hiérarchie considérée comme objective. Il se voyait reconnaître une place stable dans l'organisation du travail parce que les formes et le contenu de son activité correspondaient précisément à sa qualification, c'est-à-dire à son aptitude professionnelle mesurée par son niveau de formation ou son diplôme et son expérience. La classe ouvrière existait sur cette base comme un ensemble à la fois unifié et hiérarchisé.

C'est ce système qui s'est fortement fissuré. S'il reste encore juridiquement en place, il ne décrit plus adéquatement la réalité. Pour traduire cet ébranlement, les sociologues on a pu parler de « décollectivisation[33] », de « détraditionalisation[34] », ou encore tout simplement d'individualisation du travail. C'est indiquer le résultat d'une mutation. Mais il faut aussi en décrire les conditions d'avènement. C'est là en termes de transformation du mode de production qu'il faut comprendre les choses, au-delà donc des analyses qui se limitent à la considération des stratégies patronales visant à diviser les collectifs de travail. Pour simplifier l'analyse, on peut dire que nous sommes passés, des années 1970 à aujourd'hui, d'un capitalisme d'organisation à un capitalisme d'innovation, en tout cas pour ce qui concerne les entreprises en plus fort développement. Il en est résulté un nouveau mode de production de la valeur et d'extraction de la plus-value. Dans le capitalisme traditionnel, l'ouvrier était réduit à

33. Robert Castel, « Pourquoi la classe ouvrière a-t-elle perdu la partie ? », *Actuel Marx*, n° 26, 1999, p. 15-24.
34. Olivier Schwartz, *Le Monde privé des ouvriers. Hommes et femmes du Nord* (1990), Paris, PUF, « Quadrige », 2009.

sa force de travail, c'est-à-dire à ce qu'il y avait en lui de généralité substituable. Il était un composant parfaitement interchangeable de ce que Marx avait décrit dans *Le Capital* comme le véritable sujet de la production capitaliste : le « travailleur collectif ». L'usine fordiste avait rationalisé ce schéma avec le perfectionnement du travail à la chaîne. Le travail manuel s'était alors fait pure marchandise, le travailleur étant réduit à une force de travail[35]. L'exploitation de l'ouvrier était en ce sens inséparable d'une véritable désindividualisation. Le capital avait également réifié le travail intellectuel, en incorporant la connaissance sociale dans les machines, en le transformant en un capital fixe, entraînant du même coup une seconde forme de désappropriation du travail.

Le capitalisme contemporain, tel qu'il a commencé à se recomposer dans les années 1980, s'est distingué d'une double façon de ce précédent capitalisme. En termes de rapport au marché, de rôle des actionnaires et d'intervention du monde de la finance, tout d'abord. Mais aussi dans son mode de mobilisation de la force de travail. Tout ce qui constituait l'ouvrier-masse de l'ère fordiste a en effet cédé la place à une valorisation des capacités individuelles de création, et les qualités de réactivité ont supplanté le sens de la discipline. De la sorte, le travail s'est singularisé. C'est la transformation des conditions générales d'organisation de la production qui a conduit à particulariser le travail. Son processus est d'abord devenu beaucoup plus flexible. Le fonctionnement des organisations est maintenant indissociable de la reconnaissance d'une certaine autonomie des travailleurs. La notion relativement uniforme de qualification, qui décrivait des aptitudes générales, des niveaux donnés de connaissances ou de savoir-faire, susceptibles d'être précisément mesurés et étalonnés, a du même coup cédé le pas à celle de compétence. Ce « modèle de la compétence » repose dorénavant sur l'engagement et la mobilisation des salariés[36]. Il valorise la coopération, l'autonomie et la res-

---

35. C'est sur cette base qu'étaient définies l'exploitation et l'extraction de la plus-value dans la théorie marxiste.

36. Voir le numéro spécial « Compétence, compétences » de la revue *Sociologie du travail*, vol. 43, janvier-mars 2001, ainsi que Nathalie Richebé, « Les réactions des salariés à la "logique compétence" : vers un renouveau de l'échange salarial », *Revue française de sociologie*, vol. 43, n° 1, 2002, p. 99-126. Cette notion de compétence a été critiquée pour avoir été valorisée par le patronat. Elle dérive en fait surtout d'une analyse objective des processus de travail et des modes de formation de la valeur dans le nouveau « capitalisme cognitif » qui s'est imposé aujourd'hui dans nombre d'entreprises.

ponsabilité, conduisant ainsi à une appréciation différenciée de la contribution spécifique de chaque travailleur[37].

La notion d'employabilité a simultanément été forgée pour exprimer cette idée d'interaction entre des qualités personnelles et les caractéristiques du marché du travail ou le fonctionnement d'une organisation. Elle marque là encore une rupture avec le paradigme antérieur du travail prescrit, avec toutes les conséquences que cela a entraîné en termes de stress accru ou de pression psychologique. L'individu ne s'identifie dorénavant plus à la composante d'une « classe de travail », qu'il était lorsqu'une organisation contraignante le réduisait à la condition d'une force de travail : c'est désormais sa valeur d'usage, c'est-à-dire sa singularité, qui est devenue le facteur décisif de production. Sa productivité est indexée sur sa capacité de mobiliser des ressources propres et de s'investir de façon autonome dans sa tâche. La notion même de collectif de travail s'en est trouvée profondément transformée, ainsi que le regard porté par chacun sur la pertinence du jugement de l'entreprise sur sa contribution. Entraînant donc la possibilité d'un accroissement du sentiment d'être injustement traité par rapport aux autres. Au-delà de l'entreprise, ce type d'injustice de position peut aussi, par exemple, être ressenti par des élèves à l'école en matière de distribution de punitions comme par des étudiants qui jugent opaques ou discutables les critères d'une sélection. Il est en fait omniprésent.

Les injustices de situation et le mouvement des Gilets jaunes (II)

Les injustices de situation sont relatives à l'appréhension de règles (générales) accusées de ne pas prendre en compte les situations (particulières). C'est, par exemple, le cas d'agriculteurs protestant contre une interdiction de pesticides qu'ils jugent inscrite dans un calendrier qui ne tient pas assez compte de leurs conditions pratiques de reconversion. Elles se lient en ce sens à une demande d'exception, de dérogation ou d'adaptation relativement à une obligation ; en même temps qu'à la condamnation d'un individualisme abstrait.

---

37. Pour une illustration radicale de la vision managériale qui en découle, voir le livre cosigné par Reed Hastings, P.-D.G. de Netflix : Reed Hastings et Erin Meyer, *La Règle ? Pas de règles ! Netflix et la culture de la réinvention*, trad. fr. par Cécile Leclère, Paris, Buchet-Chastel, 2021.

Ce type d'injustice relève aussi de l'idée d'une distorsion de mesure. Alors que des gouvernements parleront avec satisfaction de progression de niveau de vie au vu des statistiques de prix et de rémunérations, des personnes peuvent en effet tenir pour mensonger ce discours au regard de leur propre mode d'appréciation des choses[38]. Parce qu'ils raisonnent, par exemple, à partir de « leur reste à vivre » évalué après la défalcation du revenu des diverses catégories de dépenses contraintes ou jugées incompressibles[39] ; ou aussi parce que la mesure des prix effectuée par l'INSEE repose sur un panier de dépenses types qui ne correspond pas aux leurs (en termes d'importance accordée au logement, par exemple) ; ou encore parce qu'ils traversent une situation personnelle difficile. Se développe alors un sentiment d'injustice lié à une accusation de méconnaissance de ce que vivent les gens. Un sentiment auquel on donne une traduction sociologique immédiate : celle de l'écart insupportable qui sépare le peuple des élites, gens d'en haut, technocrates parisiens, qui incarnent un monde de l'abstraction alors assimilée à une forme de mépris. C'est aussi par ce biais qu'a plus largement été alimentée la tendance à considérer que les réalités sont dissimulées par les puissants qui œuvrent dans l'ombre pour maintenir leur domination[40].

Le mouvement des Gilets jaunes a bien illustré cette attente d'une appréhension de la réalité attentive aux situations spécifiques et le rejet des visions purement statistiques des décideurs publics. Ils ont vu dans le langage des moyennes le symbole d'une vision technocratique, niant leurs particularités considérées par eux comme la seule expression pertinente du réel. La contestation de la réduction à 80 km/heure de la vitesse sur les routes à double sens, sans séparateur central, décidée en juillet 2018 avait été en ce sens la manifestation anticipatrice de leurs critiques. Si le ministre concerné avait alors pu affirmer, chiffres à l'appui, que cette réduction permettrait de sauver quelques centaines de vies humaines par an, bien des utilisateurs quotidiens de *leur* véhicule avaient considéré que *leur*

38. Sur cette distorsion de mesure, voir le texte de Nicolas Duvoux dans la partie « Rebonds et explorations » de ce volume (p. 177-187).
39. Voir sur ce point Igor Martinache, « L'impouvoir d'achat. Quand les dépenses sont contraintes », laviedesidees.fr, 7 mai 2019, URL : https://laviedesidees.fr/L-impouvoir-d-achat.html. C'est sur la base de ce constat qu'une trentaine d'organisations syndicales comme la CFDT, d'ONG comme la Cimade ou la Fondation Hulot ou encore d'associations caritatives comme la Fondation Abbé-Pierre ont lancé en 2019 l'idée d'un « pacte du pouvoir de vivre », invitant à dépasser les seules approches statistiques globales de ces problèmes.
40. Voir les développements sur le complotisme dans le chapitre IV de cet essai.

type de conduite, la qualité des routes qu'*ils* empruntaient, l'état d'entretien de *leur* voiture ne justifiaient pas une mesure qui les pénalisait. L'argumentation écologique sur la nécessaire augmentation de la taxe sur les carburants, et le gasoil tout particulièrement avait été considérée comme irrecevable pour la même raison de péché par abstraction, frappant indifféremment des personnes ayant des conditions d'utilisation de leurs véhicules très disparates. L'aveuglement des décideurs parisiens aux réalités vécues par les millions de Français obligés d'utiliser quotidiennement leur automobile avait ainsi été considéré comme choquant[41]. Car lorsqu'on vit à la campagne ou dans un petit bourg, la voiture n'est pas un bien de consommation : elle est un attribut de la personne elle-même, elle est ce qui constitue l'individu en sujet autonome. « Sans voiture, je ne suis plus rien », avait-on ainsi pu entendre sur les ronds-points[42].

C'est pour cette même raison que les mesures gouvernementales du 10 décembre 2018 avaient été impuissantes à enrayer la protestation, malgré leur montant exceptionnel. Les 10 milliards d'euros annoncés représentaient certes un accroissement de revenu substantiel pour les Français aux rémunérations les plus basses[43], mais ces chiffres, bien qu'exprimés en milliards, avaient résonné dans le vide car ils étaient apparus abstraits, hors sol, planant au-dessus du quotidien des manifestants tel qu'il était sensiblement vécu. La leçon sociologique des Gilets jaunes s'est doublée de cette façon d'une leçon politique sur l'art de gouverner à l'âge des singularités. Lorsque des mesures d'une telle nature sont commentées par des organisations syndicales, elles sont reçues différemment car le propre de ces corps intermédiaires est de savoir faire le lien entre l'individuel et le collectif. Elles sont à la fois capables d'organiser un rapport de force, de faire entrer leurs adhérents dans une démarche stratégique, de rendre lisibles pour chacun d'entre eux personnellement les résultats obtenus et de restituer un rapport de force présent dans une perspective plus longue, donnant sens à un compromis

---

41. Voir l'argumentation archétypique d'Éric Leser, *Automobile, France d'en haut contre France d'en bas. Enquête sur une politique scandaleuse : 80 km/heure, pollution, radars, taxes, embouteillages*, Paris, Eyrolles, septembre 2018. Pour l'auteur, la stigmatisation de l'automobile a un caractère de classe, la France périphérique étant de fait celle qui est ciblée.
42. C'est le titre d'un reportage publié dans *M. Le magazine du Monde* dès le 14-15 février 2019. D'où l'importance centrale du permis de conduire qui est perçu comme participant du droit de vivre.
43. Avec tout particulièrement un accroissement spectaculaire de la prime à l'emploi. Voir la loi du 24 décembre 2018.

momentané. L'idée même de négociation (et donc de compromis éventuel) n'avait à l'inverse aucun sens pour les Gilets jaunes, faute d'une inscription de leur action dans ce type de vision stratégique.

C'est ainsi à un appel à entrer dans un nouvel âge tant de la représentation que des politiques sociales qu'a invité la leçon des Gilets jaunes. Ces derniers n'ont pas constitué un mouvement social, au sens où ils ne se sont pas organisés pour constituer une force coordonnée dotée d'un agenda, inscrite dans une vision de long terme. Ils n'ont existé collectivement que comme une superposition d'espaces d'expressions et d'échanges sur les réseaux sociaux[44] ou sous la forme de rassemblements peu structurés. Quelques mots d'ordre communs – l'appel à la démission du président de la République ou la mise en place d'un référendum d'initiative citoyenne (RIC) – ont bien émergé, mais ce sont surtout les brutalités policières et l'affirmation de leur propre détermination qui ont mobilisé leur attention sur les réseaux sociaux[45]. La manifestation la plus forte de leur vision de la conduite de l'action a ainsi été leur refus catégorique de la représentation. Dès que des têtes ont été singularisées par l'invitation dans des médias, voire dans des ministères, les réactions ont été virulentes sur leurs comptes Facebook et les personnes concernées parfois même agressées[46]. Ce refus avait une double dimension. La crainte de voir les paroles d'en bas confisquées, d'abord (c'était le fondement de leur rejet des partis et des syndicats)[47]. Mais aussi le sentiment qu'il n'y avait plus besoin de porte-parole à l'âge des réseaux sociaux et que chacun était capable de s'exprimer lui-même et de faire en sorte que sa parole personnelle porte. Attente liée au fait que pour la première fois dans l'histoire de nos sociétés, l'opinion publique est devenue une réalité matérielle avec ces réseaux sociaux. Dans la société des délégués qui précédait, l'opinion était représentée par la

44. C'est en tant qu'animateurs de blogs ou de comptes Facebook que la figure de certains d'entre eux a émergé ; et c'est sur ce mode que des bribes de mots d'ordre ont pu surgir.
45. Voir « Dans le Facebook des Gilets jaunes », *Le Monde*, 6 février 2019 (analyse par le journal de deux cents comptes ouverts au public). 70 % des messages ont ainsi concerné la mobilisation et la répression des manifestations (les deux thèmes à peu près à part égale), 21 % la critique des élites et 9 % les revendications proprement dites.
46. Voir le chapitre sur « la fragilité » des porte-paroles nationaux dans Christian Le Bart, *Petite sociologie des Gilets jaunes*, Rennes, Presses universitaires de Rennes, 2020.
47. 60 % d'entre eux ne se situaient pas sur l'échelle gauche-droite (voir « Les Valeurs politiques des Gilets jaunes », *Le Monde*, 27-28 janvier 2019, présentant le dépouillement d'une enquête menée par des chercheurs de l'IEP de Grenoble auprès de 1 400 personnes issues de trois cents groupes Facebook du mouvement). On peut aussi noter que presque tous les présents dans les rassemblements étaient des primo-manifestants.

presse, les sondages, les porte-parole d'organisations. Il y avait ceux qui portent, ceux qui rapportent et ceux qui commentent (les médias, les médiateurs et les interprètes). La notion de parole commune ne s'est pas liée dans le cas des Gilets jaunes à l'unicité des énoncés, mais à une interaction, à des commentaires croisés. Pour eux, c'est la parole directe qui devait s'imposer comme forme démocratique. Directe, mais pas au sens étroitement procédural que revêt ordinairement la notion de « démocratie directe ». Parole directe a surtout voulu dire parole singulière pour ces Gilets jaunes ; et parole immédiate, cantonnée au présent, simultanément.

Leur allergie à la représentation a ainsi *in fine* renvoyé à l'affirmation du caractère irréductible des situations vécues individuellement. C'est toujours au singulier, à partir de leur expérience personnelle que s'exprimaient ceux des Gilets jaunes qui se trouvaient être interviewés. Ils ne disaient jamais « Nous, les Gilets jaunes », mais « Je travaille dur et je ne boucle pas mes fins de mois », « Quand j'ai payé mes factures et la nourriture, je n'ai plus de quoi me payer un restau ou un ciné », « Je ne peux même pas me chauffer correctement », etc. Le « mouvement » a du même coup principalement consisté en une addition de détresses et de colères individuelles qui ne se sont pas inscrites dans la durée.

Si les injustices de situation ont ainsi été alimentées par l'entrée dans l'âge de l'individualisme de singularité, leur perception a aussi été aiguisée par le fait que les vies sont progressivement apparues déterminées par des variables de trajectoires personnelles autant que par les données socio-économiques. L'attention à ces trajectoires s'était imposée dès les années 1990 pour comprendre les nouveaux problèmes sociaux de la période. C'est alors qu'on avait, par exemple, commencé à parler de « nouvelle pauvreté » pour qualifier la situation d'hommes et de femmes normalement intégrés qu'un accident de la vie (chômage, divorce, addiction…) avait fait basculer dans un autre monde, jusqu'à se trouver par exemple à la rue. C'est significativement la période durant laquelle la figure de l'abbé Pierre avait refait surface. Mais ce n'est plus sur la condition des pauvres mal logés qu'il avait attiré l'attention ; il s'était dorénavant fait l'apôtre des accidentés de la vie en général. C'était à chaque fois d'une histoire singulière qu'il s'agissait dans ces cas. Changement de perspective dont avait témoigné à sa façon le dialogue entre Pierre Bourdieu et le fondateur d'Emmaüs sur un plateau de télévision[48]. D'un côté le déterminisme statistique de la sociologie, de l'autre l'attention aux parcours individuels.

Le phénomène du chômage de longue durée, qui avait commencé à s'installer dans ce même début des années 1990, relevait d'une difficulté parallèle à être caractérisé à partir de simples variables sociologiques. Les chômeurs de longue durée ne pouvaient en effet pas être appréhendés avec les seuls critères usuels de sexe, d'âge, de formation ou de revenu. Ils ne constituaient pas une population. Il n'y avait pas de chômeur de longue durée type. Les enquêtes de l'époque arrivaient toutes à la conclusion qu'aucune caractéristique ne permettait d'identifier *a priori* une catégorie de chômeurs pour lesquels le marché du travail resterait presque définitivement fermé. Du même coup, les connaissances que l'on pouvait avoir sur les facteurs de risque de chômage de longue durée, comme sur les chances d'un retour à l'emploi, apparaissaient trop incertaines pour justifier des politiques spécifiques construites sur la base des critères sociodémographiques usuels[49]. Une même difficulté de caractérisation des ménages surendettés avait été constatée après la mise en place en 1989 d'une procédure gérée par la Banque de France pour traiter la situation de ces personnes qui n'arrivaient plus à rembourser leurs crédits. Il était là aussi vite apparu qu'il n'y avait pas de portrait-robot du ménage surendetté et que le phénomène était loin de ne concerner que les populations classiquement considérées comme économiquement et socialement vulnérables (professions à bas revenus, chômeurs…). La population des « mauvais payeurs » s'était en effet révélée très hétérogène : elle comprenait des ouvriers et des cadres, des jeunes et des vieux, des ruraux et des urbains. Certains facteurs (le célibat, le divorce, le nombre d'enfants) semblaient certes accroître la fréquence du surendettement, mais aucune typologie solide ne pouvait en être déduite.

Les chercheurs avaient alors éclairé cette « énigme sociologique » en montrant que, dans ces deux cas, c'est aux histoires individuelles qu'il fallait d'abord se reporter pour analyser les problèmes concernés. C'était plaider pour une compréhension dynamique du

48. Émission *La Marche du siècle* (FR3) du 14 avril 1993.
49. Voir l'étude alors pionnière de Chantal Nicole-Drancourt, *L'Insertion professionnelle des jeunes*, Paris, CNRS-INSEE, 1991. Voir aussi, du même auteur, « L'idée de précarité revisitée », *Travail et emploi*, 1992, qui notait que, pour appréhender de façon cohérente la précarité, « il faut considérer la trajectoire (des jeunes) dans son ensemble et sur un très long terme pour donner sens aux événements » (p. 63).

social prenant en compte les conduites et les itinéraires des acteurs. Un sociologue avait, par exemple, proposé d'aborder les différences de condition entre les familles ouvrières en distinguant celles qui « s'élèvent », celles qui « s'en sortent » et celles qui « s'enfoncent », alors qu'elles pouvaient partager les mêmes caractéristiques statistiques/statiques[50].

Au-delà de ces deux problèmes, c'étaient plus largement les *situations d'exclusion*, qui allaient progressivement constituer le problème social majeur, qu'il fallait comprendre comme résultantes de processus de précarisation[51]. La condition des individus concernés devait ainsi être comprise à partir des ruptures, des décalages et des pannes qu'ils avaient vécus. C'étaient des écarts et des différences qui les marquaient et non pas des positivités descriptives ordinaires (revenus, profession, niveau de formation, etc.) Ce constat a alors eu trois conséquences : en matière de redéfinition des politiques sociales, en termes de représentation des individus et dans l'ordre de la méthodologie des sciences sociales.

La première conséquence institutionnelle qui avait été tirée de cette nouvelle appréhension du rôle des trajectoires personnelles avait été la création du RMI en 1988. Cette innovation historique s'était imposée parce que l'État et les travailleurs sociaux s'étaient rendu compte qu'un nombre croissant d'individus en situation de précarité n'appartenait à aucune des catégories traditionnelles de l'action sociale, toute une partie des personnes vivant en dessous d'un certain seuil de revenu n'étant d'ailleurs même pas identifiées. D'abord parce qu'il n'y avait pas de statistiques homogènes sur le sujet. Mais aussi parce que les critères non monétaires, qui revêtent en la matière une importance toute particulière (l'environnement, le statut familial, l'ancrage dans les solidarités proches), ne peuvent être captés par les statistiques. On a ainsi noté le nombre élevé d'allocataires du RMI qui n'avaient jamais bénéficié auparavant d'une aide sociale, constituant ce que l'on avait pu appeler des personnes démunies « sans cause » : ni licenciées, ni handicapées, ni âgées, ni en charge d'enfants, elles n'avaient pas été touchées par

50. Olivier Schwartz, *Le Monde privé des ouvriers. Hommes et femmes du Nord*, *op. cit.*, p. 96.
51. Voir les analyses de Robert Castel qui ont alors fait référence, « De l'exclusion comme état à la vulnérabilité comme processus », dans Joëlle Affichard et Jean-Baptiste de Foucault (dir.), *Justice sociale et inégalités*, Paris, Éditions Esprit, 1992, p. 135-148.

les politiques sociales catégorielles. Les Rmistes étaient de la sorte l'addition d'un ensemble d'histoires singulières. De la même façon, si l'on considère les personnes qui font la queue pour accéder aux Restos du cœur, on constate qu'ils constituent une addition de cas particuliers et ne peuvent être appréhendés comme une « population » aux caractéristiques clairement dessinées.

Ceux que l'on avait rassemblés sous le terme d'exclus avaient de ce fait pour caractéristique de n'être ni représentables ni mobilisables. Ils se définissaient en effet par les pannes de leurs histoires, par une négativité donc. Ils ne constituaient pas un nouveau prolétariat, une classe objective, au sens que la tradition marxiste donne à ce terme. Ces exclus dont on découvrait l'apparition formaient même par définition une « non-classe ». Ils étaient pour cette raison « irreprésentables ». Ils ne constituaient pas un groupe ayant conscience de lui-même, susceptible en conséquence d'avoir des délégués ou des porte-parole. C'est pour cela qu'il n'y a pas eu alors de syndicats de chômeurs et que toutes les tentatives de transformer, d'une façon ou d'une autre, en force collective organisée les millions de chômeurs de l'époque ont toujours échoué dans les années 1980 et 1990. L'idée traditionnelle de représentation consiste en effet à faire dériver un organe politique, syndical ou associatif, de la structure sociale. Elle présuppose donc une sociologie implicite, car ce sont toujours des ordres, des classes et des corps, constituants de base de la structure sociale, qui sont représentés.

Une pressante interrogation méthodologique a du même coup commencé à se manifester dans ces années. Les limites de la démarche sociologique traditionnelle, liée à des classements de données et à l'établissement de corrélations, étaient en effet apparues flagrantes. Alors que la connaissance statistique s'était développée, la compréhension des mouvements sociaux et des attitudes politiques pouvait ainsi reculer, ou du moins se polariser sur les situations extrêmes. La sociologie de l'exclusion et de la pauvreté a ainsi été très développée, encouragée et financée par les décideurs publics qui avaient besoin de ses résultats pour cibler plus efficacement les politiques d'assistance. Très peu d'enquêtes ont été en revanche financées pour comprendre la sensibilité aux petites différences ou analyser les nouveaux types de protestations qui avaient vu le jour ces dernières années.

Les communautés d'expérience et communautés d'indignation

Le fait de partager une émotion est une façon de créer du commun. Les Gilets jaunes se sont ainsi retrouvés soudés par une même confrontation au mépris de ceux d'en haut et par une même indignation devant des mesures gouvernementales qu'ils avaient considérées comme bouleversant de façon vexatoire leurs conditions de vie. On peut pour cela parler dans ce cas d'une communauté d'indignation. Mais avant d'en préciser les termes et la portée, il est nécessaire de souligner que ce type de partage d'une émotion s'inscrit dans le cadre plus large de ce qu'on peut appeler des communautés d'expériences. Il ne s'agit pas de groupes définis par l'identité de leurs membres, et donc alors susceptibles de s'inscrire dans un cadre institutionnel. Identité qui peut être définie par des opinions, des croyances, le partage d'un même territoire, l'appartenance à une même profession (identité corporative), ou encore, de façon peut-être plus forte, par l'inscription dans un même rapport de production (identité de classe au sens propre du terme).

C'est en termes de proximité de situations concrètes, de similarité d'expériences qu'il convient désormais également d'appréhender ce qui crée du commun dans un monde où les identités de classe ont perdu de leur centralité[52]. Marx avait d'ailleurs utilisé une catégorie voisine pour caractériser la position des petits paysans, qu'il qualifiait de « paysans parcellaires », dans la France du milieu du XIXe siècle. Avec un vocabulaire qui semble renvoyer à notre présent, Marx avait écrit alors :

> Les petits paysans constituent une masse énorme dont les membres vivent tous dans la même situation, mais sans avoir de contacts multiples les uns avec les autres. Leur mode de production les isole les uns des autres, au lieu d'établir entre eux un commerce mutuel [...]. C'est ainsi que la grande masse de la nation française est constituée par simple addition de grandeurs équivalentes, à peu près comme des pommes de terre dans un sac forment un sac de pommes de terre[53].

52. François Dubet a justement invité, sur la base de ce constat, à développer une *Sociologie de l'expérience* (Paris, Seuil, 2012). Il a aussi mis l'accent dans nombre de ses travaux sur le développement de la sensibilité aux petites inégalités.
53. *Le 18 Brumaire de Louis Bonaparte* (1852), dans Karl Marx, *Les Luttes de classes en France*, Paris, Gallimard, « Folio/histoire », 2007, p. 299-300.

Étant des millions, ils pouvaient à certains égards être considérés comme formant une classe, poursuivait-il, mais comme « l'identité de leurs intérêts ne crée ni communauté, ni lien national, ni aucune organisation politique, ils ne constituent pas une classe ». Thompson, l'historien anglais de la classe ouvrière que nous avons déjà cité, forgera de son côté la catégorie *d'expérience humaine* pour caractériser l'entrelacs de réactions instinctives et de données objectives qui se mêlent pour conduire un groupe d'hommes et de femmes à se constituer en acteur de leur histoire.

La sociologie du travail avait en conséquence été amenée dès les années 1980 à se départir d'une vision mécaniste des actions collectives fondées sur un « intérêt de classe », supposé inné et évident, pour appréhender de façon plus ouverte les modes de constitution de « communautés pertinentes de l'action collective[54] ». On avait alors commencé à parler de « communautés de pratiques ». Il s'agissait, avec ces deux formulations, de reconceptualiser l'analyse des mobilisations dans le monde du travail pour donner un contenu descriptible aux notions de « solidarité » et d'« unité » des salariés, de façon à élaborer une analyse proprement sociologique de ces phénomènes, qui aille au-delà de la juxtaposition habituelle entre un événement et un contexte socio-économique ou politique. L'idée de base étant que les communautés d'action ne se forment pas seulement autour d'intérêts communs mais aussi, et peut-être au premier chef, à partir d'un sentiment d'appartenance à un même monde ou d'affrontement à un même événement. Le syndicalisme de classe superposait ces deux dimensions dans l'évidence d'une identité ouvrière. Celle-ci n'allait plus de soi dès les années 1980, dans le contexte de désagrégation du salariat avec le déclin du syndicalisme qui lui était lié. Le commun n'avait pas pour autant disparu, mais il avait commencé à se constituer autrement et participait d'une autre nature.

Ces intuitions et ces tentatives pionnières d'appréhender avec un nouveau regard les formats et les ressorts de l'action collective s'étaient avérées particulièrement fécondes pour comprendre le monde du travail à l'âge de la déconstruction de la société salariale. Déconstruction qui avait alors deux dimensions. La première était d'ordre juridique. Elle s'était traduite par un recentrage de la

54. Voir l'article séminal de Denis Segrestin, « Les communautés pertinentes de l'action collective », *Revue française de sociologie*, vol. 21, n° 2, 1980, p. 171-202. Article proposant une synthèse théorique de tout un ensemble de monographies empiriques publiées à l'époque.

négociation collective sur l'entreprise, au détriment des branches qui en avaient été les organisatrices depuis plus d'un siècle. L'infléchissement législatif dans cette direction avait commencé à s'opérer dans les années 1980, mais il s'était ensuite approfondi à partir des années 2000, les lois Macron de 2018 le radicalisant. Les actions syndicales s'étaient adaptées à cette évolution, l'appartenance des salariés à une entreprise spécifique donnant un cadre directement sensible à leur appréhension du collectif de travail, bien loin de l'ancienne conscience de classe auquel se rattachait la notion de branche (on était alors un « métallo » avant d'être chez Renault ou dans une petite boîte de décolletage). Mais on restait alors encore dans une approche classiquement identitaire du collectif, même si l'échelle de ce dernier s'était rétrécie. La dimension proprement sociologique de cette déconstruction du salariat invite ainsi aujourd'hui à se pencher sur les nouveaux types des collectifs qui ont commencé à émerger dans la vie économique. L'exemple des travailleurs liés à des plateformes en constitue un exemple éclairant.

Dans certains cas, au Royaume-Uni ou en Californie notamment, on a vu des chauffeurs Uber se regrouper pour mener une bataille juridique dans le but d'être considérés comme des salariés de la plateforme. Dans d'autres cas, comme en France, des livreurs de repas rattachés à des plateformes différentes se sont rencontrés pour échanger sur leurs conditions de travail et de rémunération. Dans le cadre de petits groupes informels rassemblant au coin de certaines rues ou devant un café les livreurs en attente de course, puis sur des comptes Facebook, ce sont des petites communautés d'échanges d'expériences, sur les conditions d'emploi et de rémunération, de circulation dans la ville, d'accès aux immeubles, d'économie comparée des vélos et des scooters qui se sont formées. Des revendications communes ont pu émerger en leur sein, la négociation traditionnelle pour améliorer les rémunérations étant remplacée par une mise en concurrence des plateformes. On a aussi vu des livreurs de Deliveroo, Uber Eats ou Take it Easy se regrouper en coopératives ; de telles initiatives ont été remarquées à Bordeaux, Nantes, Poitiers ou Paris[55]. Coopératives qui ont reçu l'aide de Coopcycle[56] pour disposer d'un logiciel de commandes. Se sont

55. Sur ces nouvelles coopératives de la cyclologistique, voir « Livraison : après l'ubérisation, les SCOP », *Le Monde*, 21 avril 2021.
56. Logiciel développé par trois cent cinquante collectifs de livreurs à vélo dans le monde.

par ailleurs multipliées les démarches devant les tribunaux et les pressions conduisant les pouvoirs publics à intervenir ; ouvrant, par exemple, la perspective d'une forme de représentation légale des différentes catégories de travailleurs « ubérisés ».

Ces initiatives et ces expériences invitent à appréhender la formation de ce type de communautés sur le mode d'une recomposition des lieux, des formes et des logiques de constitution d'un collectif, donc en rupture avec la vision largement répandue d'un jeu à somme nulle entre l'individuel et le collectif[57]. Et cela conduit du même coup à relativiser les diagnostics aussi flous que globaux sur l'individualisme croissant qui régnerait dans nos sociétés (ce dernier terme étant alors entendu dans son acception la plus triviale d'atomisation du social et de montée en puissance de l'égoïsme). Même là où le travail semble le plus individualisé, sous la forme de l'auto-entreprenariat, on voit d'ailleurs aussi émerger des formes inédites de collectif, par l'intermédiaire du partage d'espaces de travail, avec les centres de *coworking* en pleine expansion, par exemple. On voit bien que ces derniers ne sont pas seulement des lieux d'hébergement, des hôtels de bureaux et de services communs, mais que ce sont aussi des lieux d'échanges d'informations, de rencontres conduisant parfois à l'élaboration de projets communs. L'idée de collectif a là aussi une dimension informationnelle, relationnelle, cognitive, à distance des appréhensions organisationnelles et identitaires du passé[58]. Les réseaux sociaux peuvent ainsi de leur côté également remplir des fonctions collectives. Le collectif est en effet à penser sur le mode de fonctionnalités et d'interactions, au-delà de ses mises en forme agrégatives-identitaires[59].

Ces communautés d'expériences sont liées à des activités partagées ou exercées de façon parallèle. Celles-ci peuvent être d'ordre professionnel, comme dans les cas que nous venons d'évoquer, ou bien associatif autant que liées à des pratiques communes sur un

---

57. Voir sur ce point les études de cas et les analyses particulièrement éclairantes rassemblées par Frédéric Rey et Claire Vivès (dir.), *Le Monde des collectifs. Enquête sur les recompositions du travail*, Paris-Buenos Aires, Teseo, 2020.

58. J'avais ainsi proposé dans *La Société des égaux*, *op. cit.*, p. 393-396, de distinguer le commun-participation, le commun-intercompréhension et le commun-circulation au-delà des conceptions identitaires du social.

59. On peut signaler dans cette direction la proposition de Hartmut Rosa de penser le rapport au monde et le lien social sur le mode d'une « résonance » entre soi et les autres, c'est-à-dire d'un type d'échange ou de proximité qui conduit à « accorder » les individus, entre eux comme avec le monde qui les entoure ; voir Hartmut Rosa, *Résonance. Une sociologie de la relation au monde*, trad. fr. par Sarah Raquillet et Sach Zilberfarb, Paris, La Découverte, 2018).

territoire. Elles constituent des modalités *positives* d'invention ou de mise en œuvre d'un commun qui n'est pas dérivé d'institutions existantes. Mais elles peuvent aussi avoir une existence virtuelle, procédant d'une similarité purement objective. C'était le cas de ces fameux paysans parcellaires de Marx que nous avons évoqués. Ils n'avaient du même coup pu prendre forme que sur un mode réflexif. Ces paysans, avait ainsi expliqué l'auteur du *Capital*, « ne sont pas capables de faire valoir leur intérêt de classe en leur propre nom, soit par un parlement, soit par une convention. Ils ne peuvent pas se présenter eux-mêmes, ils doivent être représentés. Il faut que leur représentant apparaisse en même temps comme leur maître, comme une autorité supérieure, comme un pouvoir gouvernemental illimité qui les protège contre les autres classes et leur dispense d'en haut la pluie et le beau temps[60] ». En expliquant par le vote massif de ces paysans le triomphe du futur Napoléon III, Marx avait été le premier à décrire les ressorts de la constitution du populisme comme élévation d'un peuple virtuel en sujet politique. Lorsque la réalité sociale vécue apparaît confuse, irreprésentable, la tentation se fait en effet jour de transférer la figure introuvable d'un peuple-roi dans son double de chef-peuple.

Les communautés d'épreuve appartiennent à cette famille des communautés d'expérience. L'épreuve examinée dans ce chapitre est celle du sentiment d'injustice. Mais ce qui est partagé n'est pas seulement ce sentiment lui-même, c'est plus immédiatement l'émotion qu'il suscite, c'est-à-dire l'indignation. Le lien est explicitement fait par Aristote dans les développements qu'il consacre à cette dernière dans sa *Rhétorique*[61]. Contrairement à la colère qui est dirigée contre quelqu'un, l'indignation porte sur quelque chose. Elle se lie à l'idée de valeurs à défendre et implique l'exercice d'un jugement. Être indigné, c'est tracer une ligne de partage entre ce que l'on conçoit comme acceptable et ce que l'on considère comme intolérable. L'indignation dérive d'une sensibilité aux normes de justice. L'énergie critique qui la porte a donc une dimension positive, car si l'indignation s'exprime tout d'abord sous la forme d'un « cri », elle porte aussi en elle la revendication d'une norme estimée plus

60. Karl Marx, *Le 18 Brumaire de Louis Bonaparte*, *op. cit.*, p. 300.
61. *Rhétorique*, II, 9, 1387b, 4-15. Sont indignées les personnes « qui détestent l'injustice », souligne notamment Aristote.

juste. « C'est dans l'indignation que se forme et s'éduque le désir de justice », a souligné en ce sens Paul Ricœur[62]. Pour cela, on a pu dire de l'indignation qu'elle était la forme morale de la colère. C'est ce qui dote d'un certain prestige celui qui l'exprime. Victor Hugo l'avait bien compris. En qualifiant Jean Valjean d'indigné, il avait ainsi simultanément précisé dans *Les Misérables* qu'« on est indigné que lorsqu'on a raison au fond par quelque côté ».

L'indignation a une dimension politique du fait même de son objet. Mais elle est surtout de l'ordre d'une énergétique, sans se lier la plupart du temps à des propositions précises ; elle a aussi un caractère spécifique, local si l'on veut, et ne se réfère pas à une vision globale de la cité. C'est ce qui fait à la fois sa force et sa faiblesse. C'est en effet aussi ce flou qui explique la force d'attraction du terme d'indigné en un temps de politique diminuée, les millions d'exemplaires de la brochure de Stéphane Hessel en ont témoigné avec éclat en France[63], de même que l'écho du mouvement des *Indignados* en Espagne. Les Gilets jaunes se sont aussi, à leur façon, inscrits dans cette filiation[64].

62. Paul Ricœur, *Le Juste 2*, Paris, Éditions Esprit, 2001, p. 25. Pour un développement de cette analyse, voir Gilbert Vincent, « L'indignation en tant que sentiment. Analyses ricœuriennes », dans Frédéric Rognon (dir.), *Colère, indignation, engagement. Formes contemporaines de la citoyenneté*, Strasbourg, Presses universitaires de Strasbourg, 2019, p. 113-134.
63. Rappelons qu'*Indignez-vous !* s'est vendu à trois millions d'exemplaires en 2010-2011.
64. En partie seulement puisqu'ils ont aussi constitué une « communauté de ressentiment », comme nous l'avons vu dans le chapitre précédent.

Chapitre III

L'ÉPREUVE DE LA DISCRIMINATION

Le terme de discrimination a longtemps été un simple dérivé de celui d'inégalité appliqué au traitement des personnes par des institutions. Il a pris son sens contemporain dans le langage juridique pour désigner plus précisément des différences de traitement ayant un caractère illégal : « Discriminer, ce n'est pas traiter moins bien, c'est établir des distinctions qui tombent sous le coup d'une disposition de droit positif[1]. » C'est donc vers le Code pénal qu'il faut d'abord se tourner pour appréhender cette notion. Elle a été précisée au début des années 1990, indiquant, outre les deux éléments majeurs du sexe et de l'origine, une dizaine de caractéristiques des individus qui ne pouvaient légalement occasionner des différences de traitement[2]. Les éléments visés étant soit de l'ordre de caractéristiques objectives (le sexe, l'origine, les handicaps, etc.), soit de l'ordre de l'exercice de libertés (les « mœurs », les opinions politiques ou les activités syndicales, la religion) ; les peines encourues étant de trois ans d'emprisonnement et de 45 000 euros d'amende. La loi a progressivement étendu les caractéristiques de l'individu susceptibles de faire l'objet de discrimination, celles-ci passant de douze à vingt-quatre avec notamment l'addition de l'orientation sexuelle, de l'identité de genre, de l'apparence physique. Le Code pénal a aussi spécifié les domaines et les modalités des discriminations répréhensibles : l'entrave à l'exercice normal d'une activité économique quelconque ; le refus d'embauche, la sanction ou le licenciement ; la subordination de la fourniture d'un bien ou d'un service à une condition discriminatoire (article 225-2 du Code pénal). La loi, on le voit, est ainsi

1. Définition donnée par Danièle Lochak dans un article séminal sur le sujet, « Réflexion sur la notion de discrimination », *Droit social*, n° 11, novembre 1987, p. 778-790.
2. La situation de famille, l'état de santé, le handicap, les mœurs, les opinions politiques, les activités syndicales, l'appartenance, vraie ou supposée, à une ethnie, une nation, une race ou une religion déterminée (article 225-1 du Code pénal, version de 1992).

aussi précise qu'étendue dans son champ en la matière, les sanctions étant sévères[3].

La grande question posée par la répression des discriminations est celle de l'établissement des faits. Il faut en effet qu'un plaignant éventuel puisse établir que c'est bien son origine, sa religion ou son sexe qui a été la cause de la non-attribution d'un logement ou d'un refus d'embauche. Cela implique donc de démontrer que c'est *toutes choses étant égales par ailleurs*, ce qui est, de fait, matériellement difficile à prouver dans bien des cas. Il faut par exemple que soit explicitement demandé à une agence immobilière de trouver un locataire qui ne soit pas une personne de couleur pour que le délit soit établi et qu'un juge prononce une condamnation. D'où l'écart qu'il y a entre une législation très répressive et le relativement petit nombre de délits établis et sanctionnés (ceux-ci l'étant surtout en matière de droit du travail). Écart qui s'explique aussi par la multiplicité des modalités d'expression des discriminations qui peuvent être directes ou indirectes, intentionnelles ou déguisées et donc en compliquer l'appréhension[4]. Il y a là des données pénales qui contrastent avec ce que révèlent des tests faits à grande échelle. Ceux-ci apportent en effet la preuve statistique de la fréquence des comportements et des décisions discriminatoires, comme le montrent les études que nous présenterons dans les pages qui suivent. D'où l'immense écart qu'il y a entre le sentiment d'être discriminé et la reconnaissance légale des faits ; écart qui nourrit l'amertume légitime autant que la propension à se présenter en victime. Se superposent du même coup souvent la perception d'une *stigmatisation* – comme expression d'une relation sociale marquée par une volonté de distanciation méprisante et d'assignation d'autrui à une place subordonnée – avec le sentiment d'être discriminé. La stigmatisation définit en effet une relation sociale, dont le ressenti dit la réalité, et non pas une catégorie juridique soumise à des régimes de preuves définis par des procédures strictement codifiées.

Il convient aussi de restituer l'histoire du mot dans une histoire politique et administrative qui explique la progressive centralité qu'il a prise tant dans la langue commune que dans la langue

---

3. Rappelons aussi que depuis 2000 le droit de la non-discrimination a été intégré dans le droit européen, ne cessant d'être étendu et précisé depuis cette date.
4. Voir la typologie proposée par François Héran dans sa *Lettre aux professeurs sur la liberté d'expression*, Paris, La Découverte, 2021, p. 209-224.

politique. On peut partir pour cela de la date symbolique marquée par la mise en place en décembre 1989, à l'initiative du gouvernement de Michel Rocard, d'un Haut Conseil à l'intégration, assisté peu de temps après d'un Observatoire des statistiques de l'immigration et de l'intégration. C'était l'époque où la question des « banlieues » avait fait irruption dans le débat public, les prodromes des grandes émeutes de 2005 ayant commencé à se manifester. Trois mois plus tôt, l'affaire du « foulard de Creil » avait aussi suscité des interrogations inédites sur les conditions du « vivre-ensemble », selon la formule qui fera florès. Le terme de « discrimination » restait cependant alors encore peu usité. Mais il s'est progressivement imposé comme incontournable dans les réflexions des pouvoirs publics, et des chercheurs simultanément, pour rendre compte de la sourde colère qui montait dans certains quartiers et semblait prête à exploser[5], changeant la nature de ce qu'on avait auparavant qualifié en des termes fort vagues de « question immigrée ». Un rapport du Haut Conseil publié en 1998, *Lutter contre les discriminations : faire respecter le principe d'égalité*[6], avait alors clairement indiqué que les discriminations qui touchaient le monde des immigrés de différentes générations, et au-delà les Français ultramarins de couleur, étaient au cœur du problème. Il avait été suivi quelques mois plus tard d'un rapport au ministre de l'Emploi et de la Solidarité à la tonalité également alarmiste[7].

Un tournant dans l'appréhension des problèmes sociaux avait alors été pris[8]. Avant de revenir sur les revirements qui seront liés à l'élection de Nicolas Sarkozy à la présidence de la République en 2007, il faut d'abord souligner l'élan qui avait alors été donné aux enquêtes de terrain et à la production statistique sur les discriminations. Les recherches sur les discriminations liées à l'origine des personnes se multiplieront en effet à partir de cette période, en

5. Le rapport officiel de Jean-Marie Delarue, conseiller d'État, *Les Banlieues en difficulté : la relégation*, Paris, La Documentation française, 1991, avait été l'un des premiers à sonner le tocsin.
6. Haut Conseil à l'intégration, *Lutter contre les discriminations : faire respecter le principe d'égalité*, Paris, La Documentation française, 1998.
7. Rapport (6 avril 1999) du conseiller d'État Jean-Michel Belorgey, *Lutter contre les discriminations : stratégies institutionnelles et normatives*, Paris, Maison des sciences de l'homme, 2001.
8. Pour une vue synthétique, voir Didier Fassin, « L'invention française de la discrimination », *Revue française de science politique*, vol. 52, n° 4, 2002, p. 403-423.

plus des travaux déjà entrepris sur celles dont les femmes étaient victimes, l'INSEE et l'INED mobilisant à cet effet des moyens de grande ampleur. La création en 2004 de la Haute Autorité de lutte contre les discriminations et pour l'égalité (HALDE), qui avait officialisé l'engagement public d'agir dans cette direction, avait aussi contribué à multiplier les tests et les enquêtes pour prendre la pleine mesure de tous ces problèmes. Elle avait en outre aussi été dotée de pouvoirs d'intervention directe, puisque les citoyens pouvaient s'adresser sans filtre à elle et qu'elle avait de son côté le droit de saisir le procureur de la République ; il était par ailleurs indiqué par la loi qu'elle pouvait s'appuyer sur les associations de lutte contre les discriminations pour remplir sa mission. Dès 2006, la HALDE avait même vu ses pouvoirs élargis, puisqu'elle avait alors été habilitée à mener des perquisitions et à proposer, en cas d'infractions constatées, des amendes de transaction pouvant aller jusqu'à 15 000 euros. Ayant vu son budget quadrupler au terme de ces cinq premières années d'existence, cette Haute Autorité avait alors joué un rôle majeur de sensibilisation du public aux discriminations par le biais d'un budget de communication fort conséquent[9]. On peut ainsi dire que la question des discriminations figurait au tournant du siècle en bonne place dans l'agenda des préoccupations des pouvoirs publics, au moment où leur perception s'affirmait également au cœur d'une question sociale en voie de redéfinition.

La mesure d'un phénomène

Il y a trois façons de mesurer les discriminations[10].

On peut les appréhender par des procédés économétriques, d'abord. Il s'agit là de partir du constat de certaines inégalités, et d'appliquer une grille d'analyse multifactorielle susceptible de les expliquer. On qualifiera alors de discrimination la composante restée inexpliquée de ces inégalités. C'est de cette façon qu'ont, par exemple, été appréhendées les différences constatées de salaires entre

9. Elle sera supprimée en 2011, ses attributions étant transférées à un Défenseur global des droits.

10. Pour une approche technique, voir l'introduction au numéro spécial « Inégalités et discriminations : questions de mesure » de la revue *Économie et statistique* (2013, n° 464-465-466). Voir aussi le chapitre « Discriminations », dans Bernard Gazier et Héloïse Petit, *Économie du travail et de l'emploi*, Paris, La Découverte, 2019, p. 257-286.

les hommes et les femmes, permettant d'obtenir des résultats assez probants[11].

On peut en second lieu appréhender les discriminations de façon expérimentale, en mettant sur pied des *tests de situation* (d'où la dénomination courante de *testings*). C'est la méthode relativement la plus fiable car elle permet de fixer *ex ante* les variables explicatives que l'on veut mesurer. Pour tester le caractère discriminatoire selon la couleur de peau ou l'apparence physique de l'entrée dans une boîte de nuit, on construira, par exemple, un échantillon de cent personnes incluant ces divers caractères qui essaieront de se faire admettre dans les lieux. Cette méthode de *testing* a aussi été très utilisée pour mesurer la discrimination dans l'obtention de rendez-vous d'embauche. Elle a un coût élevé, car il faut dans ce cas élaborer des milliers de CV fictifs, envoyés en réponse à des centaines d'offres d'emploi pour que les résultats puissent être considérés comme probants.

Une troisième approche consiste tout simplement à mesurer la discrimination ressentie en interrogeant directement des personnes sur la base d'échantillons de grande taille. Malgré les limites inhérentes à ces trois approches, elles ont permis d'obtenir des données fiables, la convergence des résultats de plusieurs *testings* portant sur un même objet en étant un des plus sûrs indicateurs. On peut donner deux exemples de ces résultats portant sur les discriminations à l'embauche pour illustrer l'ampleur du phénomène. Le premier test a eu pour but de mesurer l'effet de genre et l'effet d'origine, et le second d'appréhender le facteur religieux.

La première recherche d'ampleur sur les effets de genre et d'origine dans l'obtention d'un rendez-vous pour un emploi[12] a été publiée en 2013 par l'INSEE[13]. Le choix avait été fait de tester des offres de développeur informatique, au contenu technique *a priori* non lié à des savoir-faire relationnels, sur un marché du travail en

11. Voir sur ce point les travaux spécifiques exposés dans le numéro ci-dessus mentionné d'*Économie et statistique*, avec la discussion de tous les problèmes techniques posés par cette méthode autant que par les deux autres mentionnées ci-après.

12. L'étape suivante d'un recrutement ne peut être testée car il faudrait pour cela des centaines de « figurants » qui soient des sosies ! Le terrain choisi était celui des jeunes en Île-de-France.

13. Recherche menée par Pascale Petit, Emmanuel Duguet, Yannick L'Horty, Loïc du Parquet et Florent Sari. Résultats publiés dans « Discrimination à l'embauche : les effets du genre et de l'origine se cumulent-ils systématiquement ? », *Économie et statistique*, 2013, n° 464-465-466, p. 141-153. Sur les discriminations dans l'accès à l'emploi public, voir le rapport de Yannick L'Horty du 12 juillet 2020, rédigé à la demande du gouvernement.

forte tension. Pour que les réponses à ces offres donnent une indication sur les effets de discrimination recherchés, seuls les noms et les prénoms des supposés candidats différaient. Tous les autres éléments constituant le CV étaient identiques : personnes titulaires d'un master spécialisé d'une université parisienne, expériences professionnelles de deux ans dans le domaine, lieux d'habitation identiques (les 13e et 14e arrondissements de Paris). Sur cette base, 2 424 candidatures fictives à 303 offres d'emploi avaient été expédiées, se répartissant entre huit types de demandeurs d'emploi, hommes et femmes à égalité, ayant des patronymes et des prénoms suggérant clairement des origines françaises, maghrébines, sénégalaises et asiatiques : Anthony Bertrand, Sophie Marceau, Abdallah Zalegh, Jamila Kaïdi (origine marocaine indiquée), Amadou Diallo et Fatou Diouf (l'origine sénégalaise était spécifiée), Tien Hiep Pham et Minh Trang Tran (origine vietnamienne mentionnée). Les retours sur ces envois, mesurés en termes de taux de convocation à un entretien d'embauche avaient été les suivants :

« Anthony Bertrand » (28 %) – « Sophie Marceau » (23 %)
« Abdallah Zalegh » (21 %) – « Jamila Kaïdi » (14 %)
« Amadou Diallo » (14 %) – « Fatou Diouf » (8 %)
« Tien Hiep Pham » (12 %) – « Minh Trang Tran » (20 %).

La discrimination à l'encontre des femmes apparaissait clairement dans ces résultats à l'exception notable de la candidate vietnamienne[14] : à CV strictement identique à celui des hommes, elles avaient reçu en moyenne 30 % de propositions d'entretien d'embauche de moins que les hommes auxquels elles étaient « appariées ». Quant à la discrimination portant sur l'origine supposée (distincte de la nationalité), elle était écrasante, « Amadou Diallo » recevant deux fois moins de propositions qu'« Anthony Bertrand », et « Abdallah Zalegh » 25 % de moins que ce dernier. Au cumul des deux discriminations, « Anthony Bertrand » se voyait proposer presque quatre fois plus souvent un entretien que « Fatou Diouf ».

Un autre exemple est celui d'un *testing* sur les discriminations à l'embauche en fonction des appartenances religieuses et non pas de

14. Les auteurs de l'enquête ont montré que, dans ce cas, il n'y avait pas d'effet de cumul entre la discrimination de sexe et d'origine, mais que le handicap de l'origine vietnamienne avait au contraire été compensé par le fait d'être une femme.

l'origine[15]. D'une ampleur sans précédent avec l'envoi de 6 231 CV fictifs pour postuler à quatre types d'emplois de comptabilité dans des entreprises de tailles différentes, situées dans plusieurs départements, 30 types de candidatures avaient été testées. Répondant au même patronyme de Haddad (courant au Liban), tous nés à Beyrouth en 1988, les candidats, supposés être venus faire leurs études en France et avoir acquis à 25 ans la nationalité française, portaient les prénoms de Michel et Nathalie, Mohammed et Samira, ainsi que Dov et Esther. Le caractère chrétien des premiers, musulman des deuxièmes et juif des troisièmes était suggéré, outre les prénoms, par la mention de leur langue maternelle, du collège confessionnel dans lequel ils avaient obtenu leur brevet, ainsi que par des indications indirectes que l'on pouvait déduire de la participation à des activités extrascolaires de jeunesse[16]. Ils étaient tous dotés d'un BTS de comptabilité, et leur CV indiquait un même type d'enchaînement de CDD dans le domaine concerné et leurs résidences respectives étaient toutes dans le chef-lieu du département. Pour se voir proposer un entretien d'embauche, Michel devait envoyer 5 CV, Nathalie 4, Dov 7, Esther 5, Samira 6 et Mohammed 20. Hommes et femmes confondus, les « musulmans » devaient ainsi envoyer deux fois plus de CV que les « chrétiens » pour être convoqués, l'écart étant de 1 à 4 pour les hommes. C'était clairement indiquer le taux de défiance vis-à-vis de la religion musulmane chez les employeurs français.

Plus simple à appréhender, l'évaluation du rôle de l'aspect physique sur les contrôles d'identité a également donné des résultats probants pour mesurer l'ampleur des pratiques discriminatoires[17] se rapportant de fait à l'origine. Des études de grande envergure ont de leur côté encore souligné l'importance de ce facteur en matière d'accès au logement[18]. Les discriminations liées à l'origine ont ainsi

---

15. Test mis en place en 2013-2014 sous la direction de Marie-Anne Valfort. Résultats publiés dans *Discriminations religieuses à l'embauche : une réalité*, Paris, Institut Montaigne, 2015 (URL : https://www.institutmontaigne.org/publications/discriminations-religieuses-lembauche-une-realite).
La méthodologie est exposée avec un grand luxe de détails dans la publication.
16. Encadrement de jeunes dans le cadre de mouvements scouts confessionnels au premier chef.
17. Les nombreux travaux de Fabien Jobard sur le sujet font référence. Voir notamment *Enquête sur l'accès aux droits*, vol. 1 : *Relations police/population : le cas des contrôles d'identité*, Paris, Défenseur des droits, 2017.
18. Voir Julie Le Gallo, Yannick L'Horty, Loïc du Parquet, Pascale Petit, *Les Discriminations dans l'accès au logement en France : un testing de couverture nationale*, Paris, Défenseur des droits, 2018.

été celles qui ont été le mieux étudiées, avec celles qui tiennent au sexe. Il y a des explications matérielles à cela : les principaux financeurs des recherches sur le sujet, les entreprises et les pouvoirs publics, ont surtout été préoccupés par les discriminations qui apparaissaient les plus massives en matière d'emploi ou de rapport aux services publics[19], ou les plus sensibles médiatiquement (les interventions policières). Types de discriminations qui étaient par ailleurs susceptibles d'être réduites par des procédures appropriées, comme le CV anonyme en matière d'emploi, des règles de parité, ou encore l'encadrement plus rigoureux de certaines pratiques administratives en matière de contrôle d'identité par exemple. Les discriminations tenant à l'origine concernent aussi de fait un pourcentage élevé de personnes vivant sur le territoire : les personnes nées à l'étranger représentent 9,7 % de la population française (la moitié d'entre elles étant nées hors d'Europe), ceux dont au moins un parent est immigré sont 14,3 %. Si l'on ajoute ceux dont les deux parents sont français tout en étant assignés à une origine étrangère (par la couleur de peau par exemple), pour ne rien dire des sans-papiers, on atteint probablement près du quart de la population vivant sur le territoire[20].

Ce caractère massif ne doit cependant pas masquer le fait que le champ des discriminations est beaucoup plus large. En témoigne indirectement le nombre de variables : autrement dit, de critères et de situations retenus par le législateur. Et, de façon plus immédiate, le type des signalements sur le sujet reçus en 2020 par le Défenseur des droits[21]. Outre les discriminations de sexe et d'origine, ce sont ainsi celles qui se rapportent aux situations de handicap qui viennent en tête. Mais sont aussi fréquemment évoquées celles qui sont liées à l'état de santé des personnes, à leur âge, à leur apparence physique, à leur orientation sexuelle, à leur identité de genre, ou encore à leur vulnérabilité économique comme à leurs convictions

---

19. Voir la grande enquête pionnière menée par l'INED et publiée dans *Trajectoires et Origines : enquête sur la diversité des populations en France*, Paris, INED, 2016. Cette enquête d'une ampleur exceptionnelle (conduite auprès de 22 000 personnes) a notamment eu pour intérêt de comparer les discriminations observées aux discriminations ressenties. Résultats corroborés et complétés depuis par les études et recherches du Défenseur des droits.
20. Voir le rapport du Défenseur des droits, *Discriminations et origines. L'urgence d'agir*, Paris, 2020. L'état des lieux actuellement le plus complet sur le sujet : https://www.defenseurdesdroits.fr/fr/rapports/2020/06/discriminations-et-origines-lurgence-dagir.
21. Défenseur des droits, *Rapport annuel d'activité*, 2020, p. 18.

religieuses ou à leurs activités syndicales. Les discriminations caractérisent de cette façon des types de situations qui touchent de multiples sortes d'individus. Dans le cadre de l'activité professionnelle, pour prendre un exemple essentiel, 23 % des personnes actives ont ainsi déclaré en 2020 avoir subi l'épreuve d'une discrimination ou d'un harcèlement discriminatoire (en lien avec l'apparence physique pour 40 %, le sexe pour 40 % et l'état de santé pour 30 %)[22].

Si les discriminations sont évidemment d'abord ressenties par ceux qui en sont les victimes, elles sont cependant aussi considérées comme un fait social majeur dans l'ensemble de la société. C'est une donnée qui était déjà bien mise en avant dans une ancienne enquête menée par l'INED avec la collaboration de l'INSEE à la fin des années 1990[23] : la perception des discriminations[24] était ainsi en moyenne presque aussi forte dans l'ensemble de la population française que chez ceux dont les parents étaient d'origine algérienne (alors qu'elle était trois fois plus faible chez ceux dont les parents étaient espagnols ou portugais). Toutes les enquêtes récentes corroborent ces éléments, suggérant que les discriminations constituent bien une dimension désormais perçue comme centrale de la question sociale. 42 % des personnes actives déclarent, par exemple, avoir été les témoins de discriminations sur le lieu de travail[25], et 80 % des Français estiment qu'il y a dans leur pays des discriminations liées à la couleur de la peau[26]. Nous manquons d'éléments pour évaluer sur le long terme ces phénomènes qui ne sont pris en compte que depuis une trentaine d'années. Mais il est sûr que la *sensibilité* aux discriminations n'a cessé de se renforcer. Celle-ci est en effet directement indexée sur une attente d'égalité de plus en plus impérieuse.

---

22. *Baromètre sur la perception des discriminations dans l'emploi*, Défenseur des droits, 2020.
23. Enquête MGIS. Premiers résultats présentés dans Patrick Simon, « La discrimination : contexte institutionnel et perception par les immigrés », *Hommes et migrations*, n° 1211, janvier-février 1998, p. 49-67 (spécialement le tableau 3 de la page 66).
24. L'école, la justice, la police et les HLM étant perçus comme les institutions où la discrimination se marque le plus fortement. Les chercheurs estiment qu'il y a une sous-déclaration du sentiment de discrimination dans la « population immigrée » plus âgée.
25. Défenseur des droits, *Baromètre* 2020.
26. Pourcentage plus élevé que les 59 % de la moyenne dans l'Union européenne. Voir le dossier publié dans *Le Monde* du 23 avril 2021 : « Emploi, logement, éducation… la France malade de ses discriminations ».

Les discriminations comme pathologie de l'égalité

Le sentiment d'être discriminé n'existe pas dans les sociétés fondées sur une hiérarchie instituée des conditions. Le manant du Moyen Âge pouvait se lamenter sur son triste sort et se révolter sporadiquement, mais, d'une certaine façon, il avait intégré la position inférieure qui était la sienne. L'idée d'une société des égaux, telle que nous l'entendons politiquement et socialement, n'était même pas formulable dans son univers mental. On ne pouvait pas parler non plus de discrimination pour qualifier la relation entre le maître et l'esclave, puisque ce dernier n'était pas reconnu comme un être humain à part entière. C'était, et c'est encore en bonne part, la même chose pour le *dalit* indien que le système des castes a placé à vie en bas de l'échelle et de la considération sociales. Plus près de nous, l'immigré algérien venant en France dans les années 1960 ou 1970 restait soumis à la prégnance du contexte postcolonial, mais, pour une part, il avait consenti à la modestie de sa position de « travailleur importé » et était du même coup resté « à sa place », subordonnée[27].

Il en va tout différemment dans le monde d'aujourd'hui, régi par un imaginaire égalitaire. En témoigne avec éclat la beaucoup plus grande sensibilité aux discriminations de la « deuxième génération » des populations immigrées. Nonobstant le fait qu'il s'agit de personnes de nationalité française, le droit au respect et l'impératif d'égalité sont pour elles des évidences dont la contrariété les révolte. L'enquête MGIS de l'INED/INSEE que nous avons précédemment citée montre ainsi que, pour les jeunes d'origine algérienne et marocaine, la perception de la discrimination scolaire est presque deux fois plus forte que chez leurs aînés, et qu'elle est également manifeste en matière de logement et de rapport à la police[28]. L'histoire des discriminations est en ce sens l'ombre portée des attentes d'égalité.

Au-delà de la perspective première d'une égalité des droits civils et politiques, nous avons déjà souligné comment cet imaginaire avait été radicalisé par l'avènement d'un individualisme de singularité, ce dernier ayant aiguisé le sens de l'injustice et le rejet

27. Voir sur ce point le récit très éclairant d'Omar Benlaala, *Tu n'habiteras jamais Paris*, Paris, Flammarion, 2018. Il faudra attendre le début des années 1970 pour que les travailleurs immigrés, des O.S. pour la plupart, prennent part à la vie syndicale et participent massivement à des grèves.
28. Voir l'article cité de Patrick Simon, p. 64, tableau 2.

viscéral de toute forme de mépris. Mais c'est aussi plus globalement la vision du rapport entre soi et les autres qui s'est progressivement redessinée. L'aspiration à la singularité ne peut en effet prendre forme que dans la relation à autrui. Trouver le sens de son existence dans la différence par rapport aux autres implique de vivre avec eux, de ne pas être exclu du cercle commun. La notion de singularité ne saurait pour cela se confondre avec celle d'identité, car elle n'existe que relativement à une relation. L'égalité des singularités, loin de reposer sur le projet d'une « mêmeté », implique au contraire que chaque individu se manifeste par ce qui lui est propre. Le fait de la diversité est dans ce cas l'étalon de l'égalité. Celle-ci signifie que chacun peut trouver sa voie et devenir le maître de son histoire, que chacun est pareillement unique, en pouvant être fier de ses différences.

Cette forme d'égalité définit un type de société dont le mode de composition n'est ni celui de l'universalisme abstrait ni celui du communautarisme identitaire, mais celui d'une construction et d'une reconnaissance généralisée des particularités. Ce basculement a des implications considérables. Il indique que c'est à partir de ce qu'ils ont en eux de spécifique que les individus veulent dorénavant faire société. La valorisation de la singularité a donc une dimension immédiatement sociale. Elle ne marque pas une tendance à la distanciation de l'individu vis-à-vis de la société (au sens d'un individualisme de repli), mais fonde plutôt l'attente d'une réciprocité, d'une reconnaissance mutuelle. Cela conduit à l'entrée dans un âge pleinement démocratique du social, correspondant au constat que celui-ci n'est définitivement plus fondé en nature et qu'il repose uniquement sur une philosophie partagée du vivre-ensemble liée à un approfondissement de la notion d'égalité. Correspondant également au fait que la démocratie comme régime n'est plus dissociée de la démocratie comme forme de société.

Si l'affirmation des singularités est liée à l'attente d'une reconnaissance par autrui, le défaut de reconnaissance est générateur du sentiment d'être rejeté autant qu'il mine la possibilité même d'une communauté politique. La discrimination en est une des plus évidentes expressions. La cause du traitement inégal, ce qui le rend illégitime, tient à l'assimilation négative d'une personne à l'un des caractères qui la constituent. Le sujet de la discrimination est l'« individu catégorisé », et du même coup rétréci à un stéréotype : la femme, la personne de couleur, la lesbienne… La discrimination peut être définie de cette façon comme un déni croisé de similarité (ou de généralité) et de singularité ; elle mêle les deux dimensions. C'est ce qui lui donne sa centralité comme forme de négation de l'égalité dans le monde contemporain. Elle est d'abord une pathologie de la singularité en assignant un individu à une « classe de singularité », en outre souvent jugée dépréciative, diminutive. Celui-ci est, par exemple, réduit à son origine ethnique ou à son orientation sexuelle, toutes ses autres caractéristiques personnelles étant gommées ou occultées. On ne le reconnaît donc pas dans sa personnalité authentique, avec toutes les dimensions qu'elle comporte et qui constituent l'unicité de sa personnalité. Il n'est donc pas considéré comme quelqu'un. Mais on lui refuse parallèlement la qualité d'individu quelconque, puisqu'il est socialement enfermé dans une catégorie. La personne discriminée est de cette façon doublement exclue de la société des semblables autant que de la société des singularités. Et doublement méprisée du même coup, au sens littéral du terme : elle n'est pas prise pour ce qu'elle est en tant que personne ayant une valeur intrinsèque, ni pour ce qu'elle peut apporter en tant que membre parmi d'autres de la collectivité. La prise de conscience du fait des discriminations s'est ainsi socialement imposée[29] lorsqu'il est apparu que les ressorts *effectifs* de l'organisation sociale et que les mœurs constituaient un obstacle à la réalisation de l'idéal égalitaire dans une société d'individus. C'est la relation entre les hommes et les femmes qui a été partout dans le monde, à partir des années 1960, au cœur de ce constat[30], marquant l'entrée dans l'âge de la nouvelle sensibilité aux discriminations. Un âge qui entend lier de façon inédite le singulier et l'universel dans l'appréhension de l'individu, le premier s'exprimant sur des multiples registres.

L'épreuve de la discrimination est d'autant plus douloureusement vécue que la promesse d'égalité est partout proclamée et s'impose avec toujours plus d'évidence à l'esprit de chacun. D'autant plus fortement ressentie aussi que c'est la personnalité même de l'individu, son être profond, dans toute sa complexité, qui est blessé, que la discrimination prenne la forme d'un « dévoilement

29. Cette prise de conscience était auparavant restreinte à des petits groupes, constitués des « pionniers » de l'individualisme de singularité (voir le chapitre II de cet essai).
30. Il faudrait aussi tenir compte sur ce point des différences, très marquées au XIXe siècle, entre le féminisme universaliste français et le féminisme anglo-saxon, plus « catégoriel ». Voir sur ce point mes développements dans *Le Sacre du citoyen. Histoire du suffrage universel en France*, Paris, Gallimard, 1992.

forcé » (cas de la révélation par autrui d'une orientation sexuelle), d'une non-reconnaissance professionnelle ou d'une assignation à une caricature diminutive de soi. Cette blessure est d'autant plus vive aussi que la discrimination, comme on l'a déjà suggéré, se lie dans bien des cas à une forme de stigmatisation[31]. On ne doit pas non plus s'étonner, en conséquence, du fait que les discriminations soient vécues avec le plus de violence, comme de « pures » injustices, par les membres les plus diplômés d'une minorité, alors que les discriminations se superposent à un ensemble d'autres inégalités sociales pour des personnes moins qualifiées[32].

L'expérience de l'injustice est associée à une circonstance particulière et à un objet bien identifiable. L'expérience du mépris est liée à une relation spécifique avec un individu, un groupe ou une institution. Ces deux types d'épreuves sont ainsi de différentes manières circonscrites. Alors que l'épreuve de la discrimination peut être, quant à elle, qualifiée d'*expérience totale* : c'est l'être profond qui est atteint, d'une manière structurelle.

Pour appréhender les choses par un autre biais, on peut dire qu'il y a un caractère universel dans le fait du mépris et de l'injustice : tout le monde peut se sentir méprisé ou subir une injustice, du haut en bas de l'échelle sociale. De même que tout le monde peut avoir eu le sentiment d'être exploité. Un ministre peut ainsi souffrir de se sentir méprisé par le président de la République et un cadre dirigeant trouver profondément injuste de ne pas avoir été choisi pour remplacer son patron. Alors que les expériences de la discrimination n'ont, elles, rien d'universel. Elles concernent à chaque fois des populations spécifiques. Une expérience totale concernant des groupes particuliers : c'est la caractéristique sociologique des faits de discrimination. Les discriminations contribuent de cette façon mécaniquement à façonner des appartenances là où se manifestent psychologiquement des difficultés vécues et perçues de prime abord à un niveau personnel[33]. Appartenances dans lesquelles les indivi-

31. Il importe cependant de bien distinguer les deux choses. Les femmes sont ainsi souvent discriminées sans être pour autant stigmatisées ou, à l'inverse, des personnes à forte corpulence peuvent être stigmatisées sans être forcément discriminées.
32. Le point est bien souligné dans François Dubet, Olivier Cousin, Éric Macé et Sandrine Rui, *Pourquoi moi ? L'expérience des discriminations*, Paris, Seuil, 2013, p. 169.
33. Voir le chapitre « Comment les discriminations façonnent les appartenances », dans Julien Talpin (dir.), *L'Épreuve de la discrimination. Enquête dans les quartiers populaires*, Paris, PUF, 2021, p. 89-139.

dus concernés peuvent d'ailleurs peiner à se reconnaître. *Le* Noir, *La* lesbienne ou *Le* Maghrébin sont ainsi pour une bonne part des constructions sociales, des identités imposées, à forte distance de l'idéal d'unicité du sujet moderne.

Il a longtemps été commun de recourir à la notion de « minorités » pour qualifier les sujets des discriminations. Ce qualificatif apparaît tout d'abord particulièrement inapproprié si l'on entend parler de la situation faite aux femmes ! Aborder la question dans les seuls termes de l'identité – ce qu'implique la notion de minorité – fige la question et en réduit la compréhension. Les discriminations peuvent même alors finir par qualifier un type de condition sociale en général (la « condition immigrée », la « condition noire ») là où n'existent souvent de fait que des communautés problématiques, tant est grande la diversité de ceux qui sont censés les constituer. C'est ce qu'a montré, sur un mode humoristique, le film *Tout simplement noir*. Le héros de ce film, qui veut organiser une marche d'hommes noirs pour protester contre leur sous-représentation dans les médias et la société, se trouve vite confronté à l'éclatement des attentes des personnes contactées, attentes tenant tant à la variété des origines – africaines, métisses ou caribéennes – qu'à la diversité des expériences et des visions politiques[34].

Il est plus pertinent pour cela de parler, de façon dynamique, de communautés d'épreuves en matière de discriminations ; communautés de fait, non structurées, uniquement dessinées par les résistances et les combats qu'elles orchestrent sans chef. Communautés paradoxales, en ce sens qu'elles se trouvent dans la nécessité de se présenter sous les espèces du stéréotype réducteur auquel on les assigne pour le combattre. L'histoire des actions féministes est à cet égard particulièrement significative. Pour faire advenir la femme-individu, c'est en effet la femme-catégorie qui a d'abord dû s'affirmer dans l'arène publique. Ces communautés d'épreuves peuvent être silencieuses ou manifestes. Leur propre est de créer un lien de solidarité, aussi symbolique que pratique. Ces communautés sont continues dans leur objet général et périodiquement recomposées et ressuscitées par des mobilisations spécifiques de

34. Film de Jean-Pascal Zadi et John Wax sorti en 2020. Dans un registre académique, voir l'article suggestif de Pap Ndiaye sur les variations de couleur de peau, « Questions de couleur. Histoire idéologique et pratiques du colorisme », dans Didier Fassin et Éric Fassin, *De la question sociale à la question raciale ?*, Paris, La Découverte, 2006, p. 37-54.

toute nature (des projets de loi à faire adopter, des comportements à dénoncer…). Elles ne définissent pas tant un mouvement, avec tout ce que ce terme implique en termes d'organisation, de structure, de stratégie, qu'une forme de vigilance, d'attention permanente, liée aujourd'hui à des interventions périodiques spectaculaires correspondant à l'âge des réseaux sociaux et des coups d'éclat médiatiques (à l'image des mobilisations autour de la vague *#MeToo*). Elles ne correspondent plus de la sorte à la nature de ce qu'on appelait dans les années 1970 les « nouveaux mouvements sociaux ». Ces communautés d'épreuve, avec leur spécificité, sont en même temps bien au cœur des débats et des conflits les plus importants du monde actuel, car c'est le sens et les formes de l'impératif d'égalité qu'elles interrogent avec les attentes de dignité, de respect et de reconnaissance qui lui sont associées.

Le propre de la dynamique égalitaire est de se construire dans les épreuves auxquelles les individus sont confrontés. Les progrès de l'égalité, et du désir d'égalité simultanément, se traduisent ainsi par une sensibilité toujours plus vive aux injustices et au mépris. Ils se lient aussi à un élargissement permanent du champ des discriminations et de la perception de leur gravité, comme en témoignent de façon éloquente l'évolution du droit et les réactions de la société. On pourrait parler de cette façon d'une dissémination et d'une démultiplication de l'appréhension des discriminations dans le corps social. Avec l'extension du vocabulaire qui en découle. Certains commencent ainsi à parler d'*âgisme* pour qualifier la discrimination envers les personnes âgées, de *grossophobie*, ou encore de *validisme* pour dénoncer les discriminations dont sont victimes les handicapés. Avec également les radicalisations qui peuvent en découler, les « batailles de la reconnaissance » que cela peut entraîner et les spécialisations universitaires qui en dérivent[35].

35. Voir le rôle des *gay and lesbian studies* dans les années 1990, celui des *black studies* plus tôt, et maintenant l'essor des *disability studies*. Sur l'émergence et le développement de ces dernières à titre d'exemple, voir Gary L. Albrecht, Jean-François Ravaud et Henri-Jacques Sticker, « L'émergence des *disability studies* : état des lieux et perspectives », *Sciences sociales et santé*, vol. 19, n° 4, 2001, p. 43-73.

Troubles dans les discriminations

Les deux types de discriminations qui avaient historiquement le plus retenu l'attention étaient les discriminations en termes de sexe et celles tenant à l'origine des personnes. La discrimination de sexe est celle qui s'était le plus évidemment et le plus précocement imposée à l'attention du fait de son caractère universel. Les luttes féministes (et de quelques hommes) pour l'abolir ont maintenant plus deux siècles et elles sont pourtant loin d'avoir atteint leur objectif tant subsistent de sourdes résistances dans les mœurs et de solides préjugés dans bien des têtes masculines, quand ce ne sont pas tout simplement des oppositions d'intérêt et des volontés de domination qui sont en jeu. Un sondage de 2021 montre ainsi que seules 29 % des Françaises considèrent que l'égalité entre les femmes et les hommes a atteint un niveau satisfaisant au niveau professionnel, ce pourcentage s'élevant à 44 % dans l'espace public et à 59 % dans l'espace familial[36]. C'est dire le chemin qui reste à parcourir. Mais, du moins, le cadre est-il fixé et la cause officiellement reconnue comme centrale. On peut ainsi défendre l'idée d'un progrès dans ce domaine, même s'il est légitime de le trouver encore trop lent et trop limité. Ce n'est pas le cas pour ce qui concerne les discriminations tenant à l'origine : si la loi reste inflexible à ce sujet, l'attention d'une partie du public s'est clairement renversée en la matière.

De l'objectif d'intégration à la hantise du séparatisme

L'attention des pouvoirs publics aux discriminations était dans les années 1980 au cœur des réflexions sur la construction démocratique. La mise sur pied en 1989 du Haut Conseil à l'intégration, on l'a vu, avait illustré cette préoccupation. L'évolution ultérieure de l'institution est pour cela un bon indicateur du changement d'approche sur la question. Le Haut Conseil s'était rapidement doté de départements plus spécialisés. Outre l'organisation d'un Observatoire statistique, une « mission laïcité » avait ainsi été mise sur pied (le Haut Conseil, rappelons-le, avait été créé quelques mois après

36. Sondage Kantar pour la Fondation des femmes, publié dans le *Journal du dimanche* du 28 février 2021. Chiffres en baisse par rapport au même sondage effectué en 2019 et 2020, la crise de la Covid-19 ayant entraîné certaines aggravations de la condition des femmes sondées (en matière de violences conjugales et de précarité dans le travail notamment).

« l'affaire du foulard » de Creil). Le problème a été que cette mission a progressivement mobilisé tous les moyens et les réflexions, réduisant ainsi de fait la question de l'intégration à celle de la laïcité. Les conséquences en seront tirées lorsque l'organisme sera tout simplement remplacé en 2012 par un Observatoire de la laïcité. Ce dernier avait bien traduit un changement des priorités et un changement de regard sur la question des « quartiers difficiles », dorénavant essentiellement considérés par beaucoup comme des « territoires perdus » de la République, caractérisés par une volonté de séparatisme[37].

L'attention portée à la question religieuse, et donc entre autres à l'islam, est légitime car le retour de la religion est un fait social de première importance dans le monde contemporain, avec toutes les conséquences qui peuvent en découler. Mais on ne voit pas pourquoi cela conduirait à ne plus mettre au cœur de l'agenda politique la lutte contre les discriminations tenant à l'origine des personnes, dont on a rappelé l'ampleur, sans que l'on ait besoin d'établir une corrélation entre les deux types de phénomènes pour justifier cette lutte. Même si l'on peut noter que, historiquement, il y a souvent eu des « moments » ou des « tentations » séparatistes dans les mouvements d'émancipation. Cela avait été le cas dans le monde ouvrier du XIXe siècle. Dépité de voir que les élites républicaines ne faisaient pas de place au monde du travail dans la détermination des candidatures électorales d'opposition sous le Second Empire, Proudhon avait ainsi lancé un appel à la séparation sociale dans son livre-testament *De la capacité politique des classes ouvrières* (1865). « Faites vos affaires, bourgeois ; rentrons dans nos tentes, Israël », avait-il lancé aux ouvriers[38]. Après 1968, le thème avait été souvent discuté dans le mouvement féministe. Martine Storti, une des fondatrices du MLF, auteure d'un récent *Pour un féminisme universel*[39], a ainsi noté que « sur le chemin de l'émancipation, un entre-soi, qu'il soit lesbien ou noir [...] est nécessaire. À condition qu'il soit provisoire. C'est ce que nous avons toujours fait, avec un MLF non mixte, on nous l'a assez

37. D'où les reproches qui seront adressés à Jean-Louis Bianco, son président, d'avoir continué à faire le lien entre intégration et discrimination.
38. Sur ce thème de la séparation ouvrière au XIXe siècle, voir mes développements dans *Le Peuple introuvable. Histoire de la représentation démocratique en France*, Paris, Gallimard, 1998, p. 74-77.
39. Martine Storti, *Pour un féminisme universel*, Paris, Seuil/La République des idées, 2020.

reproché ![40] ». Les mêmes tensions/tentations sont apparues plus récemment dans des milieux qualifiés d'« indigénistes », entraînant systématiquement la mise en scène et la dénonciation simultanée d'une menace séparatiste.

Concurrences et conflits

Les discriminations sont multiples et les discriminés, pris en bloc, peuvent d'autant moins être considérées comme formant une classe que le sentiment d'être discriminé tend à se diffuser dans un monde en quête d'égalité. Ils constitueraient probablement la plus large des majorités invisibles ! D'où la perspective de certains de resserrer la focale et de distinguer un noyau central, bien identifié, lui, du phénomène. C'est ce qu'ont cherché à faire les chercheurs et les militants qui ont mis en avant la notion d'*intersectionnalité* pour caractériser un carrefour central de la domination et de la discrimination. Forgée au tout début des années 1990[41], elle avait alors été utilisée, de façon essentiellement descriptive, pour souligner que nombre de femmes noires étaient à la fois discriminées au travail en fonction de leur couleur de peau et en même temps fréquemment victimes de violences sexuelles, notamment dans le cadre conjugal, additionnant ainsi en les radicalisant les effets des dominations de sexe, de race et de classe. Quand la catégorie a ensuite été reprise, elle a plus largement désigné la superposition de plusieurs figures de la discrimination, celles-ci pouvant être de race, de sexe, de genre, d'âge, de handicap, etc. (et s'ajouter à la « traditionnelle » domination de classe)[42].

Cette notion d'intersectionnalité a simultanément été présentée comme porteuse d'un « programme sociologique » et d'un « programme politique »[43]. Le programme sociologique est de théoriser la manière dont se lient objectivement différentes figures de la discrimination et les populations concernées pour constituer la spécificité des

40. *Libération*, 8 décembre 2020.
41. L'article fondateur est celui de Kimberlé W. Crenshaw, « Cartographies des marges : intersectionnalité, politique de l'identité et violences contre les femmes de couleur », *Cahiers du Genre*, vol. 39, n° 2, 2005, p. 51-82 (article publié en anglais, aux États-Unis, en 1991).
42. Pour une introduction à la question en langue française, voir les dossiers et numéros spéciaux de trois revues : « Les langages de l'intersectionnalité » (*Raisons politiques*, n° 58, 2015/2) ; « Classes et intersectionnalité » (*Mouvements*, n° 100, hiver 2019) ; « À l'intersection des dominations » (*20 & 21. Revue d'histoire*, n° 146, avril-juin 2020).
43. Voir l'introduction d'Éric Fassin au numéro spécial cité de *Raisons politiques*.

sociétés contemporaines. La présupposition étant qu'apparaissent, sur cette base, de nouveaux acteurs dont la position est définie par le fait qu'ils se situent au point d'articulation entre des formes de domination et de discrimination parmi les plus manifestes (ce sont les distinctions de race, de sexe et de classe qui ont, dans les faits, été retenues dans cette perspective)[44]. La classe malheureuse ne serait donc plus dans ce cas la classe ouvrière (blanche), jugée complice de l'exploitation des pays du Sud[45] et participante du passé colonial, mais celle constituée par des minorités invisibilisées dans nos pays, comme les femmes noires, de manière emblématique. Il y a ainsi eu, de cette manière, le projet de trouver un équivalent contemporain à ce qui avait représenté la notion intégratrice de classe dans l'univers organisé par l'antagonisme entre le capital et le travail. Le programme politique étant simultanément d'appeler à la formation et à l'action de mouvements d'émancipation jugés correspondre à cette analyse sociologique, avec par exemple la valorisation de groupes afro-féministes[46].

De façon strictement inverse, d'autres auteurs ont estimé depuis une dizaine d'années que ce type d'approche ne pouvait nourrir que des projets très minoritaires et que l'accent mis sur les discriminations tendait dangereusement à négliger la question sociale. Ou, pour le dire en d'autres termes fréquemment utilisés, que l'accent mis sur les luttes « culturelles » ou « sociétales » tendait à minimiser ou même à passer sous silence la réalité toujours bien vivante de la lutte des classes. C'est le point de vue, que l'on pourrait dire marxiste orthodoxe, qu'avait défendu en pionnier aux États-Unis un Walter Benn Michaëls dans *La Diversité contre l'égalité*[47], un essai aux accents accusateurs qui avait connu un fort retentissement. De façon plus raisonnée, Nancy Fraser avait elle aussi invité à ne pas

44. Voir, par exemple, Elsa Dorlin (dir.), *Sexe, race, classe. Une épistémologie de la domination*, Paris, PUF, 2009.
45. Un jugement qui avait déjà été formulé avec force par Lénine dans *L'Impérialisme, stade suprême du capitalisme* (1916) et plus récemment par les économistes tiers-mondistes des années 1960 et 1970 qui avaient invité en conséquence à considérer que ce n'était plus la lutte des classes (dans les pays du Nord), mais l'affrontement entre des pays du Nord et ceux du Sud qui était devenu la question essentielle.
46. On notera ici que Kimberlé W. Crenshaw, qui avait « inventé » le terme d'intersectionnalité, s'était vivement opposée à ceux qui entendaient en déduire une politique de l'identité.
47. Le livre a été publié en 2009, à Paris, aux Éditions Raisons d'Agir (trad. fr. par Frédéric Junqua). Voir la critique significative de Jérôme Vidal, « Bourdieu revient : ils sont devenus fous ! La gauche et les luttes minoritaires », dans *Penser à gauche. Figures de la pensée critique aujourd'hui*, Paris, Éditions Amsterdam, 2011, p. 435-447.

reléguer au second plan la question sociale[48], comme plus récemment Stéphane Beaud et Gérard Noiriel. « On ne peut rien comprendre au monde dans lequel nous vivons, ont ainsi estimé ces derniers, si l'on oublie que la classe sociale d'appartenance reste, quoi qu'on en dise, le facteur déterminant autour duquel s'arriment les autres dimensions de l'identité des personnes[49]. » Avec les conséquences que cela implique pour penser les coalitions politiques et le changement.

Une critique que l'on qualifie généralement de « républicaine[50] » a, elle, surtout vu dans l'éloge de l'intersectionnalité la menace d'une appréhension communautariste de la société conduisant au développement d'une culture politique favorisant les séparatismes et tendant du même coup à une balkanisation du pays. Critique sociologique et critique politique se superposent donc dans ce cas comme dans le précédent pour condamner l'approche intersectionnaliste. Les deux types de critique se recoupent à certains égards et ont donc permis des rapprochements intellectuels alors même que leurs auteurs pouvaient avoir des sensibilités politiques opposées. Elles se sont aussi inscrites dans un contexte polémique qui a conduit à une schématisation dommageable des interrogations nécessaires sur la reconceptualisation de la question de l'émancipation.

Ces différentes approches de la discrimination et de la domination, avec les conflits et les concurrences qu'elles entraînent, ont en commun de traiter des populations de manière idéalisée et stéréotypée à un point où elles en deviennent presque fantomatiques. Dans le débat sur les discriminations ressurgissent ainsi de façon inopinée *la* classe, *le* peuple-un républicain, *le* groupe-élu ou *le* groupe-victime. Le vécu des situations de discrimination devient du même coup abstractisé et les formes sensibles de partage d'une épreuve sont en conséquence reléguées au second plan, cédant la place à un langage idéologique. Avec tout ce que cela implique de rétrécissement du monde social, là où la référence à des expériences vécues s'inscrit au contraire dans une dynamique paradoxalement

48. Voir, par exemple, ses débats avec Judith Butler, Iris Marion Young et Anne Phillips rassemblés dans Nancy Fraser, Kevin Olson, *Adding Insult to Injury : Nancy Fraser Debates Her Critics*, Londres, Verso, 2008.
49. Stéphane Beaud et Gérard Noiriel, *Race et sciences sociales. Essai sur les usages publics d'une catégorie*, Marseille, Agone, 2021.
50. L'expression étant mise ici entre guillemets tant on peut estimer qu'il s'agit d'une appropriation très restrictive du terme.

universalisante[51]. La mise en avant de la notion d'épreuve permet de sortir de cette impasse en redonnant une densité pratique aux problèmes.

À côté de cette compétition globale des légitimités entre le « social » et le « sociétal », comme entre le « cœur intersectionnel » et les autres types de populations discriminées, se sont dessinées des concurrences de fait pour la reconnaissance sociale et le soutien des actions publiques, les différents groupes concernés n'ayant pas les mêmes moyens de peser dans le débat ou d'influencer le législateur. Il est ainsi indéniable que la cause des femmes ou celle des homosexuels ont bénéficié de soutiens plus efficaces que des groupes définis par le pays d'origine de leurs membres. Il y a trois types de facteurs qui permettent de le comprendre. Le facteur d'universalité d'abord. L'homosexualité concerne, par exemple, tous les milieux sociaux et est présente sur tous les territoires. Le facteur de visibilité ensuite : les femmes sont numériquement les plus évidemment visibles, mais des groupes plus restreints peuvent l'être aussi du fait de leur couleur de peau ou du caractère indiscutable de leur situation (les handicapés[52]). Le facteur de légitimité morale en troisième lieu : il valorise les personnes qui suscitent le plus spontanément la compassion (les plus dominées, les plus abandonnées ou les plus défavorisées). Le problème étant que ces trois facteurs se trouvent être hiérarchisés de façon très différente en fonction de la position et de l'histoire de chacun dans la société. Des chercheurs en sciences sociales ont ainsi mis depuis quelques années l'accent sur des formes de domination et de stigmatisation cumulatives et simultanément laissées dans l'ombre. C'est, par exemple, le cas de femmes prolétarisées exposées à des comportements racistes, ou encore de migrants ostracisés dans leur milieu pour leur homosexualité. D'autres porteront plus largement leur attention sur les « invisibles[53] », le développement de la pauvreté matérielle ou le sort des réfugiés. Il y a ainsi des sociologies et des psychologies de la compassion qui dessinent des cartes très différentes du regard que les différents groupes de la société portent sur elle. Les médias jouent

51. Voir sur ce point les témoignages suggestifs cités dans François Dubet, Olivier Cousin, Éric Macé et Sandrine Rui, *Pourquoi moi ? L'expérience des discriminations*, *op. cit.*
52. Reconnaissance « théorique » d'une situation cependant accompagnée d'une indéniable résistance « pratique » à en décliner les conditions de prise en charge.
53. Voir Pierre Rosanvallon, *Le Parlement des invisibles*, Paris, Seuil, 2014.

naturellement leur rôle pour donner des coups de projecteur sur des problèmes ou des populations spécifiques, ainsi que de multiples associations qui se font les porte-parole de détresses ou de situations de domination vécues par leurs membres.

D'où le sentiment de certains d'être les perdants de la considération publique, par exemple parce que la « banalité » de leur position sociale a remisé leurs difficultés au second rang[54]. Ceux qui se considèrent comme des laissés-pour-compte du marché de la reconnaissance peuvent être nombreux, tant sont subjectives les appréciations en la matière. D'où la formation d'agrégats concurrents de ressentiment qui opposent dans bien des cas des groupes ou des personnes se situant en bas de l'échelle sociale. Aux États-Unis, ce sont ainsi les petits Blancs qui dénoncent avec le plus de véhémence l'attention portée par les pouvoirs publics ou certains partis aux minorités, tandis qu'en France la rhétorique populiste est largement centrée sur ce même thème de l'abandon des classes populaires au profit de minorités dont l'immigré et le réfugié sont les figures repoussoir emblématiques. Ou c'est encore la « cause des pauvres » que l'on dit parfois s'être substituée à la « cause du peuple », l'attention ayant été polarisée sur les premiers aux détriments du second à partir des années 1980 pour certains observateurs[55].

Un impératif de reconnaissance

Forgée par Hegel et retravaillée par Axel Honneth et Charles Taylor, la notion de reconnaissance a pris une importance centrale dans la théorie politique contemporaine. Elle constitue en effet un point d'appui essentiel dans la recherche des éléments constituants d'une société des semblables. Alors que les travaux des économistes et des théoriciens de la justice ont pour objet de déterminer des normes de distribution et de redistribution concernant

54. Pour une appréhension comparative franco-américaine de la question, voir Michèle Lamont, *La Dignité des travailleurs. Exclusion, race, classe et immigration en France et aux États-Unis*, Paris, Les Presses de Sciences Po, 2002. Sur les États-Unis, où le sujet a été plus amplement documenté, voir J. D. Vance, *Hillbilly Élégie*, trad. fr. par Vincent Raynaud, Paris, Le Livre de Poche, 2018, et Arlie Russell Hochschild, *Strangers in their Own Land : Anger and Mourning on the American Right*, New York, New Press, 2016.
55. Voir Frédéric Viguier, *La Cause des pauvres en France*, Paris, Les Presses de Sciences Po, 2020.

des ressources, des droits et des capabilités, les philosophies de la reconnaissance appréhendent l'égalité comme une qualité du lien social. Or, c'est justement la détérioration du lien social qui est au cœur des épreuves du mépris, de l'injustice (telle que nous l'avons définie dans ce livre) et de la discrimination. La reconnaissance permet ainsi d'établir un lien entre ce qui construit positivement les individus et ce qui peut donner corps à une forme de société, la société des égaux. Réalisation de l'individu et émancipation collective pouvant ainsi être appréhendés et mis en œuvre de concert.

Pour surmonter l'épreuve du mépris, la reconnaissance d'autrui est un moyen de retrouver un sens de l'estime de soi. Elle honore les personnes en montrant la valeur qu'elles ont pour les autres. Au-delà du soutien apporté par des proches, c'est d'une reconnaissance sociale qu'il doit bien sûr être là essentiellement question. C'est une des fonctions de la sphère politique publique dans la construction démocratique : témoigner de diverses façons, symboliques et pratiques (juridiques, économiques, etc.), de l'importance de chacun pour la collectivité. La reconnaissance est là tout simplement constitutive d'une existence qui fait sens. Elle s'inscrit dans une « économie de l'estime[56] » aussi importante que l'économie des biens dans une perspective d'émancipation. De façon parallèle, l'épreuve de l'injustice peut être analysée comme un déni de reconnaissance des individus concrets, avec les situations spécifiques dans lesquelles ils sont immergés. Là aussi, c'est donc en termes de reconnaissance que l'on peut appréhender simultanément la question de la construction réflexive des personnes et celle du juste rapport entre l'individuel et le collectif (là où l'uniformité de la règle peut opprimer).

C'est peut-être à propos de l'épreuve des discriminations que la référence à un impératif de reconnaissance s'impose avec le plus d'évidence. Il est d'ailleurs utile de rappeler à ce propos que la Révolution française avait constitué une sorte de laboratoire de la question. Alors même que les révolutionnaires sont souvent décrits comme s'étant surtout intéressés à l'individu-citoyen abstrait et à la nation comme figure d'un « grand Tout » absorbant les multiples singularités, ils s'étaient cependant aussi préoccupés du sort de quelques figures spécifiques de l'oppression et de l'exclusion.

56. Voir Geoffrey Brennan et Philip Pettit, *The Economy of Esteem. An Essay on Civil and Political Society*, Oxford, Oxford University Press, 2004. Les auteurs cherchent dans ce livre à qualifier une sphère propre de la constitution de l'individualité.

Les plus avancés d'entre eux avaient ainsi consacré un ensemble de publications et de débats aux Juifs, aux Noirs et aux femmes en parlant à leur propos d'une nécessaire *émancipation* (le mot se trouve dans le titre de nombreuses brochures[57] concernant ces trois catégories), comme s'il s'agissait de trois groupes perçus comme spécifiquement discriminés. Seule la condition des Juifs fera certes finalement l'objet d'une législation émancipatrice spécifique les intégrant définitivement dans la citoyenneté française[58]. Mais l'utopie universaliste n'en restait pas moins pour eux indissociable d'un combat contre les mépris de caste, les injustices et ce que nous appelons aujourd'hui les discriminations. C'était le sens même de l'idéal de fraternité. Plus près de nous, c'est le terme de respect qui s'est souvent imposé pour conjurer le spectre de la discrimination. Ou encore l'appel à revendiquer une forme de fierté pour renverser le stigmate et opposer sa présence physique et sa force intérieure au rejet du monde des dominants. Après les années de résistance symbolisées par le nom et l'action de Martin Luther King, nombre de Noirs américains choisiront ainsi de mener le combat sous la bannière du *black power* ou du *black is beautiful*.

Les *gay pride*, c'est le vocable qui sera employé aux États-Unis à partir de 1970 pour qualifier les manifestations annuelles en faveur des droits des homosexuels, ensuite élargies aux LGBT, puis aux LGBTQ+. Elles furent répliquées partout dans le monde. Leur version française fut appelée à partir de 2011 la « marche des fiertés ». Cette dénomination a bien traduit l'avènement d'un nouvel âge de l'émancipation caractérisé par une demande de reconnaissance et la redéfinition du sens de l'égalité. La fierté est aussi un mode de *banalisation* des particularités. C'est une des façons de cesser d'en faire l'objet d'une discrimination, de reprendre le pouvoir sur soi. L'atmosphère sociale générale joue là un rôle considérable pour contribuer à cette banalisation. D'où le rôle des médias, de la littérature, du cinéma, de la prise de parole de certaines personnalités

57. Outre les trois volumes du recueil de textes sur les *Femmes dans la Révolution française* (cités dans le chap. I), voir les 8 volumes de *La Révolution française et l'émancipation des Juifs*, et les 12 volumes de *La Révolution française et l'abolition de l'esclavage* (l'ensemble chez EDHIS, 1968).
58. L'abolition de l'esclavage en 1794 sera en effet remise en cause par le Consulat, l'abolition définitive n'étant réalisée qu'en 1848.

reconnues. Reconnaissance et banalisation vont ainsi de pair pour combattre les discriminations.

Parallèlement à l'attente générale de reconnaissance, c'est aussi au principe d'égalité des chances que s'attache la dénonciation des discriminations dans le domaine spécifique de l'emploi. Il s'agit dans ce cas d'un argument de justification, que l'on peut indifféremment qualifier de libéral ou de républicain. Il est essentiellement de portée négative et critique, et ne tranche pas la question des moyens éventuels de « compensation » de ce qui serait appréhendé comme un handicap de départ dans la compétition de la vie (avec les instruments traditionnels de la « discrimination positive »). Il a au premier chef une dimension morale et psychologique de justification de la rage et de l'amertume de celui qui est soumis à l'épreuve de la discrimination. La portée de cet argument a une puissance symbolique d'autant plus forte qu'il est mis en avant par des personnes fortement diplômées, ou dotées d'un grand potentiel. D'où, en contrepartie, la tentation des pouvoirs publics de cantonner le traitement des discriminations à la mise en avant de cas d'exception, dans le recrutement des grandes écoles ou la nomination à des postes de premier plan, par exemple. D'où aussi la valorisation du monde sportif comme image en trompe-l'œil d'une société ayant aboli les discriminations. C'est confondre dans les deux cas la règle et l'exception, et plus encore suggérer que c'est l'idéal méritocratique qui dessine l'horizon d'une société de semblables.

Chapitre IV

LES ÉPREUVES DE L'INCERTITUDE

La condition humaine s'est caractérisée dès son origine par la précarité de la vie. C'est en cherchant à la réduire que les hommes et les femmes se sont pleinement humanisés. L'incertitude est en effet la plus terrible des formes de domination. Elle limite la possibilité pour l'individu de s'affirmer comme un être-pour-le-temps, d'avoir un destin propre et de construire une histoire avec d'autres. Pendant longtemps, seuls les puissants ont ainsi pu avoir une histoire et se projeter dans le futur. Cette incertitude s'est manifestée sous deux formes. Pour l'*individu*, c'est l'éventualité d'un accident, d'une maladie ou d'une perte d'emploi qui le priverait de ressources ; ou bien d'un sinistre, comme un incendie, une inondation, ou encore une défaillance bancaire, qui ruinerait son patrimoine. Mais l'incertitude peut aussi avoir une dimension plus directement collective. Les guerres, les famines et les épidémies menacent ainsi chaque individu en tant que membre d'une collectivité. C'est pourquoi il faut distinguer les risques de société et les menaces d'humanité qui renvoient à deux régimes spécifiques d'incertitude.

Les figures fondatrices de la réduction de l'incertitude

La réduction des incertitudes a historiquement pris deux visages : celui du *Léviathan* et celui de la société assurancielle. Considérons l'État moderne d'abord. Il a fondé sa raison d'être et sa légitimité sur le projet de protéger sa population des périls qui pouvaient la menacer. Un État qu'il faudrait d'ailleurs qualifier là de « chrétien-libéral » dans la mesure où son édification a été adossée à toute une élaboration théologico-politique[1] l'inscrivant dans

1. Ce qui le distingue des pures puissances de domination. On a ainsi vu au XXe siècle l'indifférence aux famines (qui ont même parfois été provoquées) de régimes totalitaires comme la Chine ou l'Union soviétique.

la continuité du « pouvoir pastoral » conceptualisé par Michel Foucault[2]. Il a en effet rationalisé et systématisé cette dernière figure.

Thomas Hobbes, le père fondateur de cette philosophie politique occidentale moderne l'a pour cela défini comme un « réducteur d'incertitudes ». L'État a ainsi progressivement assis sa souveraineté en protégeant le territoire (l'État de défense), en menant une politique des grains pour canaliser les effets de mauvaises récoltes (l'État de subsistance) et en endiguant les épidémies (l'État hygiéniste). Fonctions dont l'organisation s'est structurée au fil du temps. Le développement de l'État hygiéniste au XIXe siècle en a été l'expression la plus manifeste, l'épidémie de choléra de 1832 marquant une date décisive dans cette histoire. L'ampleur de la pandémie de la Covid-19 et le caractère indissociablement inédit dans sa nature et dans ses conséquences du dérèglement climatique invitent aujourd'hui à repenser en profondeur les structures et les modes d'intervention de cet État pour qu'il continue à jouer son rôle de réduction de l'incertitude. À un moment où c'est la notion même d'incertitude collective qui demande à être reconceptualisée.

Le traitement des expressions individuelles de l'incertitude est de son côté également à un tournant. Pour appréhender ce dernier, il est nécessaire de retracer brièvement les grands traits de son histoire. Elle a été essentiellement marquée par la mise en place de ce qu'on a appelé l'État-providence, et qui est plus exactement de l'ordre d'une société assurancielle[3]. C'est en effet l'introduction de la notion de *risque* qui a bouleversé à partir de la fin du XIXe siècle les termes dans lesquels la question sociale était appréhendée, avec la possibilité qu'elle ouvrait de traiter sur un mode inédit les principaux éléments constituants de l'incertitude individuelle. Cette révolution conceptuelle a permis de rompre avec les précédentes appréhensions libérales et paternalistes du social qui mettaient l'accent sur l'éducation à la prévoyance des catégories défavorisées et insistaient sur la responsabilité que ces dernières avaient dans leur sort (du fait de l'alcoolisme ou des mœurs sexuelles qui leur étaient imputés). La résolution de la question sociale était alors du même coup réduite à l'exercice

2. Ainsi qualifié parce que considéré comme équivalent à celui d'un berger qui prend soin de son troupeau. Voir Michel Foucault, *Sécurité territoire, population. Cours au Collège de France, 1977-1978*, Paris, Gallimard/Seuil, 2004. Parmi les très nombreux commentaires suscités par ce cours, on retiendra en particulier celui de Philippe Büttgen, « Théologie politique et pouvoir pastoral », *Annales. Histoire, Sciences sociales*, vol. 62, n° 5, 2007, p. 1129-1154.
3. Voir François Ewald, « La Société assurancielle », *Risques*, n° 1, juin 1990.

d'une forme de charité pour traiter des questions que l'épargne et la rigueur morale n'auraient pas résolues.

C'est la technique assurancielle, fondée sur la gestion probabiliste des risques, qui a permis de surmonter les apories liées à cette vision purement individualiste du social. Le grand problème depuis la Révolution était en effet d'accorder le *principe de solidarité* (la société a une dette envers ses membres) avec le *principe de responsabilité* (chaque individu est maître de son existence et doit se prendre en charge). Il s'agissait en quelque sorte d'articuler un droit avec un comportement. Cela n'allait pas de soi. La limitation du droit aux secours publics par le principe de la responsabilité individuelle présupposait en effet d'abord que la sphère d'application de celle-ci pouvait être clairement identifiée dans la vie sociale. Or c'est tout le contraire qui s'est passé : l'évolution économique et industrielle a progressivement manifesté les limites d'un système de régulation régi par les seuls principes de la responsabilité individuelle et du contrat. Il est en effet devenu de plus en plus difficile de discerner dans le champ de la responsabilité ce qui pouvait être imputé à l'individu et ce qui relevait d'autres facteurs.

En passant des notions subjectives de comportement et de responsabilité individuelle à la notion objective de risque, la technique de l'assurance a ouvert la voie à un dépassement des contradictions antérieures sur l'application des droits sociaux. Elle a traité comme des faits objectifs ce qui était auparavant compris comme la résultante de comportements. L'approche en termes de risques renvoyait en effet à une dimension probabiliste et statistique du social (le risque est calculable) qui permettait de reléguer au second plan le jugement sur les individus. Ce mode d'appréhension de la question sociale a commencé à être popularisé en France après la révolution de février 1848. Lamartine l'avait mis en avant dans son *Conseiller du peuple*. Il avait alors aussi été défendu dans les colonnes du *Bien-être universel*. On y avait notamment soutenu la conception d'un État « assureur contre le risque de misère » par le biais d'un prélèvement modeste sur les salaires[4]. De façon plus globale, un Émile de Girardin avait alors suggéré de résoudre les différents problèmes sociaux par ce biais de l'assurance. Il avait ainsi invité les citoyens à « fonder une société qui, réduisant tout mathématiquement

4. Voir les numéros des 9 et 16 mars 1851.

à des risques judicieusement prévus et à des possibilités exactement calculées, aurait pour unique pivot l'assurance universelle[5] ». Une des têtes pensantes du réformisme social sous le Second Empire, Émile Laurent, avait systématisé ce projet en dessinant une perspective d'avenir au mouvement mutuelliste alors en plein essor :

> L'assurance, avait-il souligné, nous l'avons placée au rang qui lui revient dans l'ordre des remèdes sociaux [...]. Incendies et intempéries, épizooties et grêles, sinistres maritimes et débordements de fleuves, tous les fléaux du monde physique peuvent être amortis par l'assurance ; et les crises industrielles aussi, et l'être humain lui-même considéré comme un véritable capital productif par l'usage de ses facultés. L'assurance peut pénétrer partout ; partout en se fondant sur la loi des grands nombres, elle peut introduire l'ordre dans le désordre, supprimer le hasard, régulariser ainsi l'incertitude, sinon la faire disparaître[6].

L'assurance a de fait bouleversé le rapport au malheur. Les socialistes adopteront logiquement cette conception, appelant dès les années 1880 à la mise en place d'un ministère de l'Assurance sociale[7].

La première loi à intégrer cette approche a été celle de 1898 sur les accidents du travail. Alors qu'il était souvent impossible de distinguer clairement ce qui relevait de la responsabilité propre du patron ou du salarié, ce texte fondateur a considéré ces accidents comme des risques objectifs de l'activité industrielle, c'est-à-dire comme des faits sociaux et non plus comme des résultantes de comportements individuels. C'est sur cette base qu'a été mis en place l'État-providence. C'est grâce aux cotisations à un système d'assurances obligatoires que les précédentes ruptures du cours de la vie ont ainsi pu être maîtrisées en étant mutualisées puis « nationalisées », mettant fin aux angoisses et aux drames qui leur

---

5. Émile de Girardin, *La Politique universelle*, Livre I : « L'assurance universelle », Paris, Librairie nouvelle, 2e éd., 1854, p. 19 : « Il n'y a moralement ni bien ni mal, il n'y a que des risques », soulignait-il encore de façon pionnière. Le concept d'assurance permettait à Girardin d'analyser de façon homogène les tâches extérieures de l'État (il est avec son armée assureur contre le risque de guerre) avec ses tâches intérieures (grâce à la police, il est assureur contre les risques de trouble, de vol, de fraude), les fonctions sociales (assureur contre le risque de misère) comme les fonctions économiques (assureur contre les risques d'incendie, d'inondation, etc.).
6. Émile Laurent, *Le Paupérisme et les Associations de prévoyance*, Paris, Guillaumin, 2e éd., 1865, t. I, p. 89-90.
7. Voir Benoît Malon, *Le Socialisme intégral*, t. II : *Des réformes possibles et des moyens pratiques*, Paris, F. Alcan, 1891, p. 162-168.

étaient auparavant liés. Ce système n'a cessé depuis cette date d'être adapté en fonction des évolutions de la société et amélioré au gré des possibilités budgétaires ou des changements politiques. Pour traiter, par exemple, les cas de « fin de droits » avec la mise en place du RMI en 1988, puis du RSA en 2009. Il est encore prévu, dans cette même direction, d'instituer en 2022 une allocation spéciale pour « perte d'autonomie », la dépendance étant dorénavant considérée comme un nouveau type de risque lié à l'allongement de la durée de la vie.

Le problème contemporain est que ce modèle de l'État-providence assuranciel a perdu de son évidence. La légitimité de son mode d'intervention a d'abord été plus discutée que dans le passé. Pour la simple raison que le principe de socialisation de la responsabilité[8] sur lequel reposait la notion de risque a été affaibli lorsqu'il est apparu, avec le développement massif du chômage, que les comportements individuels pouvaient aussi jouer un rôle dans la difficulté à retrouver un emploi. Au-delà même des cas montés en tête d'épingle de prestations indûment perçues, c'est le fait plus général d'une société dans laquelle circulent toujours plus d'informations sur les individus qui a conduit à déchirer le « voile d'ignorance » structurellement lié au traitement assuranciel[9] des problèmes sociaux. La capacité de la notion objective de risque à appréhender la question sociale s'est ainsi trouvée réduite quand la dimension subjective de cette dernière s'est avérée plus prégnante.

Mais ce sont surtout de nouvelles catégories d'incertitudes qui sont apparues. Du fait de l'évolution de la nature et de l'extension des accidents de la vie au premier chef. Les menaces qui pèsent sur les existences individuelles se sont en effet élargies et elles sont plus nombreuses, sans pouvoir être définies comme des risques à proprement parler dans la mesure où ce ne sont pas des aléas calculables et donc susceptibles d'être assurés. Du fait aussi de l'entrée dans une période où l'espèce humaine elle-même se trouve menacée d'extinction par les conséquences de son mode de vie. De façon plus générale, les incertitudes ne peuvent plus se résorber dans les promesses d'un avenir radieux, qui avaient joué le rôle essentiel que

8. Le but des assurances sociales est d'aller au-delà du principe de responsabilité individuelle. C'est en ce sens qu'on a parlé à leur propos de procédure de socialisation de la responsabilité.
9. Voir mes développements sur « le déclin de la société assurancielle » dans *La Nouvelle Question sociale. Repenser l'État-providence*, Paris, Seuil, 1995, p. 17-45.

l'on sait à l'âge de la forte croissance et de l'optimisme technique. L'assombrissement du futur a ainsi un effet global d'accélération de la perception de la précarité de la vie.

La nouvelle question sociale

Des conditions aux situations

Il y a eu à partir des années 1980/1990 une désagrégation et une dissémination de la notion de risque, de nombreuses formes d'incertitudes ne pouvant plus être rapportées à cette catégorie avec le caractère probabiliste et donc assurable qu'elle implique. Cela tient notamment au fait que les différences de parcours biographiques, on l'a déjà souligné, jouent un rôle accru dans la détermination de la condition relative des individus. La vie de ceux-ci est dorénavant autant structurée par les événements auxquels ils font face que par leurs caractéristiques socio-économiques ou culturelles. On estime, par exemple, que 30 % des Français sont confrontés chaque année à un événement qu'ils estiment déterminant dans leur existence (rencontre de quelqu'un ou séparation, décès d'un proche, rupture professionnelle ou promotion, achat d'un logement, obtention ou refus d'un crédit, etc.). Dans ces moments, c'est l'événement concerné qui polarise leur attention et les définit. Et c'est la succession des événements qui conduit à appréhender leur vie. D'où la nécessité de porter plus d'attention à cette *spécificité des situations*[10] qui caractérisent dorénavant la société autant que les variables socioprofessionnelles de conditions. Situations que l'on peut appréhender comme des moments de bifurcation dans une vie, de régimes d'incertitude ou d'économies individuelles spécifiques. Elles mettent à l'épreuve les existences, en révèlent les fragilités et en déterminent les cours. Ces différentes variables qui définissent l'individu et les épreuves auxquelles il est confronté, à partir des spécificités de sa trajectoire n'ont certes rien de neuf en elles-mêmes. Mais elles ont pris une importance croissante, de façon, par

10. J'emprunte le terme à Sartre qui le liait à un mode d'appréhension de la condition humaine et des énigmes proposées à la liberté de chacun, en lui donnant une valence sociologique. Voir Jean-Paul Sartre, « Pour un théâtre de situations » (1re publication dans le journal *La Rue*, n° 12, novembre 1947, p. 8), repris dans *Un théâtre de situations*, Paris, Gallimard, 1973.

exemple, bien documentée dans le cas des parcours d'emploi que nous avons déjà évoqués.

Les fragilités familiales ont de leur côté une influence beaucoup plus grande que dans le passé. Le taux des divorces a ainsi été multiplié par quatre entre 1950 et 2016[11], tandis que les séparations de couples non mariés ont aussi explosé. Et l'on sait que les conséquences d'une séparation peuvent être financièrement très lourdes à absorber, en termes de dépenses de logement ou de garde d'enfants tout particulièrement. On a même parlé plus largement d'un processus de « désinstitutionalisation » de la famille, celle-ci acquérant une dimension plus contractuelle entre les individus qui la composent. Le premier livre signalant cette mutation avait d'ailleurs significativement eu pour titre *La Famille incertaine*[12], les travaux d'Irène Théry précisant et enrichissant ensuite ce diagnostic. Dans les années 1980 et 1990, toute une série d'articles publiés sous les plumes de Robert Castel[13], de Marcel Gauchet[14] ou de Gilles Lipovetsky[15] attireront plus largement l'attention sur l'avènement d'une société d'individus, soulignant le tournant de nature anthropologique et psychologique lié à la reconnaissance d'une plus grande autonomie des personnes qui avait pour contrepartie de faire peser de nouvelles responsabilités sur leurs épaules. Les titres des essais d'Alain Ehrenberg, *Le Culte de la performance*, *L'Individu incertain* et *La Fatigue d'être soi*[16] avaient alors bien résumé ce sentiment d'entrer dans l'âge d'une nouvelle fragilité humaine.

Dans l'ordre économique, des facteurs spécifiques ont multiplié les incertitudes avec la désindustrialisation de certaines régions et la répétition des crises de grande ampleur, à l'instar de celles de 1994, 1997, 2008. Le prix à payer pour cette « restructuration permanente de la condition ouvrière[17] » a alors traversé tout le tissu

11. Quelque 33 000 divorces prononcés en 1950 contre 123 000 en 2016 (à partir de 2017, les divorces par consentement mutuel peuvent être enregistrés par les notaires, ce qui modifie la statistique publique). Ces chiffres sont aussi à rapporter à la forte baisse du nombre de mariages, moins d'un couple sur deux étant dorénavant marié.
12. Louis Roussel, *La Famille incertaine*, Paris, Odile Jacob, 1989.
13. Robert Castel et Jean-François Lecerf, « Le phénomène "psy" et la société française. Vers une nouvelle culture psychologique », *Le Débat*, n° 2, juin 1980, p. 32-45.
14. Marcel Gauchet, « Essais de psychologie contemporaine » (1988) repris dans *La Démocratie contre elle-même*, Paris, Gallimard, 2002.
15. Gilles Lipovetsky, *L'Ère du vide. Essais sur l'individualisme contemporain*, Paris, Gallimard, 1983.
16. Respectivement publiés en 1991, 1995 et 1998.
17. Cédric Lomba *La Restructuration permanente de la classe ouvrière. De Cockerill à ArcelorMittal*, Vulaines-sur-Seine (Seine-et-Marne), Éditions du Croquant, 2018.

économique, bien au-delà des fermetures médiatisées des usines les plus facilement prises en charge par des mécanismes *ad hoc*. À un niveau macroéconomique, c'est aussi le type de croissance engendré par le capitalisme d'innovation qui a bouleversé en permanence les territoires et les professions avec les « destructions créatrices » et le type de mondialisation qui l'accompagnait[18].

D'un point de vue démographique et anthropologique, c'est l'allongement de l'espérance de vie qui a soulevé des questions inédites et fait du montant des retraites à venir un sujet d'inquiétude nourri par les controverses sur la prévision de leur montant. Sur tous ces différents plans que nous n'avons mentionnés qu'à titre d'exemples, pour suggérer la multiplicité des dimensions de l'existence qui renvoient au constat de l'entrée dans un nouvel âge des incertitudes, se manifeste un même manque : celui de l'absence de procédures et d'institutions susceptibles de participer à leur réduction. Il n'y a pas pour l'instant d'équivalent à ce qu'avait été l'État-providence assuranciel pour les catégories de risques identifiés et pris en charge au siècle précédent.

La tentation a longtemps été forte d'appréhender ces nouvelles formes d'incertitude en les rapportant à l'émergence de nouvelles catégories sociologiques liées à des formes d'exploitation ou à des situations inédites dans leur ampleur[19]. En parlant notamment d'exclus et d'exclusion, ou encore de précariat et de précaires. Le développement du chômage et les changements de la grille des emplois à partir du mitan des années 1970 avaient en effet conduit à inventer un vocabulaire adapté à la description de ce nouveau monde du travail et de la vie sociale[20]. C'est d'abord le constat de trous apparus dans le filet de protection de l'État-providence qui avait sonné l'alarme. Un ouvrage paru en 1974, *Les Exclus*[21], lui avait donné son premier élément de langage. En estimant que le dixième de la population se trouvait laissé de côté du fait de ses handicaps, de ses addictions ou de son « inadaptation », victime aussi de son

18. Voir sur ce point Philippe Aghion, Céline Antonin et Simon Bunel, *Le Pouvoir de la destruction créatrice*, Paris, Odile Jacob, 2020.
19. Tentation liée au fait que l'action sociale a été construite sur le modèle du triptyque : population identifiée à un problème/allocation spécifique/administration spécialisée.
20. Rappelons que l'on parlait dans les années 1960 du « miracle italien » ou du « miracle français » pour qualifier ces trois décennies d'une croissance oscillant entre 5 et 6 % par an.
21. Dû à la plume de René Lenoir, qui était alors directeur de l'action sociale. L'ouvrage était sous-titré « Un Français sur dix ».

invisibilité, il appelait à élargir la définition des ayants droit de cet État-providence et à renforcer ses mécanismes. L'idée était qu'il y avait une « autre France » de la misère et de la marginalité, oubliée des statistiques, qu'il était urgent de reconnaître et de prendre en charge. L'expression fera florès, dès lors que la multiplication du nombre de chômeurs conduira à en élargir le champ. Les livres, les articles et les rapports prenant ces exclus pour objet d'études sous de multiples angles exploseront en conséquence[22].

Au tournant du XXIe siècle, d'autres mots se sont imposés pour mettre un nom sur les nouvelles formes d'instabilités et d'incertitudes. On a alors parlé de désaffiliation, de vulnérabilité[23], de précarité. Ces expressions ont d'abord voulu spécifier ce qui était ressenti comme des modalités inédites de la pauvreté, du rapport au travail et à l'emploi, ou encore de la situation de l'individu dans le monde social. Se sont croisés autour de ces termes les interrogations des administrations publiques ou des professionnels de l'action sociale, les diagnostics des psychologues, les tentatives de conceptualisation des chercheurs en sciences sociales, ou encore le souci militant de trouver des équivalents contemporains à ce qu'avaient représenté les prolétaires dans l'ancienne critique sociale. Ces catégories n'ont pourtant pas réussi à se départir d'un certain flou. Évoquant l'exclusion, Robert Castel avait ainsi abruptement parlé de « notion piège » et même de « notion écran »[24]. Les raisons de cet agacement devant un terme devenu omniprésent ? Son indigence théorique au premier chef, avait-il déploré, car « il recouvre des situations tellement hétérogènes qu'il ne permet d'en analyser aucune ». Qu'y avait-il en effet de commun entre un chômeur de longue durée de cinquante-cinq ans ayant longtemps occupé un emploi stable et un jeune de quartier difficile qui n'avait pas encore réussi à entrer sur le marché du travail et galérait depuis des années ? Et pourtant, les deux étaient couramment considérés comme des exclus. C'étaient aussi les possibilités et les dangers devant eux qui différaient, comme le type de rapport au monde qu'ils entretenaient. La

22. Le catalogue de la BNF recense ainsi cent dix ouvrages consacrés aux exclus de 1974 à 1999, puis quatre-vingt-six de 2000 à 2020.
23. Voir la synthèse d'Axelle Brodiez-Dolino, « Le concept de vulnérabilité », laviedesidees.fr, 11 février 2016, URL : https://laviedesidees.fr/Le-concept-de-vulnerabilite.html
24. Robert Castel, « L'exclusion, une notion piège » et « L'exclusion, une notion-écran », dans *La Montée des incertitudes*, Paris, Seuil, 2009, respectivement p. 280-283 et p. 339-359. Les citations qui suivent sont issues de ces deux chapitres de l'ouvrage.

notion d'exclusion était donc là « une qualification purement négative qui nomme le manque sans dire en quoi il consiste ». Mais le problème allait plus loin que la dénonciation de ce flou pour Robert Castel. Il tenait au fait que « les traits constitutifs essentiels des situations d'exclusion ne se trouvaient pas dans ces situations elles-mêmes ». Pour le dire autrement, les exclus ne forment pas, en effet, un groupe partageant des caractéristiques clairement établies. Ils n'existent en réalité qu'au singulier, définis par leurs histoires particulières. C'est pourquoi ils ont pour caractéristique de n'être ni représentables ni mobilisables. Ils n'ont pas de conscience collective et ne sont en conséquence pas susceptibles d'avoir des délégués ou des porte-parole.

On peut reprendre ces analyses pour appréhender de façon critique la notion de précarité qui a supplanté celle d'exclusion à partir des années 2000. Là aussi, on ne peut considérer que « les précaires » constituent un groupe qui aurait une identité propre[25]. Si le terme de « précariat » a été forgé[26], c'est surtout pour marquer ce qui serait la fin du salariat, c'est-à-dire la fin d'un mode d'organisation inclusif de la force de travail. Un mot qui rime bien avec ce dernier et l'évoque du fait même de cette assonance. Un mot qui fait ainsi fortement image tout en restant simultanément imprécis, tant juridiquement, qu'économiquement ou sociologiquement. En témoigne d'ailleurs indirectement le fait que cette expression française n'a aucun équivalent dans la plupart des autres langues[27].

Le terme de précarité mêle indistinctement : la référence à ce qui définirait une nouvelle condition sociale (les précaires) ; ce qui qualifierait un processus de dégradation de la protection du travail ; et ce qui évoquerait de façon plus existentielle l'avènement d'un monde dans lequel les incertitudes se seraient démultipliées. Chacune de ces dimensions étant caractérisée de façon très vague, mais leur superposition pouvant donner le sentiment d'une

25. Les quelques associations qui se sont qualifiées de « mouvements de précaires » n'ont jamais rassemblé qu'une infime minorité des populations concernées.

26. Le terme a été forgé par Robert Castel qui entendait « faire image » en l'utilisant. Voir sa contribution « Au-delà du salariat ou en deçà de l'emploi ? L'institutionnalisation du précariat », dans Serge Paugam (dir.), *Repenser la solidarité au XXIe siècle*, Paris, PUF, 2007, p. 415-433.

27. Voir les développements de Jean-Claude Barbier, « La précarité, une catégorie française à l'épreuve de la comparaison internationale », *Revue française de sociologie*, vol. 46, n° 2, 2005, p. 351-371.

certaine consistance. La qualification de « notion éponge » a pour cela été employée[28]. On a de fait, là encore, le cas d'« une manière de nommer en place d'analyser ». Ces mots, qui expriment une réalité diffuse sans ouvrir la voie d'une forme précise de connaissance, suggèrent la dénomination de catégories sociologiques qui en réalité n'existent pas. Cette vision de groupes stables qui auraient une identité clairement dessinée est d'ailleurs en elle-même sociologiquement discutable. À rebours de la vision totalisante de la théorie marxiste des classes[29], un Schumpeter avait ainsi mis l'accent sur la nécessité d'une sociologie qui lie les conditions sociales et les trajectoires personnelles. « Une classe, avait-il insisté, peut être comparée à un hôtel ou à un autobus toujours rempli, mais rempli toujours par des gens différents[30]. » C'est dire que les statistiques de revenus, de patrimoines, de conditions d'emploi, etc., ne renseignent sur l'état de la société que si elles sont complétées par des informations sur la mobilité des individus, leurs évolutions de carrière, leurs parcours biographiques. La sociologie doit ainsi avoir une dimension cinématographique à côté des traditionnels instantanés statistiques.

Il y a certes des groupes constitués d'individus immobiles, mais ils sont peu nombreux. C'est, par exemple, le cas de ceux qui restent, toute leur vie, rémunérés au SMIC[31], des familles engluées dans la grande pauvreté[32] ou encore de ceux qu'Angus Deaton a qualifiés de « désespérés » en Amérique[33], cette fraction de la classe ouvrière blanche peu diplômée qui vit d'expédients et d'aides sociales dans des zones désindustrialisées et dont un nombre disproportionné meurt « par désespoir » de façon prématurée (suicide, alcool, drogue). Le plus souvent, ce sont en fait à des catégories

28. Hélène Thomas, « Vulnérabilité, fragilité, précarité, résilience, etc. De l'usage et de la traduction de notions éponges en sciences de l'homme et de la vie », *Recueil Alexandries*, n° 13, janvier 2008 (en ligne). La citation qui suit en est aussi extraite.
29. Dont on a d'ailleurs dit que sa vision de l'unité de la classe ouvrière s'appuyait largement sur une conception historique, philosophique et politique.
30. « Les classes sociales en milieu ethnique homogène » (1927), repris dans Joseph Schumpeter, *Impérialisme et classes sociales*, Paris, Flammarion, coll. « Champs », 1984, p. 183. (« Pour toute la durée de sa vie collective, c'est-à-dire pendant le temps où elle est identifiable », précise-t-il).
31. Bien que, même dans ce cas, les personnes concernées voient, par exemple, leurs conditions notablement modifiées lorsque les enfants quittent le foyer familial, qu'un emprunt mobilier est totalement remboursé ou qu'un héritage est reçu.
32. Voir sur ce point les données et les analyses d'ATD Quart Monde.
33. Anne Case et Angus Deaton, *Morts de désespoir. L'avenir du capitalisme*, trad. fr. par Laurent Bury, Paris, PUF, 2020.

administratives que renvoient les appréhensions sociologiques des conséquences de l'incertitude[34]. Si la définition des exclus, des vulnérables, ou des précaires, reste problématique, on sait en revanche qui sont les intermittents du spectacle, les titulaires du RSA, les récipiendaires de l'allocation adulte handicapé ou ceux qui touchent des secours des caisses d'allocations familiales (les qualificatifs évoqués servant dans ce dernier cas de justification morale et sociale aux subsides versés, donnant un semblant d'objectivité aux décisions des agents opérant dans ces structures).

Déclassement et peur du déclassement

Les nouvelles expressions de la question sociale, comprise à partir de la multiplicité des situations et des épreuves vécues par les individus, induisent de leur côté des réactions qui tendent également à favoriser une appréhension plus diffuse et plus subjective de l'avenir. Pour prendre la mesure de la façon dont les incertitudes contemporaines redéfinissent en ce sens cette question, il faut les considérer là dans leur lien à la quête de protection et de sécurité. Dans son ouvrage *L'Insécurité sociale*[35], Robert Castel avait fortement insisté sur le fait qu'il ne fallait pas considérer l'insécurité moderne comme l'absence de protections, « mais plutôt leur envers, leur ombre portée dans un univers social qui s'est organisé autour d'une quête sans fin de protection ». Les sociétés contemporaines, avait-il souligné, sont en effet des sociétés d'individus qui se préoccupent de développer l'autonomie de ceux-ci mais qui du même coup « promeuvent leur vulnérabilité en même temps qu'elles les valorisent ». On ne doit donc pas séparer le fait d'être exposé à des formes d'insécurité, que l'on peut apprécier objectivement, du sentiment d'insécurité qui est plus subjectif et surtout indexé sur des attentes existentielles aussi fortes qu'elles restent vagues, et partant impossibles à satisfaire. « Le sentiment d'insécurité, précisait en ce sens Castel, n'est pas exactement proportionnel aux dangers réels qui menacent une population. Il est plutôt l'effet d'un décalage entre

34. On peut souligner sur ce point que la plupart des études consacrées à ces exclus, vulnérables, précaires ont été commandées et financées par les ministères sociaux et les caisses d'allocations familiales.
35. Robert Castel, *L'Insécurité sociale. Qu'est-ce qu'être protégé*, Seuil/La République des idées, 2003 (p. 6 et 7 pour les citations qui suivent).

une attente socialement construite de protections, et les capacités effectives d'une société donnée à les mettre en œuvre. »

On trouve une autre expression caractéristique de cet écart entre les faits et leur perception à propos du déclassement[36]. Les situations de déclassement sont aujourd'hui nombreuses. C'est, par exemple, le cas de ceux qui ont perdu un bon travail industriel et ne se voient proposer dans leur région que des emplois déqualifiés. C'est aussi la situation de tous ceux qui ne trouvent pas d'emplois correspondant à des diplômes chèrement acquis, à une époque où les bacheliers, ou même les Bac+3, ne se voient souvent proposer que des travaux payés au SMIC. Cela concerne même les titulaires du « meilleur » des diplômes, le master[37]. Mais la peur du déclassement est, elle, beaucoup plus répandue, dans sa dimension générationnelle tout particulièrement. Il n'y a, par exemple, que 3 % des parents qui imaginent que la génération de leurs enfants vivra mieux que la leur[38], alors que cela ne sera pas le cas statistiquement. Il convient donc de considérer cette peur du déclassement comme un fait social et psychologique en soi. On peut la caractériser en soulignant qu'elle n'est pas indexée sur un risque de déclassement, qu'il serait possible d'objectiver en calculant sa probabilité, mais sur la gravité de la situation personnelle qui en résulterait. Un exemple simple permet d'appréhender la portée de cette différence. En 2000, le nombre de SDF pouvait être estimé à 100 000 en France, soit un peu moins de 0,2 % de la population. Le risque de se retrouver à la rue pouvait ainsi être estimé à ce pourcentage. Mais ce sont pourtant 50 % des Français qui redoutaient de se trouver un jour dans cette situation et manifestaient ainsi leur peur du déclassement[39]. Cette peur du déclassement dérive en partie mécaniquement du renversement de la pyramide éducative liée à la réalisation de l'objectif d'un baccalauréat en poche pour plus de 80 % d'une génération : les Français craignent du même coup au premier chef de ressembler aux 12 % de « sans-diplômes ». La peur de la déchéance est du même

---

36. Sur le déclassement, voir le texte de Nicolas Duvoux dans ce volume (p. 177-187).
37. Voir « Après un master, la crainte du déclassement », *Le Monde*, 28 janvier 2021. L'article souligne que le salaire de départ des titulaires d'un master dans la période de la Covid-19 pouvait être de 20 % à 30 % moins élevé qu'auparavant.
38. Étude de l'institut d'études et de sondages GECE (2019), citée par *Le Monde* des 4-5 octobre 2020.
39. Données mises en lumière par Éric Maurin dans son ouvrage qui fait référence sur le sujet, *La Peur du déclassement*, Paris, Seuil/La République des idées, 2009.

coup, pour beaucoup, plus forte que l'espérance d'une promotion sociale. La rupture provoquée par la pandémie n'a fait qu'accentuer le phénomène.

L'écart entre le risque objectif (sa probabilité) et la peur de son avènement est ainsi considérable. Or, c'est bien cette dernière qui détermine les comportements en matière de décisions à prendre ou de choix politiques à faire. L'appréhension du rapport entre les incertitudes et les peurs sociales va bien au-delà de cet exemple. On peut en effet caractériser de façon plus générale les peurs comme des prismes déformants et grossissants de la réalité qui ont une capacité considérable de détermination des attentes et des comportements. Lorsque Danone a annoncé en novembre 2020 qu'il allait supprimer cinq cents emplois en France qui seraient pour l'essentiel des postes de directeurs et de managers, c'est ainsi le monde des cadres supérieurs des grands groupes qui a senti dans son ensemble sa situation menacée. On pourrait parler pour cela d'un effet accélérateur de l'indétermination de la réalité que sécrète ce type de peur.

Le grand écart

Pour faire face au déclin de la performance sociale des mécanismes de l'État-providence dans le contexte de déplacement et de reformulation des régimes d'incertitude, deux voies opposées se dessinent. D'un côté la recherche de solutions plus individualisées, de l'autre l'invention de nouveaux types de mécanismes universels prenant le relais du système assuranciel. Considérons d'abord la première. Elle dérive au premier chef du constat de la plus grande diversification des situations sociales auxquelles il faut apporter des réponses. Contexte qui se traduit en termes institutionnels par le vide qui s'est creusé entre l'espace assuranciel et celui du RSA. Il y a deux façons d'appréhender la manière de le combler : par le biais de politiques publiques, mais aussi au travers d'initiatives privées de diverses natures, qu'il s'agisse d'organisations caritatives ou de projets purement personnels de repartir d'un autre pied dans la vie.

La Covid-19 a, là encore, accéléré des évolutions qui étaient déjà largement entamées. L'État a ainsi été amené à prendre le relais des assurances privées pour mettre en place des dispositifs d'aide aux entreprises et aux travailleurs indépendants mêlant à la fois des mécanismes automatiques et des adaptations variant selon les secteurs d'activité, voire traiter les multiples « cas particuliers[40] ». Le rôle des caisses d'allocations familiales s'est de son côté accru pour traiter les détresses individuelles. Et de nouveaux « sujets » de l'action sociale se sont parallèlement imposés à l'attention et à l'action des pouvoirs publics. Cela a été le cas des étudiants dont beaucoup se sont trouvés en grandes difficultés matérielles pendant l'année universitaire 2020-2021. L'État a additionné les aides ponctuelles et les expédients de différentes natures, prolongeant, par exemple, des bourses ou proposant des repas à 1 euro, tandis que les universités apportaient de leur côté des secours ponctuels et exceptionnels. C'est ainsi de multiples façons que la traditionnelle « action sociale » a vu son rôle remonter en puissance dans cette dernière période, avec la mise à distance de la notion de *droits* sociaux qu'elle implique structurellement. Et avec elle, l'ancienne approche en termes de *pauvreté* des difficultés sociales. Le recours croissant aux organisations caritatives comme le Secours populaire, les Restos du cœur ou la Fondation Abbé-Pierre s'est inscrit dans ce même mouvement. Pendant la période la plus critique de la pandémie, la nécessité de faire appel sous ces différents modes à des « secours d'urgence » s'est imposée avec évidence. Mais c'est bien une nouvelle vision du social destinée de fait à se prolonger qui s'est dessinée avec ce tournant individualisé du social accéléré par la Covid-19.

Dans une société qui valorise l'initiative s'est parallèlement développée une sorte d'utopie de la réinvention de soi comme remède aux épreuves de la vie. Avec l'idée sous-jacente que c'est à chacun de trouver les moyens de sortir des difficultés auxquelles il est confronté. Elle se lie pour beaucoup à la certitude que le plus efficace est de chercher à s'appuyer sur le réseau de ses relations pour sortir d'une situation difficile. Cette attitude a un fondement objectif, car on sait, par exemple, depuis les années 1990 que c'est le cas en matière de recherche d'emploi[41]. C'est aussi dans cet état d'esprit que beaucoup comptent parvenir à trouver un jour la « bonne place » ou la bonne forme de vie qui les mettra à l'abri des traces de l'existence. De façon plus globale, c'est l'évocation d'un « changement

40. Au-delà des mécanismes institutionnels (financement du chômage partiel, prêts, report des charges), voir le rôle clé joué par le Fonds de solidarité gouvernemental qui a géré des cas particuliers concernant 2,5 millions d'entreprises en distribuant plus de 20 milliards d'euros.
41. Voir Alain Degenne, Irène Fournia, Catherine Marry et Lise Mounier, « Les Relations au cœur du marché du travail », *Sociétés contemporaines*, n° 5, mars 1991, p. 75-97.

de vie » ou d'un « nouveau départ » auquel il faudrait s'atteler qui rencontre un indéniable écho public : 78 % des Français y aspireraient[42]. On en trouve l'écho dans le fait que se sont multipliées les couvertures de magazines s'emparant de cet impératif[43], ainsi que les livres l'inscrivant dans leur titre[44]. « Changer *de* vie », et non « changer *la* vie » comme on le proclamait dans les années 1970 ou 1980, faut-il souligner. La Covid-19 et la prise de conscience écologique n'ont fait qu'accroître ces aspirations en les liant à une idéalisation de formes d'autonomie liées à un retour à la campagne. Dans la même direction, c'est l'éloge de la débrouillardise qui a fait son chemin[45].

Mais c'est simultanément dans une tout autre direction, celle de la radicalisation de l'étatisation du social, que les esprits se sont aussi tournés pour répondre à l'entrée dans un nouvel âge des incertitudes marqué par leur dissémination et leur déclinaison. Plutôt que de multiplier les procédures spécifiques, l'idée de l'instauration d'un revenu universel a refait surface dans la perspective d'un solidarisme renforcé autant que d'un libéralisme simplificateur de la machine étatique. Il ne s'agit pas de revenir ici sur le fond des débats qui se sont multipliés depuis vingt ans autour de cette notion. Mais on ne peut que constater sa capacité de séduction qui résiste d'une certaine façon à toutes les objections qui peuvent lui être adressées concernant ses modalités et son financement. Son attrait tient en effet à la promesse qu'elle recèle de répondre une fois pour toutes, de façon aussi simple que globale, à toutes les formes d'incertitude sociale. Elle n'a pas fini pour cela de nourrir les débats ou de refaire surface selon des modalités plus limitées d'application, comme avec les propositions de mise en place d'une allocation universelle d'autonomie pour les étudiants, par exemple[46].

---

42. Sondage publié dans le dossier « Changer de vie » de la revue *Zadig*, n° 7, automne 2020. Impératif traduit par le fait de « tout quitter » (19 %), « quitter son emploi actuel » (13 %), « déménager » (22 %).
43. L'un deux proposant même de « changer de vie [...] en limitant les risques » (*Capital*, juillet 2020).
44. Selon le catalogue de la BnF, un seul titre de livre mentionnait « Changer de vie » au XXe siècle, alors que c'était le cas de soixante-dix ouvrages entre 2000 et 2020.
45. Voir sur ce point les développements éclairants de Benoît Coquard, *Ceux qui restent. Faire sa vie dans les campagnes en déclin*, Paris, La Découverte, 2019, p. 33-35. Voir aussi l'étude de DCAP Research, *Arbitrages et stratégies de débrouille des Français sous la contrainte économique*, Paris, 2012.
46. Voir sur ce point la contribution de David Flacher et Hugo Harari-Kermadec, « Frais d'inscription et sous-financement des universités », qui constitue le chap. 2 du livre de Stéphane Beaud et Mathias Millet (dir.), *L'Université pour quoi faire ?*, Paris, PUF/

Les menaces d'humanité

Si la notion de risque a perdu de sa centralité pour appréhender les incertitudes sociales, le fait est encore plus patent pour les autres types de menaces qui sont, elles, à la fois de plus en plus nombreuses, d'une gravité plus grande, et qui revêtent en outre un caractère universel. Une enquête récente, *Future Risks Report 2020*, permet d'en documenter les contours[47]. Les dix menaces perçues comme majeures pour le futur ont été, dans l'ordre d'importance : les pandémies et les maladies infectieuses ; les conséquences du changement climatique ; les cyberattaques ; les tensions géopolitiques ; les conflits sociaux ; les nouvelles menaces en termes de sécurité ; les crises économiques ; les problèmes de biodiversité et l'épuisement des ressources naturelles ; les crises financières ; la pollution.

Le fait frappant est que les problèmes économiques et sociaux ne représentent dorénavant que le tiers des menaces perçues comme vitales pour l'avenir. Les trois quarts du public (et plus de 80 % des experts) considèrent en conséquence que le monde est devenu plus incertain qu'il n'était il y a cinq ans, et que ces différentes menaces sont désormais susceptibles de se superposer. Cela dessine donc un nouvel agenda de l'anxiété publique et, simultanément, des attentes vis-à-vis des pouvoirs politiques.

La fabrique de l'anxiété

Nous sommes en train de passer d'une époque dans laquelle la question sociale constituait le cœur des problèmes à résoudre pour bâtir un monde commun à un nouvel âge dans lequel c'est l'existence même de ce monde qui est en jeu. La notion de menace, plus globale et plus diffuse, se superpose de la sorte à celle de risque pour penser le rapport à l'avenir. Ce qu'on pourrait qualifier de *menaces d'humanité* doit ainsi être distingué des *risques de société* affectant de diverses manières les

laviedesidees.fr, 2021. On peut aussi noter que se sont multipliées les interventions en faveur d'un RSA jeunes.

47. Publiée par l'assureur AXA (d'où l'emploi du terme de « risques », alors que ce sont bien des menaces qui sont examinées. Document en ligne). Quelque 20 000 personnes ont été interrogées pour cette enquête par IPSOS sur leur perception des risques et 2 700 experts de 54 pays ont été consultés.

existences individuelles. La première perception sensible de ce type de menaces avait été liée à partir du début des années 1950 à la possibilité d'un affrontement nucléaire entre l'Union soviétique et les États-Unis, ou même d'un simple « accident » dans la chaîne de commandement de leurs arsenaux (menace dont le film de Stanley Kubrick, *Docteur Folamour*, avait donné en 1964 une illustration marquant les esprits). La perspective conséquente d'une catastrophe d'une puissance dévastatrice hors norme avait cependant été relativisée dans les esprits par la logique correctrice d'« équilibre de la terreur » et de « paix de guerre froide » qui l'accompagnait. La crise des missiles de Cuba en 1962 avait témoigné de son effectivité, liée au partage d'un même langage pour exprimer les menaces et les rendre crédibles : les « armes verbales » s'étaient alors avérées capables de maîtriser un processus d'escalade[48]. Il y avait ainsi eu sur ce mode une forme de rationalisation de cette menace d'humanité : frôler la catastrophe nucléaire avait paradoxalement conduit à se donner les moyens de la prévenir[49]. Après la chute du mur de Berlin, ce sont les conséquences d'une dissémination des armes nucléaires qui retiendront surtout l'attention et alimenteront les inquiétudes. Mais l'évidence de plus pressantes menaces s'était en même temps imposée dans les années 1980.

L'accident de la centrale nucléaire de Tchernobyl, en 1986, avait d'abord tragiquement illustré les conséquences d'une défaillance technique de ce mode de production de l'énergie et accompagné la montée en puissance de la sensibilité aux problèmes d'environnement. C'est aussi l'année de la publication d'un ouvrage au grand retentissement, *La Société du risque* d'Ulrich Beck[50]. L'auteur avait mis l'accent sur les promesses non tenues de la modernité en clouant au pilori la religion moderne du progrès industriel. Il avait aussi dénoncé l'attitude jugée irresponsable de décideurs normalement gardiens de la sécurité et de la rationalité qui n'hésitaient pas à « exhorter la population à monter à bord d'un avion pour lequel aucune piste d'atterrissage n'a été construite à ce jour ». Mais la

---

48. Voir sur ce point les ouvrages fondateurs de Thomas Schelling, *The Strategy of Conflict* (1960) et *Arms and Influence* (1966).
49. Voir sur ce point la thèse exposée par Jean-Pierre Dupuy dans *Pour un catastrophisme éclairé. Quand l'impossible est certain*, Paris, Seuil, 2002.
50. D'abord publié en 1986 en Allemagne, sa traduction française ne sera effectuée qu'en 2001 (Paris, Aubier).

centralité donnée à la notion de risque – « le risque est devenu la mesure de notre action », disait-il – introduisait une certaine confusion dans son analyse en coiffant d'un même terme des « risques statistiques » se rapportant à la *probabilité* d'un événement et des « dangers » ou des « menaces » définis par l'ampleur des conséquences d'un événement ou d'une activité. Car ce sont en fait deux régimes d'incertitude bien distincts. On doit ainsi parler de menace en matière de terrorisme, de dérèglement climatique ou de pandémie. Alors qu'il reste pertinent d'utiliser la catégorie de risque pour appréhender des accidents industriels ou une crise bancaire, les notions de précaution ou de prévention s'imposant dans ce cas parallèlement pour réduire l'occurrence des événements afférents.

C'est le caractère assurable ou non d'un événement qui trace *in fine* la ligne de partage entre ce qui relève des risques et ce qui constitue des menaces. Les conséquences de la Covid-19 ont ravivé la question de cette distinction. Jusqu'à présent, dans le cas français, il y a une assurance en cas de dégâts provoqués par des inondations ou des incendies de forêts permettant de prétendre à une indemnisation dès lors que les pouvoirs publics ont publié un arrêté de catastrophe naturelle. Système d'indemnisation financé par une cotisation obligatoire incluse dans les polices d'assurance habitation. Dans ce cas, la solidarité assurancielle est rendue possible par le caractère limité des dégâts impliqués, même si le calcul de leur probabilité ne peut être établi selon les critères traditionnellement retenus par les actuaires[51]. Il en va de même pour l'indemnisation des victimes d'actes terroristes, peu nombreuses au regard de la population, pour lesquelles existe aussi une procédure d'indemnisation publique automatique[52].

Mais les choses se présentent différemment pour les menaces susceptibles d'affecter des populations beaucoup plus larges, comme dans le cas de guerres civiles ou de pandémies. Au-delà des cas dont l'enjeu économique reste limité, on doit nécessairement dépasser l'approche assurancielle pour traiter les menaces d'humanité. L'assurance repose en effet sur deux piliers : la possibilité d'évaluer

51. Il faut cependant souligner que même dans ces domaines « traditionnels », le champ de ce qui est assurable recule, les dérèglements climatiques étant, par exemple, dorénavant considérés par les compagnies d'assurances comme étant devenus hors-champ des contrats d'assurance du monde agricole (voir les problèmes posés par l'indemnisation des conséquences du gel tardif d'avril 2021).
52. Elle est également financée par une cotisation obligatoire liée à l'assurance habitation.

statistiquement l'occurrence d'une situation et la délimitation d'une sphère pertinente de mutualisation – qui font défaut dans ce cadre. On sort même de la sphère de la réassurance qui ne fonctionne que pour les catastrophes naturelles d'ampleur moyenne, ou les risques répertoriés exceptionnels[53]. On a parlé de l'intervention de l'État comme d'un « assureur en dernier ressort » pour des situations comme celle de la pandémie de la Covid-19. Mais il s'agit en fait de solidarité nationale, et cela n'a rien à voir avec l'application d'un principe assuranciel[54]. Face à des méga-menaces, la réparation ne peut plus être systématiquement envisagée en réalité. D'où l'anxiété, suscitée par la seule *possibilité* de tels événements, potentiellement créateurs d'irréversibilité et de dommages menaçant la vie humaine en tant que telle.

Il ne faut pas confondre là l'anxiété avec la peur. La peur est une émotion qui a une dimension cognitive. Elle résulte de l'affrontement à l'inconnu ou à l'indétermination, de la difficulté à rationaliser une situation, à appréhender les conséquences d'un événement. Elle peut à la fois avoir un effet protecteur (en invitant à la vigilance et à la prudence) et inhibant (en faisant douter des effets d'une réaction). Mais la peur a un objet déterminé auquel on peut s'affronter ou être utilement confronté[55]. Alors que l'anxiété ne se fonde sur rien de spécifique : c'est la référence à la possibilité d'un événement d'une extrême gravité qui la sous-tend, le type de catastrophes impliquées pouvant rester indéterminée. Elle se lie au ressenti d'un certain vertige, à la perception d'une menace aussi diffuse qu'inquiétante[56]. Elle est le fruit le plus amer de l'incertitude. Il est

53. Voir Jacques Blondeau, « Définition et principes généraux de la réassurance », dans François Ewald et Jean-Hervé Lorenzi (dir.), *Encyclopédie de l'assurance*, Paris, Economica, 1998, p. 1327-1344.
54. La Fédération française des sociétés d'assurances s'est saisie en 2020 de cette question de l'indemnisation des catastrophes exceptionnelles (projet CATEX). Elle a proposé en juin 2020 de mettre en place un dispositif spécial d'indemnisation, sur la base de sommes forfaitaires, contenu dans une enveloppe de 2 milliards d'euros par an, c'est-à-dire en réalité une somme symbolique au regard de l'ampleur des problèmes (c'est moins de 0,5 % des sommes distribuées par l'État pour aider les particuliers et les entreprises à limiter les effets de la crise de la Covid-19).
55. Elle peut donc avoir en ce sens une utilité et se révéler positive. C'est le point de vue de Hobbes dans son *Léviathan* qui conçoit la peur de l'autre comme fondatrice de la politique et même plus profondément encore de la société elle-même. Voir Julien Freund, « Le thème de la peur chez Hobbes », *Revue européenne des sciences sociales*, t. XVIII, n° 49, 1980, p. 13-32.
56. Parmi les rares tentatives de caractériser la catégorie d'anxiété, voir Jean-Jacques Courtine, « La peur à l'âge de l'anxiété », dans Alain Corbin, Jean-Jacques Courtine et Georges Vigarello (dir.), *Histoire des émotions*, vol. III, Paris, Seuil, 2017, p. 307-325.

donc plus difficile de l'affronter et de la raisonner que la peur qui est toujours circonscrite d'une certaine manière.

L'anxiété est généralement appréhendée comme un type d'émotion ressentie par un individu ; et elle a été traitée comme telle en psychiatrie. Mais elle peut aussi définir de façon plus globale et plus diffuse l'état d'esprit d'une société, ce qui contraint son horizon mental à un moment donné. Il faudrait parler en ce sens d'une *atmosphère d'anxiété*. Pour bien prendre la mesure de ce à quoi renvoie cette notion, il faut la distinguer de celle d'ambiance, qui a de plus en plus souvent été utilisée en sciences sociales depuis une quinzaine d'années et qui a aussi plus récemment été théorisée en philosophie. Dans le domaine des sciences sociales, ce sont d'abord des urbanistes et des géographes qui l'ont employée pour donner un cadre conceptuel à l'analyse du lien entre un espace et des perceptions sensorielles[57]. On a ainsi parlé de l'« ambiance » d'un espace public, d'un magasin, d'un bar ou d'une activité (une manifestation) pour qualifier la résultante sensorielle d'un ensemble de perceptions (les couleurs, les sons, les odeurs, le type de comportements et d'interactions entre les personnes présentes, etc.). Dans l'ordre philosophique, l'usage de la notion d'ambiance a partagé avec les sciences sociales le souci d'appréhender la réalité au-delà de la distinction usuelle entre l'objectif et le subjectif, pour rendre compte de dimensions de la vie humaine qui présentent un caractère totalisant. « L'ambiance forme le dôme invisible sous lequel se déroulent toutes nos expériences », a-t-on ainsi résumé dans une perspective de type phénoménologique[58].

Une atmosphère est ce qui nous entoure, ce dans quoi on est immergé. Mais ce n'est pas une réalité physique qui serait extérieure à la société. Elle a une dimension réflexive et ne se sépare pas de ce que cette dernière exhale, des représentations d'elle-même qu'elle projette. C'est ce qu'avait voulu identifier un Marc Bloch quand il avait écrit *L'Étrange Défaite* pour décrire cet élément à la fois imperceptible et constituant pour parler de la France de 1940, ou Agathon[59] pour tracer en 1913 dans *Les Jeunes Gens d'aujourd'hui*

---

57. Pour une première approche, voir « Exercices d'ambiances. Présences, enquêtes, écritures », numéro spécial de la revue *Communications*, n° 102, 2018/1.
58. Voir l'ouvrage majeur de Bruce Bégout, *Le Concept d'ambiance. Essai d'éco-phénoménologie*, Paris, Seuil, 2020, p. 7.
59. Pseudonyme d'Henri Massis et d'Alfred de Tarde.

l'atmosphère du pays à l'orée de la Grande Guerre. C'est en utilisant cette notion que l'on peut appréhender l'anxiété diffuse qui gouverne aujourd'hui les esprits. On peut surmonter, ou du moins apprivoiser, une peur spécifique car elle est susceptible d'être raisonnée comme on l'a déjà souligné, mais on reste plus facilement prisonnier d'une atmosphère d'anxiété qui constitue l'air que l'on respire ; car il est aussi omniprésent qu'insaisissable.

Gouverner l'anxiété

Réduire l'oppressante incertitude à l'âge des menaces d'humanité, qui ont aujourd'hui pour noms pandémies et catastrophes naturelles à répétition, c'est évidemment d'abord œuvrer pour prévenir leur avènement, agir au premier chef de façon décidée et radicale pour réduire le réchauffement climatique. Mais au-delà de cet objectif impératif, c'est aussi gouverner d'une façon qui permette de rationaliser l'anxiété, de ne pas la laisser esclavagiser les esprits. Si l'incertitude nous ronge (les travaux de psychologie et de sciences cognitives ont montré l'aversion de notre cerveau pour l'incertitude)[60], il y a en effet aussi des moyens illusoires de la conjurer. En niant la réalité, comme s'acharnent à le faire les climatosceptiques par exemple. Ou bien en restituant celle-ci dans une économie imaginaire de l'imputation : c'est ce que font les théories complotistes.

L'audience croissante de ces théories a de fait accompagné la mondialisation de l'inquiétude. Face à des menaces aussi diffuses qu'anxiogènes, celles-ci proposent une interprétation du monde qui lui redonne sens et désignent en même temps des coupables des malheurs du temps. Ces théories donnent à celles et ceux que l'on peut qualifier d'« adeptes », tant elles s'apparentent à une affirmation sectaire, le sentiment de reprendre le contrôle sur leur vie et les événements. Elles prétendent démontrer que derrière l'opacité et la complexité apparentes du monde politique ou économique réel se cache un ordre du pouvoir en fait parfaitement simple et rationnel. Les visions conspirationnistes réordonnent le chaos du monde et proposent une forme de réappropriation de la marche des choses en dénonçant ses maîtres cachés. L'illisibilité est de la sorte rapportée

60. Voir Christophe André, *Psychologie de la peur. Craintes, angoisses et phobies*, Paris, Odile Jacob, 2004.

à une entreprise organisée de dissimulation au service d'un projet de domination et/ou d'exploitation des gens ordinaires. Entreprise généralement comprise comme mondiale, pour expliquer sa capacité d'influence, et érigée en véritable moteur explicatif de l'histoire. Derrière le rideau de fumée des institutions légales se cacherait donc un petit nombre de puissances (prenant le nom de Trilatérale, CIA, Illuminati, Sages de Sion, etc.) ou de monstres multiformes (comme le néolibéralisme), qui tireraient toutes les ficelles. La disponibilité accrue d'une masse ininterrompue d'informations, par le biais du Web notamment, a de son côté renforcé la crédibilité de ces rationalisations complotistes en permettant à des chemins interprétatifs opposés d'émerger. Un certain chaos informationnel conduit en effet à ce que des données objectives et vérifiables coexistent avec de simples opinions et des rumeurs, et qu'elles soient traitées sur le même pied[61]. On peut parler en ce sens d'une *fonction cognitive et politique* des théories du complot : fonction de retournement d'un sentiment diffus de dépossession et d'imputation de l'origine des malheurs de l'humanité. Celle-ci se double en outre d'une *fonction psychologique* : elles permettent de trouver des réponses simples et rassurantes aux incertitudes angoissantes auxquelles chacun est confronté (Tocqueville notait déjà en ce sens qu'« une idée fausse, mais claire et précise, aura toujours plus de puissance dans le monde qu'une idée vraie et complexe[62] ».) Fonctions qui s'inscrivent dans une vision *in fine* négative de la politique et de la démocratie.

Bien que sur un mode très différent, et de façon certes moins dangereuse, c'est à une même simplification que reviennent l'appréhension technocratique du monde et les visions réformatrices qui lui sont associées. Le projet gouvernemental de réforme des retraites lancé en 2019[63] l'a illustré avec éclat. Visant à mettre en œuvre un principe d'équité *a priori* parfaitement justifiable et lisible, il a pourtant sombré devant une généralisation des mécontentements d'une exceptionnelle ampleur, allant bien au-delà des oppositions attendues (d'ordre directement politique ou provenant des titulaires de régimes spéciaux, les plus évidemment impactés). La raison de cet

---

61. Voir sur ce point Pierre Rosanvallon (dir.), *Sciences et démocratie. Actes du colloque de rentrée du Collège de France (Paris, 2013)*, Paris, Odile Jacob, 2014.
62. Alexis de Tocqueville, *De la démocratie en Amérique* (1835), édition d'Eduardo Nolla, Paris, Vrin, 1990, t. I, p. 126.
63. Le rapport du haut-commissaire à la réforme des retraites, remis en juillet 2017, avait été précédé de deux ans de consultations.

emballement critique a tenu à la découverte de la complexité du chemin qu'il y avait à parcourir pour passer de la diversité des situations existantes à l'application de la nouvelle norme ; complexité qui avait été mise sous le boisseau ou même impensée par les promoteurs du projet. D'où le sentiment d'incertitude généralisée qui avait saisi l'opinion et conduit à son retournement, malgré les successions de promesses rassurantes du gouvernement.

Les conditions de gestion de la pandémie de la Covid-19 ont posé des problèmes de même nature lorsque le gouvernement n'a pas exposé avec suffisamment de clarté la nature des incertitudes auxquelles il était confronté. Gouverner l'anxiété implique de permettre aux citoyens d'appréhender objectivement les incertitudes. Les dissimuler ou les minimiser pour donner le sentiment que les pouvoirs publics maîtrisaient la situation s'est révélé contre-productif. On l'a vu d'une autre manière quand les mesures de prudence ont été accusées d'infantiliser les citoyens. Il y a certes des injonctions contradictoires des citoyens qui attendent secrètement d'être psychologiquement rassurés autant que d'être effectivement protégés. Mais, sur la durée, c'est le fait de rendre les situations plus lisibles et les citoyens plus conscients de leurs responsabilités qui peut faire la différence[64]. C'est en tout cas le cœur du pari démocratique. L'aveuglement est en effet une des formes les plus insidieuses de la domination. Reprendre le contrôle sur ses émotions, c'est à l'inverse être en mesure de s'approprier le monde réel, et partant d'en modifier le cours. C'est donc à un surcroît de « parler vrai » qu'appelle l'entrée dans un monde dominé par les menaces d'humanité. Parce que c'est le moyen de reconstruire l'indispensable confiance pour faire face aux menaces d'une incertitude galopante. La confiance est en effet un multiplicateur d'efficacité et de crédibilité. C'est la plus précieuse des « institutions invisibles[65] ». Elle joue dans le monde contemporain un rôle d'autant plus

64. La dimension internationale des problèmes comme ceux des pandémies ou du climat peut y contribuer, car il y a alors une forme de concurrence des bonnes modalités de gouvernement qui s'instaure de fait.

65. L'expression a été forgée par Kenneth Arrow pour conceptualiser cette notion de confiance. Voir *The Limits of Organization*, New York, Norton, 1974, p. 26. La confiance est à la fois un économiseur d'explication et de justification (celui en qui on a placé sa confiance bénéficie d'un préjugé favorable quand il propose d'entreprendre quelque chose) et un économiseur d'institution, permettant à une relation de s'établir solidement dans le temps sans qu'elle ait besoin de s'appuyer sur des dispositifs formalisés de vérification (la parole vaut contrat ou, dans l'ordre politique, une initiale maintient ses effets dans le temps).

important dans la relation entre gouvernés et gouvernants que la « qualité représentative » des seconds s'est dégradée, du fait de la désociologisation de la politique[66]. Et aussi du fait que l'écart entre les majorités de second tour et les expressions électorales de premier tour s'est fortement creusé dans un pays comme la France[67].

La confiance est définie en sociologie comme une disposition vis-à-vis d'autrui permettant, selon la formule de Georg Simmel, de « faire une hypothèse sur une conduite future[68] ». Elle a en ce sens une dimension cognitive : « Celui qui sait tout n'a pas besoin de faire confiance, celui qui ne sait rien ne peut raisonnablement même pas faire confiance[69]. » Mais c'est une connaissance pratique, résultant de l'expérience[70], qui naît d'interactions répétées permettant de présumer de la capacité à poursuivre un objectif, à se dévouer au bien commun, à parler vrai. Si elle peut être détruite ou endommagée par le constat d'inconséquences ou de promesses trahies, elle peut également être menacée par un soupçon alimenté par ce qui est perçu comme l'indice d'un mensonge ou d'une inconstance. Il y a en ce sens une fragilité intrinsèque de la confiance : elle n'est par essence jamais acquise et résulte d'une construction permanente.

Le développement d'une démocratie plus forte et plus active, avec des institutions renouvelées et plus ouvertes à l'intervention directe des citoyens, ne peut cependant suffire pour faire face aux menaces d'humanité. C'est en effet l'horizon même de la vie politique, avec la nécessaire inscription de l'action dans la durée, et la redéfinition de son sujet, avec le passage du citoyen-national à l'individu-humanité, qui est en jeu. Le problème étant que ces deux dimensions constituent le grand impensé des théories de la démocratie et des dispositifs institutionnels qui lui donnent consistance. La question est décisive car des régimes autoritaires se présentent aujourd'hui comme mieux à même d'intégrer ces dimensions. Elle dominera le XXIe siècle dans le face-à-face des pays démocratiques

66. Il faut entendre par là que les élus sont de moins en moins à l'image des citoyens, faisant que les parlements sont devenus bien loin de l'idéal que leur assignait Mirabeau de constituer « une image réduite de la nation ».
67. François Mitterrand ou Jacques Chirac avait un soutien de plus du tiers des électeurs au premier tour, alors qu'Emmanuel Macron n'en a eu qu'un quart.
68. Georg Simmel, *Sociologie. Études sur les formes de socialisation* (1908), trad. fr. par Lilyane Deroche-Gurcel et Sibylle Muller, Paris, PUF, 1999, p. 355-356.
69. *Ibid.*
70. Le point est bien développé par Alexis Spire, « La confiance dans l'État : une relation pratique et symbolique », dans Claudia Senik (dir.), *Crises de confiance ?*, Paris, La Découverte, 2020, p. 37-55.

avec la puissance chinoise. La confrontation des économies et de l'influence politique sera pour cela inséparable d'un affrontement intellectuel sur les modes de prise en charge de ces deux impératifs dont dépend la capacité de réduire les incertitudes de l'avenir.

Faire entrer le long terme en démocratie

Il est banal de constater que les démocraties ont du mal à intégrer le souci du long terme dans leur fonctionnement. Le constat n'a cessé d'être fait depuis l'âge des révolutions fondatrices. Mais il a pris une importance vitale en un temps de confrontation directe et impérieuse aux menaces d'humanité. La « préférence pour le présent » des démocraties s'explique par leur histoire et la nécessité dans laquelle elles se sont trouvées de rompre avec le temps immuable des visions religieuses et monarchiques du monde. Le présent a en effet toujours été considéré comme le temps de la volonté générale, dont la fréquence des élections est le baromètre. Ce n'est pas le lieu d'entrer ici dans la discussion de cette conception de la volonté avec tout ce qu'elle implique[71]. Mais du moins peut-on brièvement indiquer quelques remèdes possibles à ce court-termisme, ou du moins quelques modalités de son inflexion.

La correction de la myopie démocratique a depuis longtemps fait l'objet de réflexions et de propositions. La principale d'entre elles a reposé sur le projet d'un élargissement des procédures représentatives. Dès la fin du XIXe siècle, Alfred Fouillée, l'un des grands philosophes de l'idée républicaine et du solidarisme, avait ainsi proposé d'adjoindre à la Chambre des députés, représentant le présent, un Sénat porte-parole d'une volonté nationale comprise de façon élargie, comme étant composée « d'encore plus d'hommes à naître que d'hommes déjà nés ».

> Une nation, avait-il justifié en pionnier, n'est pas une réunion accidentelle d'individus ; c'est une personne vivante et perpétuelle qui a un corps organisé à conserver et à développer, qui a des traditions à sauvegarder, des droits et des devoirs séculaires, des richesses morales et matérielles à défendre contre la passion ou l'intérêt actuel peut se trouver en contradiction avec l'intérêt futur.

---

71. Cela fera l'objet de mon prochain livre.

L'idée a été reprise récemment sous différentes formes. On a ainsi pu parler de la nécessité de créer un « Parlement des objets » (Bruno Latour) ou un « Parlement du futur » (Dominique Bourg). Les modalités de mise en place, de fonctionnement et d'intervention de ce type d'institution restent à préciser. Mais l'idée d'introduire une dimension réflexive et délibérative dans les institutions et de pluraliser les formes de la représentation est indubitablement nécessaire. Nécessaire, mais pas suffisante. C'est en effet au-delà de la sphère représentative (qu'elle soit d'essence électorale ou procédant du tirage au sort) qu'il faut aussi envisager le souci du long terme.

Il y a deux autres façons de s'engager dans cette direction. Lui donner d'abord toute sa place dans l'ordre constitutionnel. Il ne s'agit pas seulement là d'une question formelle. Les constitutions sont en effet structurellement les gardiennes de la mémoire des principes organisateurs de la vie commune, contraignant les assemblées parlementaires et le pouvoir exécutif à les respecter (même si, en dernier ressort, une constitution peut toujours à son tour être changée). Elles veillent ainsi sur les droits de l'homme et l'esprit des institutions. Mais on pourrait très bien imaginer qu'elles intègrent aussi le souci des générations futures. Dans cet esprit, Sieyès a écrit : « Les véritables rapports d'une constitution politique sont avec la nation qui reste, plutôt qu'avec les besoins de la génération qui passe, avec les besoins de la nature humaine, communs à tous, plutôt qu'avec les différences individuelles[72] ». Comme celle d'humanité, l'idée de nation implique en effet celle d'une expérience collective inscrite dans l'écriture d'une histoire. Il faut donc veiller à ce que ces possibilités ne soient pas obérées. L'article premier de la loi française de décembre 1991 sur le stockage des déchets radioactifs disait dans cet esprit : « Les générations futures ont le droit de jouir de cette terre indemne et non contaminée ; elles ont le droit de jouir de cette terre qui est support de l'histoire de l'humanité. ». La charte française de l'environnement (2005) a aussi fait avancer les choses en formulant des principes et des valeurs à respecter. Ce sont des données de cette nature qu'il conviendrait de préciser et de constitutionnaliser de façon cohérente. Elles dessineraient de la sorte un cadre contraignant pour l'action législative et pourraient constituer des

72. *Opinion de Sieyès sur les attributions et l'organisation du jury constitutionaire* [*sic*], Paris, Convention nationale, 2 thermidor an III, p. 11.

références opposables dont les citoyens pourraient même s'emparer directement. Le point a bien été mis en avant par la Convention citoyenne pour le climat.

C'est aussi la redéfinition et le renforcement de l'État et de la notion de service public qui sont requis. Il n'a pas seulement une fonction de gestion et de régulation. Il est aussi le conservateur des conditions de la vie commune et la vigie du futur[73]. Il incarne fonctionnellement une autre temporalité que celle des gouvernements dont le pouvoir est marqué du sceau de l'éphémère. « L'État est le représentant de la perpétuité sociale. Il doit veiller aux conditions générales d'existence de la nation », avait ainsi souligné au XIXe siècle un économiste pourtant fort libéral[74]. C'est un point à méditer à l'heure où beaucoup réclament que tous les pouvoirs, qu'ils soient judiciaires, administratifs ou de l'ordre d'autorités indépendantes soient soumis au pouvoir majoritaire des élus. Alors que nombre de gouvernements repoussent dans le futur des questions délicates à traiter (l'exemple des déchets nucléaires en étant un exemple archétypique[75]), il s'agit, à l'inverse, d'introduire le futur dans la conduite du présent : c'est ainsi que doit se comprendre l'art politique de la décision à l'âge des menaces d'humanité.

Communauté de citoyens et population

Alors que les risques sociaux sont appréhendés à partir de leurs conséquences différenciées sur la vie des individus, les menaces d'humanité ont, elles, un impact uniforme directement collectif. Et les réponses apportées aux défis impliqués se mesurent aussi à cette échelle. Mais les figures des communautés d'incertitude qui leur sont associées présentent, elles, un caractère hybride. Ce sont d'un côté des communautés de citoyens immédiatement concernés, auxquelles les pouvoirs publics s'adressent et dont ils doivent

73. Au temps où s'imposait encore fortement l'idée de service public, un de ses représentants les plus archétypiques, l'inspecteur des finances Simon Nora, qualifiait les hauts fonctionnaires de « prêtres du temps long » en notant : « S'il n'y a pas des gens chargés de la prise en compte des intérêts structurels de la nation, au-delà des relèves et des rythmes de la classe politique, quelque chose de fondamental manque dans un pays » (« Servir l'État », *Le Débat*, n° 40, mai-septembre 1986, p. 11).
74. Paul Leroy-Beaulieu, *L'État moderne et ses fonctions*, Paris, Guillaumin, 3e éd., 1900, p. 120.
75. Voir sur ce point l'ouvrage instructif de Yannick Barthe, *Le Pouvoir d'indécision. La mise en politique des déchets nucléaires*, Paris, Economica, 2006.

gagner la confiance pour assurer l'efficacité des décisions prises. Mais vues sous un autre angle, ces communautés constituent des populations, c'est-à-dire des ensembles humains qu'il faut traiter comme un bloc, comme un corps collectif. Dans une communauté de citoyens, chaque vie prise individuellement compte. En revanche, lorsqu'on considère une population, seul compte l'ensemble. C'est alors une logique utilitariste qui justifie les décisions : c'est le bien-être du plus grand nombre qui compte, fût-ce au prix du sacrifice de quelques-uns ; la morale devient là une question d'arithmétique[76].

Avant l'établissement des démocraties et la valorisation des droits de l'homme, c'est le raisonnement utilitariste qui prévalait. L'État était le gérant d'une population. C'est une approche des pouvoirs publics qui subsiste toujours en démocratie, sous les espèces de l'État hygiéniste, par exemple, ou tout simplement des politiques natalistes (une dimension décisive en France). Mais elle a de plus en plus été contrebalancée par l'attention croissante portée aux individus, donnant une valeur irremplaçable à la vie. Au point où même les logiques de guerre les plus structurellement sous-tendues par la vision utilitaire du sacrifice pour la patrie en ont été marquées[77]. La gestion de la pandémie de la Covid-19 a remis à l'ordre du jour cette distinction entre populations et communautés de citoyens. Des pays autoritaires comme la Chine ont ainsi naturellement fait le choix de raisonner en termes de population et d'agir en conséquence, alors que les démocraties, tout en étant écartelées, se sont situées par rapport à des communautés de citoyens.

Cette distinction refait également surface sur un autre mode quand on considère les politiques de lutte contre la menace du réchauffement climatique. C'est le fait qu'il faille appréhender les problèmes dans une perspective de long terme qui conduit à revenir à la notion de population. Plus on pense sur le long terme, plus les individus s'effacent en effet pour se fondre dans une grande figure collective et anonyme, l'État renouant alors avec la figure du Léviathan telle que le frontispice du *Léviathan* de Hobbes l'avait dessiné[78].

---

76. Voir les travaux des « pères fondateurs » de l'utilitarisme, Jeremy Bentham et John Stuart Mill.
77. Voir le rapport à la mort des soldats dans les deux guerres mondiales du XXe siècle et celles d'aujourd'hui (au Sahel par exemple).
78. Rappelons que cette image montrait un souverain couronné et doté d'un sceptre dont le corps était constitué d'un nombre infini de petits individus réduits à de minuscules figurines anonymes.

On voit de cette façon que l'épreuve de l'incertitude interroge les démocraties sur leurs fondements autant qu'elle nourrit au présent l'anxiété des femmes et des hommes. Mais elle invite aussi à élargir la vision de la citoyenneté. La notion d'humanité est en effet une façon démocratique de penser une population sur le mode de la communauté de destin qu'elle constitue. L'action pour maîtriser une menace comme celle du dérèglement climatique est ainsi inséparable de cette constitution d'une « terre-patrie » qu'Edgar Morin avait appelée de ses vœux. C'est là encore un des objets centraux de la grande confrontation planétaire qui va marquer les années à venir.

Conclusion

LES VOIES DE L'ÉMANCIPATION

Si les épreuves de la vie conditionnent en profondeur le quotidien des femmes et des hommes et disent la vérité de l'état d'une société, une des fonctions essentielles de la politique doit donc être d'aider à en réduire le poids dans les existences. Le reconnaître conduit à élargir de façon substantielle la conception et l'agenda d'une politique progressiste. On ne saurait plus se contenter ainsi de la cantonner à des objectifs statistiques de réduction des inégalités et de redistribution. Si ceux-ci constituent un point d'appui incontournable, ils ne peuvent être considérés comme suffisants. Outre les réformes également nécessaires de l'héritage et de la propriété intellectuelle, c'est en effet la nature et la qualité des rapports sociaux dans leur globalité qu'il s'agit de révolutionner pour se diriger vers une véritable société de semblables et d'individus capables d'inventer leur histoire. L'émancipation de chacun et celle de tous se superposent dans cette perspective. L'attention médiatique a largement été portée ces dernières années sur ce qu'on a appelé dans ce livre les épreuves de l'intégrité personnelle, mais les épreuves du lien social et celles de l'incertitude, sur lesquelles nous avons mis l'accent, ont un caractère encore plus directement politique. Puisqu'elles se lient aux émotions qu'elles suscitent en réaction, c'est le système qu'elles forment avec ces dernières, comme avec les attentes qui en dérivent, dont il faut examiner les conditions de traitement politique.

Les trois modes d'entrée en politique des émotions

La grande force des populismes est d'avoir compris le rôle central qui est désormais joué par les émotions en politique. Certains l'ont explicitement théorisé. C'est le cas des deux principales figures intellectuelles du populisme de gauche, Ernesto Laclau et Chantal Mouffe. Le premier a ainsi mis l'accent sur l'importance de ce qu'il a appelé des « signifiants vides », c'est-à-dire des images floues qui ont une forte capacité de mobilisation : la référence aux « 1 % », à « la caste » ou aux « technocrates de Bruxelles » provoque, par exemple, des réactions spontanées. Ceux-ci jouent à ses yeux un rôle essentiel dans l'établissement de la « raison populiste[1] ». La seconde a également invité à être attentif aux « affects communs », ceux-ci étant au cœur de la constitution de formes d'identification qui expriment sensiblement la distinction entre « eux » et « nous ». « La gauche, a-t-elle souligné, est trop rationaliste pour le comprendre ; pour elle, les arguments et les chiffres corrects suffisent. Or ce qui pousse les gens à agir, ce sont les affects[2]. » En Espagne les dirigeants de Podemos ont parlé de leur côté du rôle décisif qu'il convenait de donner « aux moteurs affectifs[3] ». Les populismes de droite et d'extrême droite ont, quant à eux, plus instinctivement appréhendé les choses. Mais ils ont eux aussi pensé sur ce mode la redéfinition des clivages politiques.

Si les populismes ont en commun de répudier le clivage gauche-droite, ce n'est ainsi pas au nom d'une quelconque troisième voie. C'est parce qu'ils ont considéré que c'était à partir des sentiments « des gens » et non plus seulement de leurs intérêts que se structuraient dorénavant les oppositions dans la société. Car ce sont ces sentiments qui expriment la réalité concrètement vécue, alors que les catégories sociologiques à partir desquelles il était habituel de représenter le monde social ont perdu de leur pertinence. Les communautés d'émotion semblent ainsi faire directement sens aux yeux de tous alors que l'ancien langage des identités de classe (« la classe ouvrière », « les masses », « la bourgeoisie », etc.) résonne maintenant dans le vide. Les partis populistes sont du même coup devenus, avec une indéniable efficacité, des entrepreneurs d'émotions. Ils donnent sens et forme au « mécontentement » social en devenant les forces d'expression du ressentiment, de l'indignation, de l'amertume ou de la défiance qui s'expriment de façon diffuse[4]. Ils les

1. Voir son ouvrage *La Raison populiste*, Paris, Seuil, 2008.
2. Entretien dans *Le Point*, 27 septembre 2018.
3. Expression d'Iñigo Errejón. Voir ses développements sur ce point dans Chantal Mouffe et Iñigo Errejón, *Construire un peuple. Pour une radicalisation de la démocratie*, Paris, Cerf, 2017, p. 96-99.
4. Les différences entre populismes de droite et de gauche se manifestent sur ce point en termes de hiérarchisation et de modes de canalisation de ces émotions, les populismes de droite mettant l'accent sur l'homogénéité d'exclusion.

canalisent et les instrumentalisent pour les transformer en force politique d'opposition. Mais ils le font sans s'attaquer aux mécanismes et aux structures qui sont la cause des épreuves dont ces émotions sont dérivées. Les populistes se cantonnent de la sorte à exprimer une démocratie de rejet et d'incantation. Ils s'affirment comme les champions d'une politique négative, capable de gagner des élections sans se montrer en mesure de réformer un pays. Et ils ne peuvent rester au pouvoir, quand ils y parviennent, qu'en se lançant dans une escalade toujours plus agressive de démonisation de leurs adversaires (le trumpisme en ayant été un exemple archétypique). On peut ainsi parler, les concernant, d'une intelligence pervertie et impuissante des émotions, menaçant de conduire la démocratie vers son point de basculement dans un autoritarisme dérivé du constat de l'impossibilité de faire monde commun.

Toute autre est l'approche des « politiques de la raison ». Loin de chercher à surfer sur les émotions pour s'approprier leur puissance d'abrasion et de contagion, les partis qui s'inscrivent d'une manière ou d'une autre dans cette perspective les considèrent comme un danger pour la démocratie. Les émotions sont appréhendées dans ce cas comme génératrices d'irrationalité, susceptibles d'alimenter les formes les plus destructrices de démagogie. Une saine politique devrait donc à l'inverse pour eux s'en tenir à ce qui est objectif, mesurable et donc rationnellement discutable : les intérêts. Politiques de la raison et lutte des classes peuvent coexister dans cette mesure, les bornes et les objets du conflit (entre salaires et profits par exemple) étant clairement circonscrits et susceptibles d'être inscrits dans un affrontement organisé (comme celui des syndicats vis-à-vis du patronat). Des adversaires politiques partagent en effet sur cette base des éléments de langage commun tout en pouvant se combattre. Les désaccords peuvent être vigoureux sur les marges de manœuvre existantes, l'affectation des profits, les effets de la concurrence internationale, la définition d'une stratégie industrielle adéquate, par exemple, sans que cela interdise des compromis temporaires. C'est dans un tel conflit des raisons que se sont historiquement constituées l'opposition entre la droite et la gauche comme celle entre le libéralisme et le marxisme (avec la compétition qui en découlait autrefois entre le système libéral occidental et l'Union soviétique). Le champ de l'économie était pour cela considéré comme le terrain d'expression de la division sociale. C'est ce qui fait la grande différence avec la vision populiste pour laquelle la distance entre « eux » et « nous » se joue sur un autre registre, celui d'une différence d'ordre culturel, anthropologique, identitaire, faisant des émotions le mode d'expression d'un nouveau type d'affrontement social et politique autant que moral.

Il y a eu une spécificité française des politiques de la raison, car elles se sont adossées dans l'Hexagone à un fort ethos technocratique qui entendait définir le bien public « objectivement », au-delà des affrontements de classes et des divisions de partis. Cette raison technocratique, avec sa prétention de pleine maîtrise de la réalité, a renforcé « l'économisme » de ces politiques[5]. Cela a rendu les élites françaises, baignées qu'elles étaient dans cette culture technocratique, particulièrement insensibles à la dimension émotionnelle du monde social. Et cela les a aussi rendues aveugles aux épreuves qui fabriquent les émotions, c'est-à-dire à un ensemble de situations de domination, d'exclusion ou d'insécurité vécues comme essentielles par les hommes et les femmes du pays, mais qui ne sont pas mesurées ni même appréhendées dans les grands comptes de l'économie nationale. La forme de cécité qui en découle est du même coup génératrice d'impuissance ou de fourvoiement pour cause de méconnaissance du pays réel.

C'est en rupture avec ces deux visions populiste et technocratique du monde et de la société que l'on doit concevoir une politique démocratique des épreuves qui soit au cœur de l'action publique. Les épreuves de l'individualité ont commencé à être prises en compte dans certaines de leurs dimensions du fait de l'énorme pression médiatique et sociale liée au mouvement *#MeToo* ou à la révélation de l'ampleur des phénomènes d'inceste. Elles sont certes encore loin d'avoir toutes été explorées et adéquatement traitées, que l'on songe aux problèmes du harcèlement sur les lieux de travail, aux phénomènes de *burn out* ou encore au traitement inhumain de certains réfugiés. Mais au moins la voie est-elle tracée en termes de modalités de traitement juridique et de formes de mobilisation sociale. Ce qui est encore loin d'être le cas pour les épreuves du lien social et les épreuves de l'incertitude. Concernant les premières, elles sont au cœur des colères, des formes de ressentiment et d'indignation qui

5. On peut d'ailleurs aussi souligner que cela a été une des caractéristiques de la vision marxiste du monde avec sa certitude de posséder le sens de l'histoire et d'être l'expression de la science du monde réel.

constituent le principal aliment du populisme. D'où le fait que ce dernier ne pourra être efficacement combattu que si sont conçues et développées des politiques du respect et de la dignité, comme de l'attention aux réalités sensiblement vécues. C'est un nouvel art de gouvernement, avec son langage et ses instruments d'appréhension de la réalité, qui est là à inventer. Cela implique aussi de résister à la tentation de prétendre résoudre les problèmes en les occultant, ce qui est par exemple le cas aujourd'hui lorsque les faits de discrimination sont relégués dans l'ombre au nom d'une peur de l'archipélisation sociale et du séparatisme, alors même que c'est l'absence de traitement de ces discriminations qui nourrit pour une part ces types de réactions et de tentations[6].

Si une démocratie des épreuves est la seule alternative aux impasses et aux dangers liés d'un côté au populisme et de l'autre à ce qui relève à la fois d'un techno-libéralisme et d'un républicanisme du repli sur soi, c'est aussi parce qu'elle se fonde sur une conception forte de l'égalité qui se tient à distance des intégrismes défensifs de l'identité autant que des optimismes de l'idéal méritocratique d'une égalité rédemptrice des chances. Dans la vision populiste, l'égalité n'est pensée que sous les espèces d'une homogénéité réglée par des mécanismes d'exclusion. Le peuple-un n'existe en effet qu'appuyé sur le rejet d'autres groupes, le racisme en étant un des modes de constitution les plus communs[7]. La vision libérale-républicaine de l'égalité des chances est plus séduisante et *a priori* plus morale. Mais elle se heurte à une double limite. La première est qu'il faut paradoxalement *désocialiser* les individus pour égaliser vraiment leurs chances. Les saint-simoniens, les premiers champions de cet idéal au XIXe siècle, avaient ainsi proposé de supprimer l'héritage et de mettre en place ce qu'on avait appelé des « maisons de l'égalité » pendant la Révolution française, afin que tous les enfants soient retirés de leur famille et aient la même prime éducation. Faute de cela, il y aurait toujours, disaient-ils, des distorsions possibles de cette égalité des chances liées à la famille et au milieu social. L'idéal d'une égalisation réelle des positions initiales des

---

6. La question de l'islam, qu'il faut évidemment prendre très au sérieux lorsqu'elle se lie à des formes de dissidence du commun, n'étant qu'une dimension d'un problème beaucoup plus vaste.
7. Voir mes développements sur le peuple-un dans le premier chapitre du *Siècle du populisme. Histoire, théorie, critique*, Paris, Seuil, 2020. Une certaine idéologie de la vigilance républicaine présente des traits qui peuvent s'en rapprocher.

individus n'est de cette façon jamais réalisé. Et si l'on voulait une égalité permanente des chances pour pallier cette impossibilité de telles conditions initiales, cela reviendrait à en dissoudre le sens : il n'y aurait en effet plus de chances à saisir ou d'efforts à accomplir si des moyens identiques étaient sans cesse redistribués. La notion d'égalité des chances flotte ainsi entre les deux pôles d'une égalité redistributive absolue et d'une simple égalité de droit. La seconde limite de l'égalité des chances tient au fait qu'un monde uniquement gouverné par le principe méritocratique serait celui d'une société inflexiblement hiérarchique. Les gagnants du système seraient en effet d'autant plus légitimés dans leur position supérieure que les conditions de leur ascension apparaîtraient comme irrécusables. S'il est indispensable de mettre en place des *politiques* d'égalisation des chances, on ne peut ainsi pas en déduire une *philosophie* globale de l'égalité qui soit acceptable.

La démocratie des épreuves peut, elle, fonder une philosophie partagée de l'égalité : celle d'une égalité comprise en termes de nature et de qualité de la relation entre individus. Être des égaux, c'est « vivre en égaux » selon l'heureuse formule employée par John Stuart Mill pour définir le type d'égalité fondatrice entre les sexes[8]. L'égalité-relation est celle qui fonde la construction d'une *société des semblables* : une société dans laquelle chacun est respecté, reconnu comme utile à la collectivité, établi dans sa dignité. Une société d'où auraient donc été bannies les discriminations, où serait combattu le mépris, dans laquelle serait valorisée la singularité de chacun.

D'autres modes de connaissances et de représentation

Les instruments de connaissance statistique dont nous disposons aujourd'hui ne permettent pas d'avoir une bonne appréhension des différentes catégories d'épreuves que nous avons mentionnées. Nous avons donc besoin pour cela de nouveaux indicateurs. Ils ne sont pas tous de même nature. Concernant les discriminations, ce sont les tests à grande échelle qui donnent les informations les plus

8. Sur cette idée d'égalité-relation, voir mes développements dans *La Société des égaux*, Paris, Seuil, 2011.

fiables. Nous en avons cité un certain nombre concernant l'accès au logement ou à l'emploi au regard des différences de sexe et d'origine. Mais ils restent peu nombreux. Il serait donc nécessaire de les multiplier et de les systématiser, ainsi que de les conduire sur la base de campagnes, par exemple, triennales (au regard de la complexité de la mise en place de ces tests) qui permettent de mesurer des évolutions sur ces sujets les plus brûlants. Sur cette base, un Observatoire indépendant des discriminations pourrait être mis sur pied, ses travaux étant menés en lien avec le Défenseur des droits, chargé de recueillir les doléances sur le sujet, ainsi qu'avec les associations concernées ; associer ces dernières est en effet un moyen toujours efficace de légitimer une institution ou une démarche[9].

Il y a aussi besoin d'enquêtes qualitatives pour appréhender plus précisément des épreuves comme celles du mépris ou de l'injustice, et pour mieux comprendre leurs ressorts et leur ampleur. Si des travaux ont, par exemple, été récemment consacrés à un thème très large comme celui du « bien-être », un Observatoire universitaire ayant même été créé sur ce thème[10], rien n'a été fait pour appréhender ces formes de souffrance sociale qui pèsent pourtant lourd dans la vie des individus et influent en profondeur sur leurs attitudes politiques. On ne peut prétendre faire reculer le populisme si l'on ne porte pas une attention prioritaire à ce type de sentiments qui le nourrissent. On pourrait imaginer dans cette direction qu'un Observatoire du malaise social soit mis en place, en étant, par exemple, rattaché au Conseil économique, social et environnemental (CESE) qui pourrait amplifier sur ce mode son rôle de représentation de la société civile. Le suivi du sentiment d'insécurité sociale serait également fort utile dans la même veine. Ce sont d'une façon plus générale tous les indicateurs d'appréciation subjective de la vie personnelle des hommes et des femmes qu'il s'agirait de développer. C'est d'eux que les citoyens ont besoin pour se sentir représentés et les pouvoirs publics pour intervenir efficacement.

---

9. On peut rappeler qu'après 1968, avait été créé le CLINSOPS (Comité de liaison entre l'INSEE et les organisations syndicales et professionnelles) qui avait joué un rôle important dans l'amélioration des outils statistiques servant de base aux négociations collectives et à la détermination des politiques publiques.

10. Observatoire rattaché au CEPREMAP qui bénéficie d'une importante subvention publique. Voir sa première production *Le Bien-être en France. Rapport 2020*, sous la direction de Mathieu Perona et Claudia Senik, Paris, Éditions du CEPREMAP, 2021.

Ce sont encore des « statistiques alternatives » qui sont requises pour comprendre la société. Si on s'intéresse à la citoyenneté, on sait que la prise en compte des taux d'abstention, de leurs ressorts et de leur évolution est une source irremplaçable d'enseignements sur le rapport à la politique. Mais on ne dispose pas d'indicateurs équivalents pour cerner tous ceux qui sont les invisibles et les oubliés de la vie sociale. Un seul exemple en fera comprendre l'utilité : le dernier recensement national des SDF par l'INSEE date de 2012 alors que c'est une réalité qui saute à la figure dans les rues[11] ! Appréhender ceux qui font la queue devant la porte des Restos du cœur, une banque alimentaire de quartier, un centre d'hébergement, en apprendrait beaucoup sur les multiples causes génératrices d'une dégringolade personnelle. Au-delà des statistiques officielles, ce sont aussi des indicateurs de « signaux faibles » qu'il est ainsi important de mettre en place. En matière économique, les géants de la finance s'intéressent, par exemple, aux achats en ligne ou au trafic routier pour apprécier les évolutions de la situation économique au-delà des agrégats globaux mesurant traditionnellement l'activité. En matière sociale, tout se passe comme s'il n'y avait que les mouvements de rue ou les bulletins en faveur du Rassemblement national pour mesurer le mécontentement et la défiance. Mais on pourrait aussi partir de l'audience de certaines émissions, du nombre de *followers* sur Twitter de certains comptes significatifs, des thèmes les plus abordés sur les réseaux sociaux ; ou encore de la consommation de produits symboliques.

Quand compter n'est pas possible, c'est en racontant que l'on cerne ce qui se passe dans les profondeurs de la société. C'est ce qu'avait fait en pionnière Florence Aubenas dans *Le Quai de Ouistreham* ou ce qui a retenu l'attention dans le roman de Nicolas Mathieu *Leurs enfants après eux* (prix Goncourt 2018), une brèche dans laquelle se sont engouffrés de nombreux « écrivains du réel »[12]. C'est aussi ce qui explique que cet essai se soit spontanément référé à des films qui ont souvent mieux fait comprendre à une large audience les problèmes contemporains que de pesants traités réservés à un petit nombre de lecteurs. La nouvelle façon

---

11. On peut signaler les conséquences pratiques dérivées de l'expérience parisienne d'une mesure annuelle de la situation lors de la « Nuit de la Solidarité ».
12. Sur la littérature d'enquête, voir le texte d'Aurélie Adler dans la partie « Rebonds et explorations » de ce volume (p. 203-213).

d'appréhender la société qui a fait l'objet de ce livre est ainsi inséparable de toutes ces tentatives de compter et de raconter autrement la société. Nous ne sortirons des impasses dans lesquelles nous sommes embourbés qu'au prix de la multiplication de ces diverses entreprises pionnières. Mieux représenter la société veut en effet dire *rendre présentes* aux yeux de tous les réalités vécues. La méthode et la finalité d'une politique de l'émancipation se superposent aussi de cette façon.

Mise au point de méthode : la notion d'épreuve en sciences sociales

Dans le langage commun, le terme d'épreuve a une double signification. Il renvoie d'un côté à la mise en place d'un dispositif d'évaluation ou de vérification destiné à savoir si quelque chose ou quelqu'un possède certaines qualités. On parle ainsi des épreuves qui composent un examen, d'une hypothèse scientifique soumise à l'épreuve des faits au travers d'une expérimentation, ou encore d'une amitié éprouvée par le comportement d'une personne. L'épreuve a là une dimension active. Mais le terme d'épreuve désigne aussi quelque chose que l'on subit. Dans ce sens plus passif, l'épreuve dérive d'événements ou de conditions de vie qui engendrent une souffrance liée à une altération des capacités de l'individu, à une mise en danger psychique ou matérielle, au sentiment d'une perte affectant l'identité. C'est, par exemple, l'épreuve de la maladie, d'une séparation ou de la perte d'un emploi. La notion d'épreuve est là d'ordre existentiel, elle a une dimension subjective. Alors qu'elle revêtait un caractère procédural et objectif dans le sens précédent du terme.

Cette distinction offre un cadre qui permet d'en situer l'usage dans l'ordre conceptuel[1]. L'appréhension des épreuves existentielles a constitué un objet central de la philosophie depuis l'Antiquité[2]. Le propre de la condition humaine est en effet d'être marquée par sa finitude intrinsèque (l'affrontement à la mort, la soumission inexorable au temps qui passe, la limitation des possibles, etc.) avec toutes les frustrations et les drames qui peuvent en découler. Philosopher va constituer dans ce cadre à inventer un art de vivre en pleine conscience qui permette de composer avec ces épreuves constituantes, de les maîtriser pour ne pas se laisser submerger par elles.

1. La distinction active/objective *vs* passive/subjective me paraît plus précise et plus opératoire que celle faite par Danilo Martucelli entre « épreuve-sanction » et « épreuve-défi » dans son article par ailleurs stimulant, « Les deux voies de la notion d'épreuve en sociologie », *Sociologie*, vol. 6, n° 1, 2015, p. 43-60.
2. Voir la synthèse de Pierre Hadot, *Éloge de la philosophie antique*, leçon inaugurale au Collège de France (1983), Paris, Allia, 1998.

Une telle philosophie ne vise donc pas à produire de la connaissance, elle consiste avant tout à proposer une démarche intérieure permettant aux individus de progresser spirituellement. « La contemplation béatifiante, écrit ainsi l'un des maîtres de l'époque, ne consiste pas en une accumulation de raisonnements, ni en une masse de connaissances apprises : *il faut que la théorie devienne en nous nature et vie*[3]. » Cette dimension de la réflexion philosophique n'a ensuite cessé d'inspirer des œuvres majeures, de Montaigne soulignant dans ses *Essais* que la vie « est toujours en apprentissage et en épreuve[4] », à Jean-Paul Sartre dont l'existentialisme est fondé sur l'idée que « l'homme est condamné à être libre » et qu'il se construit « en se jetant dans le monde, en y souffrant et en y luttant », cette définition de lui-même demeurant toujours ouverte[5].

Dans le domaine des sciences sociales, cette dimension existentielle de la notion d'épreuve n'a longtemps pas eu sa place, la discipline sociologique des origines impliquant par construction une vision désindividualisée du monde, le « social » étant considéré comme ayant une consistance et une vie propres. Le terme d'épreuve y sera cependant acclimaté en France, mais tardivement, dans les années 1980 pour fonder ce qu'on a alors appelé la *sociologie pragmatique*[6]. Mais ce terme sera alors rapporté à sa définition, que l'on pourrait dire plus « scientifique », de dispositif d'évaluation et de vérification. Dans cette perspective sociologique, il s'agit en effet d'appréhender la vie sociale comme celle d'un *laboratoire* dans lequel on peut observer « ce qui marche » (Bruno Latour)[7], ou comme étant l'équivalent d'une *scène de procès* dans laquelle s'affrontent des points de vue et se tranchent des controverses en invitant les acteurs sociaux à expliciter et à justifier leurs décisions et leurs orientations (Luc Boltanski)[8]. Les épreuves sont ainsi ce qui

---

3. Porphyre, *De l'abstinence*, cité par Pierre Hadot, *Éloge de la philosophie antique*, *op. cit.*, p. 37.
4. Montaigne, *Essais*, Livre III, chap. II, Paris, Gallimard, « Bibliothèque de la Pléiade », 2007, p. 845.
5. Voir la notice que lui consacre Michel Contat dans le *Dictionnaire des philosophes*, t. II, Paris, PUF, 1984, p. 2298-2309.
6. Pour une première approche de cette « nouvelle sociologie », voir Cyril Lemieux, *La Sociologie pragmatique*, Paris, La Découverte, 2018, ainsi que Yannick Barthe, Damien de Blic *et al.*, « Sociologie pragmatique : mode d'emploi », *Politix*, vol. 26, n° 103, 2013, p. 175-204.
7. Voir son ouvrage fondateur de cette approche, *La Science en action*, Paris, La Découverte, 1989.
8. Voir Luc Boltanski et Laurent Thévenot, *De la justification : les économies de la grandeur*, Paris, Gallimard, 1991.

permet de « stabiliser la réalité » dans un monde où règnent les incertitudes, les conflits d'intérêts et les divergences sur les valeurs à défendre. Il ne s'agit donc pas tant de proposer une théorie positive de la société (dans une perspective « essentialiste ») que de démonter les mécanismes qui régissent un monde toujours « en train de se faire » et d'observer comment ils opèrent.

La notion d'épreuve telle qu'elle a été entendue dans ce livre ne s'inscrit ni dans cette visée pragmatique ni dans la perspective philosophique existentielle. Il s'agit dans cet essai *d'épreuves sociales* affectant la vie des individus et caractérisant simultanément le mode de fonctionnement de la société. Et plus spécifiquement encore *d'épreuves démocratiques* au sens où elles constituent des atteintes aux principes constituants d'une société démocratique : la perspective de réalisation d'une société de semblables, l'égalité des droits et des chances, l'inclusion de tous dans la nation, le partage d'une même communauté de destin. Ainsi dans ce type d'épreuves se mêlent : ce qui relève d'une domination ou d'une injustice ressentie et subie par les individus ; et ce qui révèle la nature effective des mécanismes sociaux ordonnant le fonctionnement de la société.

La notion d'épreuve esquissée dans ces pages va cependant plus loin que cette caractérisation élargie à leur rapport à l'idéal démocratique. Elle acquiert aussi un statut de catégorie sociologique à part entière. Dans une société irriguée par la recherche d'un individualisme de singularité *dans* la démocratie, les épreuves ne sont pas seulement des événements ou des situations qui affectent les personnes : elles constituent aussi des *formes sociales* à part entière. On doit en effet distinguer les formes sociales-relation et les formes sociales-identité. Les secondes sont celles qui ont traditionnellement été au cœur de l'investigation sociologique, avec en leur cœur la notion de classe de façon emblématique, les premières étant de leur côté appréhendées à partir de l'analyse de mécanismes comme ceux de la domination ou de l'exploitation. La notion d'épreuve permet d'élargir la compréhension de ces derniers et d'en renouveler l'approche en ne séparant pas les faits de leur perception par les individus. On peut comprendre dans cette perspective la marche de la société comme étant constituée par cette dynamique des épreuves. Celles-ci ordonnent à la fois un nouveau mode de production du commun (les communautés d'épreuves *vs* les classes d'identité) et une nouvelle forme de l'interaction sociale. Pour situer cette approche dans la tradition sociologique, on peut considérer qu'elle prolonge en la développant et en l'actualisant celle de Georg Simmel et de Gabriel Tarde, les premiers théoriciens d'une vision élargie tant de l'individualisme que de la nature même du social, dont les œuvres puissantes ont largement été occultées par les diverses écoles de la tradition française. Elle dialogue aussi avec la perspective ouverte par Jean-Claude Passeron dans *Le Raisonnement sociologique : un espace non poppérien de l'argumentation*[9].

9. Voir la nouvelle édition revue et augmentée, Paris, Albin Michel, 2006.

REBONDS
ET
EXPLORATIONS

Dans l'esprit de la collection « Le Compte à rebours », l'essai de Pierre Rosanvallon ouvre des perspectives de réflexion et de discussion. Les « Rebonds et explorations » qui suivent en sont la traduction concrète. Parce qu'un essai réussi vaut autant par le constat dressé que par les renouvellements esquissés, quatre lectures sont ici proposées dans une démarche d'intelligence collective. Deux chercheuses et deux chercheurs ont accepté d'engager la discussion et de partager leurs regards, au croisement de l'histoire, de la littérature et des sciences sociales. Leurs contributions témoignent, chacune à sa façon, de la fécondité d'une compréhension nouvelle de la société française, à l'aune des épreuves et des émotions qui la traversent et la constituent.

Parmi les épreuves du mépris les plus douloureusement ressenties, celle de l'humiliation fragilise des existences individuelles et collectives. Elle peut imprimer une blessure vive au plus profond des âmes et des corps, comme le rappelle la philosophe Gloria Origgi. Notre sensibilité contemporaine à l'expérience de l'humiliation signale à quel point nous existons et souffrons, plus que jamais, à travers le regard des autres, à l'épreuve de l'image qu'ils nous renvoient de nous-mêmes.

C'est un autre enjeu de représentation auquel s'intéresse Nicolas Duvoux dans sa contribution, sur l'écart entre la mesure objective de la pauvreté et le ressenti subjectif de la précarité. Que disent les statistiques de la vraie vie des gens ? Comment relier ensemble les réalités observées, d'une part, et les attentes et les craintes à travers lesquelles chacun perçoit sa place dans la société, de l'autre ? Plutôt que d'opposer les chiffres et les sentiments, le sociologue plaide pour l'élaboration de nouvelles méthodes de saisie et d'objectivation du monde social.

Emmanuel Fureix explore ensuite la place que les émotions occupaient dans les mobilisations des classes populaires, de la

Révolution française jusqu'au milieu du XIXe siècle, avant l'avènement du suffrage universel masculin. Cette politique des émotions, fondée sur la quête de justice et de dignité, interrogeait les limites et les faux-semblants d'une « politique raisonnée » revendiquée alors par les seules élites.

Aurélie Adler réfléchit enfin au rôle de la littérature d'enquête dans l'exploration et la restitution des émotions, le plus souvent souterraines et inaudibles, que ressentent les classes ouvrières et populaires face à la relégation sociale. Pour pallier la froide objectivité des statistiques, les romanciers redonnent voix aux vies silencieuses, non sans doute ni réserve sur la légitimité de leur démarche.

L'ÉPREUVE DE L'HUMILIATION

Gloria Origgi

Parmi les multiples épreuves, individuelles et collectives, sur lesquelles l'essai de Pierre Rosanvallon attire notre attention, l'humiliation est l'une de celles qui portent le plus directement atteinte à la dignité des personnes et à leur statut social, et ce, jusqu'au plus profond de leur corps. Bien que le progrès moral de nos sociétés soit accompagné par des efforts pour réduire les rituels d'humiliation – tels que la torture, la discrimination publique, les conditions indignes d'existence –, le ressenti de l'humiliation est difficile à éliminer, même dans des sociétés qui disent respecter la dignité de la personne. Le sentiment d'humiliation est le sentiment « statutaire » par excellence : il nous informe de notre position sociale par rapport aux autres et du rabaissement que l'acte humiliant lui inflige. Toute interaction sociale comporte un risque d'humiliation : de ne pas être reconnus pour ceux pour qui nous nous prenons, de ne pas être respectés dans nos aspirations, d'être « remis à notre place » lorsque nous essayons d'être au-dessus de la place que les autres nous reconnaissent, etc. L'humiliation est une blessure profonde car elle ne dépend pas seulement du regard que les autres portent sur nous : elle atteint notre propre image de nous-mêmes en nous rendant méconnaissables à nos yeux. Une société, même injuste, peut se définir comme *décente* si elle essaye d'éliminer toute situation dans laquelle ses membres auraient des raisons de se sentir humiliés. Cependant, les raisons pour lesquelles les gens se sentent humiliés sont parfois difficiles à saisir, parfois dépendantes des différentes identités culturelles ou des aspirations cachées. Ce qui touche à notre dignité peut être perçu par les autres comme un détail superficiel de notre personne : plus les sociétés sont hétérogènes et singularisées, plus les risques d'humiliation prolifèrent.

Décence, humiliation et dignité

En décembre 2010, dans la ville de Sidi Bouzid en Tunisie, le marchand de légumes Mohamed Bouazizi s'immolait par le feu sur la place publique après avoir été giflé par une policière qui lui avait confisqué sa marchandise. Selon ses proches, la justification de son acte était qu'il n'en pouvait plus de subir ainsi l'humiliation à laquelle l'exposait sa condition. Ce geste eut des répercussions bien connues, déclenchant un mouvement de révolte en Tunisie qui se transformera en révolution[1]. Ce qui frappa l'esprit dans ce geste fut, d'un côté, la disproportion entre l'acte humiliant et la réaction et, de l'autre côté, l'empathie ressentie par le peuple tunisien, qui se révolta en exprimant son indignation : c'est comme si ce sentiment s'était synchronisé dans la société tunisienne et que tout le monde avait pris la mesure de l'injustice de cette situation. Bien sûr, il existe dans toutes les sociétés qui expriment une structure morale des rituels de dégradation de statut qui peuvent être considérés comme justes[2]. Mais un acte de rabaissement injuste, qui touche à notre sentiment profond de qui nous sommes et de la manière dont les autres nous voient, est immédiatement perçu comme une violation de la *dignité* de la personne.

Or qu'est-ce qu'une société décente ? C'est la question que posait déjà le philosophe israélien Avishai Margalit dans un essai intitulé *La Société décente*[3]. Sa réponse était qu'une société décente est une société où les institutions n'humilient pas les personnes placées sous leur autorité, et où les citoyens n'humilient pas d'autres citoyens. L'attention des philosophes se porte volontiers sur l'idéal d'une société juste, basé sur l'équilibre entre les notions de liberté et d'égalité. Cependant, étant donné que cet idéal d'une société juste reste hors de portée, il serait plus urgent, selon le philosophe israélien, de créer les conditions d'une société décente, une société dans laquelle on élimine l'humiliation.

---

1. Pour une analyse de cet exemple, voir Ute Frevert, *Die Politik der Demütigung. Schauplätze von Macht und Ohnmacht*, S. Fischer Verlag, Berlin, 2017.
2. Harold Garfinkel, « Conditions of successful degradation ceremonies », *American Journal of Sociology*, vol. 61, n° 5, 1956, p. 420-424.
3. Avishai Margalit, *The Decent Society*, Cambridge, MA, Harvard University Press, 1996 (trad. française par François Billard et Lucien d'Azay, *La Société décente*, Paris, Flammarion, 2006).

Vivons-nous aujourd'hui dans une « société décente » ? Les demandes de reconnaissance, le sentiment d'humiliation de certains groupes et individus, ainsi que le rapport de plus en plus conflictuel avec les « élites » suggèrent que la perception de nos relations avec les autres passe souvent par le prisme de l'humiliation. L'humiliation est une émotion complexe – on pourrait la définir plutôt comme une configuration émotionnelle – qui met en relation un humiliateur, un humilié et très souvent des tiers jouant le rôle important de témoins. Nous sommes « exposés » à un rabaissement qui est perceptible non seulement par ceux qui nous humilient, mais aussi par ceux qui nous entourent. Dans une société où nos vies sont de plus en plus souvent exposées au regard d'autrui à travers les réseaux sociaux et à cause de l'usage massif de nos données personnelles, les expériences d'humiliation se trouvent démultipliées.

On se sent humiliés lorsqu'une action qui nous vise nous renvoie une image de nous-mêmes dégradée et que nous éprouvons une perte de statut qui affecte le sens de notre dignité. Nous nous sentons aussi humiliés lorsque la reconnaissance sociale à laquelle nous croyons avoir droit en tant qu'êtres humains, ou en tant que membres d'un groupe particulier, vient à nous manquer, nous faisant ainsi perdre le sens de notre place légitime dans la société.

Margalit définit l'humiliation comme « tout comportement ou condition qui constitue une raison valide pour une personne de considérer son respect de soi blessé[4] ». Mais qu'est-ce que le respect de soi ? Lorsqu'il essaye d'expliquer ce concept, il fait référence à la notion de dignité. À la différence de l'honneur, passion éminemment sociale qui dépend de l'évaluation de notre statut et différencie les uns des autres, la dignité est une valeur universelle qui nous égalise en étant attribuée à tout être humain en tant que membre de l'espèce. Notion indéfinissable, qui a fait couler des fleuves d'encre en philosophie, la dignité est étymologiquement liée à la notion de *rang* (*dignitas* en latin signifie « rang social »), mais elle s'est démocratisée après la Seconde Guerre mondiale dans le concept de « dignité humaine » : canonisée dans la charte des Nations unies (1945) et dans la Déclaration universelle des droits de l'homme (1948), elle devient le principe central de la « valeur de la personne humaine[5] ».

---

4. *Ibid.*, p. 9
5. Voir Samuel Moyn, « Dignité », dans Gloria Origgi (dir.), *Passions sociales*, Paris, PUF, 2019, p. 175-181.

Mais comment une notion normative comme celle de dignité peut-elle être au centre de la perception du respect que nous avons pour nous-mêmes ? Comment passe-t-on de la dimension normative à la dimension affective, quel est le ressenti de la dignité, dont la négation nous humilie tant ?

L'humiliation dépend du regard que les autres portent sur nous et que nous intériorisons comme partie structurante de notre ego social. Il faut donc définir ce qu'est notre ego social et pourquoi il est si intimement lié à notre dignité. Les manifestations de l'humiliation sont multiples : elle peut impliquer un public, elle peut être ressentie même lorsqu'il n'y a pas d'humiliateur intentionnel et elle peut ne pas être perçue par l'humilié. C'est pour cela qu'il est peut-être plus adéquat de la considérer comme une configuration émotionnelle complexe plutôt qu'une simple émotion. Elle touche très souvent les groupes : il faut donc comprendre aussi comment un ressenti si intime peut se transmettre à un groupe entier. Elle s'inscrit enfin dans les corps, le lieu le plus profond où se situe le sentiment de notre dignité.

Dans le regard des autres

L'ego social est la toile de notre identité tissée par le regard des autres : c'est ce que nous croyons que les autres pensent de nous[6]. Cet ego n'est pas seulement un masque social dont nous nous revêtons pour entrer dans le théâtre des interactions sociales. Il est tissé au fil de notre ontogénèse et devient une partie intégrante de nous-mêmes, indispensable à notre survie comme une coquille l'est pour l'animal qui y vit. La perte de ce regard des autres intériorisé nous met dans un état de détresse et d'humiliation. Ce qui fait dire au psychologue Philippe Rochat[7] que honte et humiliation sont les émotions les plus humaines, car elles sont associées à la spécificité de notre espèce, celle d'être constitués par l'intériorisation du regard des autres.

L'humiliation est la rupture entre ce regard intériorisé et le regard réel des autres sur nous. Elle diffère de la honte car cette

6. Sur l'ego social, voir Gloria Origgi, « Comment je me vois vu », chap. 1 du livre *La Réputation*, Paris, PUF, 2015.
7. Philippe Rochat, « Comment la honte vient aux enfants », dans Gloria Origgi (dir.), *La Réputation*, numéro spécial de la revue *Communications*, n° 93, 2013, p. 69-84.

dernière est une blessure de notre estime sociale qui ne dépend que du regard réel des autres. Nous sentons que nous n'avons pas satisfait les attentes sociales que les autres ont de nous, et avons le réflexe de nous soustraire à leur regard. L'humiliation est une blessure plus profonde : elle nous fait perdre la partie de nous-mêmes la plus précieuse, notre humanité, ce sentiment de nous-par-rapport-à-autrui qui a charpenté notre moi au fil de notre vie entière. Les humiliations subies, même si elles sont injustes, nous ne les oublions pas : elles peuvent écraser le sentiment de soi, nous faire perdre le contrôle sur notre existence, nous conduire à des actions apparemment disproportionnées ou irrationnelles ayant pour but de rétablir notre identité.

Lorsqu'on parle de « respect de soi », on peut donner une lecture de ce respect en termes d'ego social : le mot respect vient du latin *respectus*, composé du suffixe *re* (en arrière) et *spicere* (regarder). C'est ce *feed-back* de moi-même sur moi, médié par le regard intériorisé des autres, qui est au centre de l'humiliation.

Le risque de l'humiliation est au cœur de notre existence sociale : nous nous attendons dans notre vie sociale à une convergence entre notre ego social (comment nous nous « voyons » vus) et la perception réelle que les autres ont de nous. Cette attente a une composante normative : nous nous attendons à ce que les autres nous regardent comme nous pensons qu'ils *devraient* nous regarder. Mais cette convergence n'est jamais parfaite, ce qui rend notre identité plus fragile que nous ne le pensons : il suffit d'un regard méprisant ou, pire, d'une absence de regard pour sentir notre identité menacée. Dans son récit autobiographique *Les Mots*, Jean-Paul Sartre donne un exemple personnel de ce sentiment de perte de convergence entre la manière dont nous nous attendons à être vus et la manière dont nous sommes vus par les autres. Lorsqu'une amie de la famille lui demande ce qu'il voudrait devenir une fois adulte, il répond qu'il veut être un soldat et venger la France :

> Les têtes se relevèrent ensemble : ma mère avait rosi, Mme Picard me rendit le livre : « Tu sais, mon petit ami, ce n'est intéressant que si l'on est sincère. » Je crus mourir. Mon erreur saute aux yeux : on réclamait l'enfant prodige, j'avais donné l'enfant sublime. Pour mon malheur, ces dames n'avaient personne au front : le sublime militaire restait sans effet sur leurs âmes modérées. Je disparus, j'allai grimacer devant une glace. Quand je me les rappelle aujourd'hui, ces grimaces, je comprends qu'elles assuraient ma protection : contre les fulgurantes décharges de

> la honte, je me défendais par un blocage musculaire. Et puis, en portant à l'extrême mon infortune, elles m'en délivraient : je me précipitais dans l'humilité pour esquiver l'humiliation, je m'ôtais les moyens de plaire pour oublier que je les avais eus et que j'en avais mésusé ; le miroir m'était d'un grand secours : je le chargeais de m'apprendre que j'étais un monstre[8].

Son image glorieuse de soi, en tant que soldat défendant la France, ne converge pas avec le regard que les autres portent sur lui. Il se sent rapetissé, réduit, son ego social est d'un coup « dégonflé », et il va devant le miroir pour vérifier cette nouvelle image négative de lui-même. Le miroir entre lui et les autres est brisé.

Scènes d'humiliation

La phénoménologie de l'humiliation est complexe. Elle est en elle-même une configuration sociale comportant différents acteurs : l'humiliateur, la victime et le témoin. Dans un rituel d'humiliation réussi les perceptions des acteurs convergent dans la reconnaissance de l'abaissement d'identité. Cependant, il y a beaucoup de situations dans lesquelles ces perceptions ne convergent pas, ce qui fait qu'on peut parfois humilier sans le vouloir, qu'on peut se sentir humilié sans humiliateur, et qu'on peut résister à un acte d'humiliation en n'intériorisant pas la perception des autres.

Le 5 janvier 1895, le capitaine de l'armée française Alfred Dreyfus, accusé d'espionnage et de trahison, est amené au centre de la cour de l'École militaire pour être publiquement dégradé. L'humiliateur (un officier de l'armée), le public à l'intérieur et à l'extérieur de la cour et la victime reconnaissent l'abaissement de statut. Après avoir lu la sentence, l'officier s'approche de Dreyfus et lui enlève tous les signes de son grade : il arrache les boutons de sa veste, ses distinctions et les bandes rouges sur les pantalons, pour conclure le rituel en cassant son épée. Un Dreyfus ému répète « Je suis innocent » en ne parvenant pas à retenir ses larmes. Il reconnaît la dégradation, se sent humilié, il ne sera plus la même personne. Les perceptions convergent dans la reconnaissance de l'acte de dégradation, pourtant les émotions

8. Jean-Paul Sartre, *Les Mots*, Paris, Gallimard, 1962, p. 92.

qui les accompagnent ne sont pas les mêmes. Dreyfus éprouve de la honte et du ressentiment devant l'injustice ; l'officier peut éprouver un sentiment de pouvoir et de domination sur Dreyfus ; le public est partagé entre un sentiment d'empathie avec la victime et d'indignation pour son action. Le sentiment communément ressenti tient à l'abaissement de l'ego social : Dreyfus n'est plus le même homme qu'il était avant le rituel, l'image qu'il avait de lui-même a été défigurée.

Il y a néanmoins beaucoup de situations dans lesquelles la perception de ces trois acteurs n'est pas alignée. La victime de l'humiliation peut ne pas ressentir l'abaissement de son statut car elle ne l'accepte pas ou ne le reconnaît pas. Hester Prynne, la protagoniste du roman de Nathaniel Hawthorne, *La Lettre écarlate*, est condamnée par la société puritaine où elle vit à porter la lettre « A » brodée sur ses vêtements, comme stigmate de son adultère. L'humiliation publique n'a pas d'effet sur l'orgueilleuse Hester, qui poursuit une vie digne avec sa fille en portant son stigmate sur des vêtements élégants, ce qui déchaîne l'envie et l'indignation des commères du village qui voudraient la voir humble. Hester Prynne a la force morale de garder intact son ego social car elle sait la vérité que les autres ne savent pas et garde son secret avec orgueil.

Ou bien quelqu'un peut être humilié sans s'en rendre compte. Dans le film d'Agnès Jaoui et Jean-Pierre Bacri *Le Goût des autres* (2000), Castella, un riche entrepreneur inculte, tombe amoureux d'une actrice et se mêle à un groupe d'artistes qui vont l'humilier pendant une soirée entière en faisant des références cultivées à des classiques dont il n'a jamais entendu parler. Castella se couvre de ridicule à leurs yeux, mais il n'éprouve aucune honte car il n'est pas conscient de l'humiliation qu'il est en train de subir.

L'humiliation peut être seulement dans les yeux du public. Dans son livre *Humiliation*[9], William Ian Miller décrit une femme bien habillée et coiffée qui se rend à la messe le dimanche avec un joli chapeau et les voisins remarquent un pou qui saute de ses cheveux à son chapeau. Le statut est dégradé, la vanité de son effort pour sembler socialement supérieure à ce qu'elle est vraiment est révélée par le pou qui se promène sur sa tête, la renvoyant à son humble condition.

---

9. William Ian Miller, *Humiliation : and Other Essays on Honor, Social Discomfort, and Violence*, Ithaca, NY, Cornell University Press, 1993.

L'humiliation peut aussi être ressentie là où personne ne voulait nous humilier. Cette configuration émotionnelle est celle qui est politiquement la plus délicate, car il y a maintes situations d'interaction avec des groupes sociaux dans lesquelles l'humiliation est ressentie sans être perçue comme telle par les « humiliateurs ». Les personnes nées à l'étranger en font couramment l'expérience. Vivant depuis vingt-cinq ans en France, j'ai encore un fort accent italien et lorsque je parle il m'arrive souvent qu'on me demande : « Vous êtes de quelle origine ? ». Ce renvoi à mes origines italiennes m'humilie : je le prends comme un rejet de mon appartenance à la société française, un dévoilement d'un trait intime de moi-même que je ne peux pas cacher (car il est inscrit matériellement dans mon accent) et dont je ne voudrais pas qu'il fasse partie de la manière qu'ont les autres de me regarder. La question n'est bien sûr pas posée, au moins je l'espère, pour m'humilier. Pourtant, il m'arrive de la vivre comme une humiliation.

La variété de ces situations pose la question normative suivante : est-il vraiment possible d'extirper l'humiliation de nos sociétés ? Ce sentiment n'est-il pas trop diffus, trop facile à éprouver dans des sociétés où la négociation de nos statuts et de notre identité est en permanente évolution ?

Une expérience collective

Bien que les humiliations subies individuellement nous laissent des blessures pour toute la vie, la question normative de l'humiliation touche aussi très souvent les collectifs. Les Gilets jaunes, par exemple, se sentaient humiliés par le mépris de gouvernants qui ne connaissaient pas leur vie et leur imposaient un impôt qui ne prenait pas en considération leur mode de vie. Les femmes se sentent humiliées par des actes de harcèlement sexuel si longtemps négligés par la société. Lorsqu'une humiliation ressentie au niveau personnel envahit l'espace public, elle peut devenir la base d'une revendication collective, d'une demande de respect et de reconnaissance. Mais comment peut-on humilier un groupe ou une catégorie ? Comment un sentiment si intime de blessure de notre ego social, la partie de nous-mêmes qui nous distingue le plus des autres car elle est unique à chaque individu, peut-il devenir une passion sociale ?

Il y a au moins trois façons d'humilier un groupe[10] :

L'humiliation directe, dans laquelle quelqu'un est humilié en tant que membre d'un groupe (humilier un musulman en tant que musulman).

L'humiliation symbolique, dans laquelle on humilie un symbole du groupe (dégrader des tombes juives, brûler le drapeau d'un pays).

L'humiliation représentative, dans laquelle un groupe est humilié en humiliant un représentant du groupe par rapport à une caractéristique constitutive du respect de soi du groupe (empêcher les femmes d'origine musulmane de porter un voile).

Le cas d'humiliation de groupes le plus problématique est le troisième car, dans des sociétés multiculturelles, il est parfois difficile de comprendre quelles sont les caractéristiques constitutives du respect de soi d'un groupe. Les philosophes Joseph Raz et Avishai Margalit ont introduit la notion de « groupe englobant » (*encompassing group*) pour définir ces groupes qui se distinguent par une culture commune, un *ethos* de vie, et un style de vie qui couvre des aspects variés de notre existence[11]. Si le groupe englobant est une nation, alors on peut s'attendre à ce qu'il ait une langue commune, un style architectural, une histoire culturelle partagée. Les membres d'un groupe englobant ne se connaissent pas entre eux comme ceux d'un groupe de voisins : ils font partie d'une *communauté imaginaire*. L'appartenance à un groupe englobant ne s'obtient pas par le mérite, mais, le plus souvent, par la naissance. On ne peut que faire partie de ce groupe car on a toujours vécu comme cela. Les émotions sont souvent plus facilement partagées dans un groupe englobant, car l'*ethos* commun focalise les membres du groupe sur les mêmes enjeux.

Un groupe englobant a une image de soi dont dépend le respect qu'il attend : il se voit vu avec certaines caractéristiques, et ne veut pas être vu avec d'autres traits. Cette image de soi fait partie de ce qu'on acquiert comme membre d'un tel groupe. Le traitement humiliant d'un membre d'un groupe, à cause d'un trait qui fait partie de l'image de soi du groupe, est humiliant pour toute la communauté.

10. Sur l'humiliation des groupes, voir Christian Neuhäuser, « Humiliation. The collective dimension », dans Paulus Kaufmann *et al.* (dir.), *Humiliation, Degradation, Dehumanization. Human Dignity violated*, Dordrecht/Heidelberg/Londres/New York, Springer, 2011, p. 21-36.
11. Avishai Margalit, Joseph Raz, « National self-determination », *Journal of Philosophy*, vol. 87, n° 9, 1990, p. 439-461.

Prenons le cas des femmes d'origine musulmane voilées en France. Le voile est un trait culturel typique d'un groupe englobant, ou au moins d'une partie de ce groupe : les musulmans. C'est un *habitus* qui est enraciné dans les modes de vie, qui touche au corps et fait partie de la représentation de soi-même d'un certain nombre d'individus dans ce groupe. C'est aussi une façon plus récente de revendiquer une identité, de sortir du sentiment de honte que produit le fait d'être porteur d'un stigmate en tant que membre d'un groupe social. Empêcher le port du voile à l'école ou dans d'autres lieux, comme c'est le cas en France depuis 2003, peut constituer une humiliation représentative du groupe entier. Une façon de se représenter, qu'on pense faire partie de l'image « normale » de soi, est, d'un trait, perçue comme méprisable ou, pire, inacceptable par le reste de la société.

On peut donc humilier un groupe en cassant la convergence qui est attendue par les membres de ce groupe entre la manière dont ils se voient vus et la manière dont ils sont vus réellement dans des conditions où ce regard différent constitue un rabaissement de leur statut. Les cas d'humiliation de groupes comportent une représentation *affective collective*, c'est-à-dire un ressenti commun sur l'objet de l'humiliation. Plus les sociétés deviennent égalitaires, justes et libres, plus des conditions d'humiliation ressentie se présentent, car *chacun demande à être vu comme il se voit vu*.

On pourrait soutenir que les sociétés libérales contemporaines ont exacerbé l'exposition de notre ego social aux autres. La construction d'une narration de soi libérée des schémas prédéfinis et l'élargissement planétaire des moyens de communication dans lesquels nous pouvons mettre en scène notre ego social et voir celui des autres créent les conditions pour des humiliations quotidiennes, à l'épreuve desquelles nous perdons le contrôle de notre image sociale et nous nous sentons rabaissés. D'un point de vue normatif, une société décente est une société qui ne respecte pas seulement la dignité des personnes en tant que membre de l'espèce humaine, mais une humanité plus complexe, dans laquelle les individus, ainsi que les groupes, constituent leur identité singulière en fonction de l'intériorisation du regard des autres. Une société décente prend comme acteur social principal non pas le sujet rationnel intéressé, mais un sujet plus complexe, réflexif, émotionnellement dépendant du miroir social pour donner sens à soi-même et à ses actions, un sujet qui peut aussi bien être individuel que collectif.

Une inscription dans les corps

Un dernier point mérite d'être souligné : les actes qui nous humilient ont souvent trait à notre corps et à notre intimité. Les photos des soldats américains torturant des prisonniers à Abu Ghraib pendant la guerre en Irak (2003) représentent bien cette dimension physique, corporelle de l'humiliation. On abaisse le statut de l'autre en humiliant son corps, en l'exposant à la dérision. Les rites collectifs d'humiliation – faire agenouiller les juifs à Vienne pour leur faire nettoyer les rues ou tondre les femmes qui ont eu des relations avec « l'ennemi » – atteignent souvent le corps. Les fouilles corporelles après les arrestations, les rangées de prisonniers nus inspectés par leurs geôliers, relèvent bien plus du désir d'humiliation que du souci de sécurité. Parmi les pratiques d'interrogatoire des différents services de renseignement, on interroge un accusé ou un informateur potentiel pendant des heures en lui faisant boire beaucoup d'eau pour que l'interrogé avoue plus vite afin de pouvoir aller aux toilettes et éviter de subir l'humiliation de mouiller son pantalon pendant l'interrogatoire. C'est cet aspect corporel de l'humiliation qui fait dire à William Ian Miller qu'elle relève plus du registre du comique que du tragique. Selon Miller, si la honte est une passion typiquement tragique, l'humiliation, bien que cruelle, est souvent utilisée dans la comédie car elle implique souvent le fait de « ridiculiser » les autres. Les stigmates corporels, comme la flétrissure, une peine courante sous l'Ancien Régime consistant en une marque au fer rouge sur le condamné, sont une façon d'humilier ceux sur lesquels on a du pouvoir. Le sociologue Erving Goffman appelait ainsi *stigmate* tout attribut social dévalorisant qui peut être utilisé par la société pour humilier un groupe[12]. Les stigmates, par exemple les handicaps physiques, sont inscrits dans le corps.

12. Erving Goffman, *Stigma. Notes on the Management of Spoiled Identity*, Englewood Cliffs, NJ, Printice-Hall, 1963 (trad. fr. par Alain Kihm, *Stigmate. Les usages sociaux des handicaps*, Paris, Éditions de Minuit, 1975).

L'humiliation vise à une perte d'estime de soi, de respect de soi et d'autonomie du sujet. La perte de contrôle de son propre corps va dans cette direction. Une composante centrale du sens de l'orgueil et du respect qu'on a de soi-même est le sens du contrôle. Mais pourquoi l'autonomie du corps et son intégrité sont-elles si centrales dans notre respect de nous-mêmes ? Le corps est exposé en permanence à l'interaction sociale, il est le lieu où la négociation de notre identité sociale est la plus évidente : il est la « peau sociale » de notre être dans le monde. Ce qui nous distingue le plus clairement des autres espèces est ce travail permanent d'inscription corporelle de nos interactions sociales : la façon de s'habiller, de se maquiller, de se coiffer, d'occuper l'espace, de se coordonner les uns par rapport aux autres. Le contrôle de notre corps est une façon de contrôler notre ego social, et la corporéité est ce qui est le plus exposé au regard d'autrui. Nous faire perdre ce contrôle revient à nous humilier en créant dans l'espace social une image de nous qui ne nous appartient pas. Le héros qui résiste à l'humiliation est celui qui est capable de ne pas pleurer ou hurler face à la douleur de la torture. Ce n'est pas que la torture sera moins douloureuse pour lui, mais il aura la sensation de garder le contrôle sur son corps, de ne pas s'effacer dans l'image déshumanisée de lui-même que les humiliateurs veulent lui renvoyer.

Le corps est donc un lieu social par excellence et l'image que nous avons de nous-mêmes dépend essentiellement du contrôle de notre corps. C'est la raison pour laquelle une société décente devrait éviter toutes pratiques et institutions qui entravent le contrôle que chacun a de son propre corps. On peut penser ici à l'interdiction de l'euthanasie dans la plupart des pays. La vieillesse est souvent une condition de perte de contrôle de notre corps et de l'image que nous voulons sauvegarder de qui nous sommes. Empêcher ce contrôle ultime sur sa représentation de soi, nous empêcher de décider la fin de l'histoire que nous nous sommes racontée pendant une vie entière est, peut-on soutenir, le signe d'une société indécente.

Une société décente est une société qui n'humilie pas le récit de nous-mêmes lorsque ce récit est compatible avec les règles de justice, de liberté et d'égalité qui constituent l'idéal des démocraties. On ne peut pas toujours comprendre quels sont les traits de la représentation de soi qui sont essentiels au maintien de notre ego social, mais on peut chercher à mieux comprendre l'émotion d'humiliation qui accompagne la violation de ces traits, et ainsi à mieux respecter ce rêve de nous-mêmes qui nous rend humains.

LES VOIES D'ACCÈS À LA SUBJECTIVITÉ

Nicolas Duvoux

L'insécurité augmente-t-elle dans la société française ou est-ce le « sentiment d'insécurité » qui progresse ? Les inégalités s'accroissent-elles ou est-ce notre sensibilité à celles-ci qui croît ? L'inquiétude relative au déclassement social et à la pauvreté révèle-t-elle une détérioration objective des positions et des possibles, ou témoigne-t-elle des effets sociaux et psychologiques d'un déplacement de la pauvreté sur les catégories d'âge actif ? La perception d'un décalage entre les réalités objectives qu'il est possible de mesurer dans l'étude des principaux domaines de la vie sociale et l'appréhension subjective de la société que ses membres peuvent en avoir fait l'objet de questionnements et de débats, souvent polémiques car un des enjeux de ces décalages est l'intensité – et les modalités – de la réponse politique à apporter aux problématiques concernées.

Comment, alors, résorber l'écart entre les mesures quantifiées de la réalité sociale et l'appréhension subjective de celle-ci ? La distorsion entre ces deux dimensions n'est pas seulement un problème méthodologique ou cognitif ; il a des répercussions fondamentalement politiques, la représentation de la réalité sociale véhiculée par des chiffres pouvant paraître inadéquate ou décalée, voire pouvant exercer une forme de violence lorsque l'écart a pour effet d'occulter les contraintes vécues par la population. Il y a également un enjeu épistémologique sous-jacent à cette opposition (qui peut aussi être une articulation) entre les registres de la statistique et de la subjectivité. Celui-ci a traversé les sciences sociales et l'on peut dire qu'il a été au cœur de la réflexion des sociologues depuis l'origine (en tout cas depuis que le terme a été utilisé pour la première fois par Auguste Comte) jusqu'aux réflexions les plus contemporaines. Ce questionnement, incontournable, est investi de différentes manières de part et d'autre de l'Atlantique, dans des traditions de recherche différenciées, même si elles s'inscrivent dans un dialogue de plus en plus étroit.

Dans ce texte, je voudrais montrer comment différentes démarches sont aujourd'hui mises en œuvre pour combler, au sein même du travail statistique, l'écart avec l'expérience vécue telle qu'une approche subjective peut la reconstituer. Il ne s'agit pas de rendre compte de manière exhaustive de l'ensemble des démarches mises en œuvre pour rapprocher la mesure de l'expérience tant cette problématique est aujourd'hui centrale dans de nombreuses disciplines, des sciences cognitives jusqu'à la météorologie, en passant par l'épidémiologie et les sciences sociales. Si l'on se limite aux domaines économiques et sociaux, il est possible de distinguer trois types d'opérations destinées à résorber cet écart, pour ce qui touche à l'évaluation du pouvoir d'achat, à la mesure de la pauvreté et à l'analyse de la mobilité sociale. Je conclurai en montrant comment ce type de démarches permet d'éclairer des événements comme le mouvement des Gilets jaunes.

Le coût de la vie a-t-il augmenté ?

La discussion des effets politiques de la mesure des phénomènes sociaux est souvent restreinte à des cercles d'experts, parfois ouverts à des acteurs associatifs ou syndicaux, mais ne rencontre que rarement l'intérêt du grand public. Il en est allé autrement avec les effets du passage à l'euro sur l'inflation. En effet, à la suite de celui-ci, au début des années 2000, l'INSEE a mesuré une stabilité de la hausse des prix. Or cette mesure est rapidement entrée en tension avec le sentiment exprimé par les consommateurs, et puissamment relayé dans les médias, d'une hausse importante des prix des biens de consommation courants à la suite du changement de monnaie.

Dans ce contexte, une réflexion a été engagée pour définir des mesures qui rapprochent les structures de consommation des ménages de ce « ressenti » et de la perception de contraintes très fortes sur le « pouvoir d'achat » des ménages. Ainsi, le concept de « niveau de vie arbitrable » a-t-il été forgé. Il renvoie à la prise en compte de ce que l'on désigne par « dépenses contraintes » et qui donne un étalon des difficultés vécues par la population. Égal au revenu arbitral par unité de consommation (pondération destinée à prendre en compte les économies d'échelle réalisées selon la composition du foyer et de l'âge de ses membres), il correspond à ce qu'il reste au ménage une fois déduites du revenu disponible les dépenses pré-engagées, c'est-à-dire encadrées par un contrat ou un abonnement et donc difficilement négociables ou résiliables à court terme. Cinq grands postes de dépenses pré-engagées ont été identifiés (logement, loyer ou remboursement de prêt immobilier ; charges et dépenses d'eau, d'électricité et autres combustibles ; frais de cantine ; services de télécommunication et télévision ; assurances et services financiers). À cela s'ajoute la prise en compte des dépenses alimentaires, non contractuelles mais tout aussi – et sans doute plus encore – incompressibles et pesant d'un plus grand poids dans les budgets des ménages modestes.

Les résultats révèlent des inégalités sensiblement plus fortes que les mesures usuelles. Le taux de pauvreté (défini au sens de « pauvreté monétaire relative », *cf.* ci-dessous) passe ainsi de 14 % à 23 %[1]. La diminution des dépenses arbitrables, effet du poids des dépenses pré-engagées ou nécessaires (comme l'alimentation), entraîne la perception d'une dégradation des conditions matérielles d'existence pour celles et ceux qui ne peuvent épargner, voire qui ne peuvent vivre sans contracter de dettes.

Qui est pauvre en France ?

Dans la même optique de rapprocher les conditions matérielles d'existence de la perception subjective des individus et des ménages, nous avons cherché avec Adrien Papuchon à tirer les leçons d'une mesure directe de la pauvreté subjective, dans une étude reposant sur les données du baromètre d'opinion de la Direction de la recherche, des études, de l'évaluation et des statistiques (DREES)[2].

Il existe en France quatre manières de mesurer la pauvreté. Une première approche statistique retenue par l'INSEE, appelée « pauvreté monétaire relative », considère comme pauvre tout individu vivant dans un ménage dont le niveau de vie est inférieur à 60 % du niveau de vie médian (1 063 euros par mois pour une personne isolée en 2018, soit 14,8 % de la population)[3]. D'après cette

1. Michèle Lelièvre, Nathan Rémila, « Dépenses pré-engagées : quel poids dans le budget des ménages ? », *Les Dossiers de la DREES*, n° 25, mars 2018.
2. Nicolas Duvoux, Adrien Papuchon, « Qui se sent pauvre en France ? Pauvreté subjective et insécurité sociale », *Revue française de sociologie*, vol. 59, n° 4, 2018, p. 607-647.
3. Les différences des taux de pauvreté ne sont pas des erreurs ou des approximations, mais l'effet de l'utilisation, dans les différentes études, d'années de référence et d'enquêtes différentes. Dans leur recherche sur les dépenses pré-engagées, Michèle Lelièvre et Nathan Rémila

définition, le taux de pauvreté a reculé d'à peine quatre points au cours des cinquante dernières années. Plus significatives peut-être sont les évolutions structurelles de la pauvreté monétaire : comme dans l'ensemble des pays développés, celle-ci s'est déplacée vers les jeunes, les familles monoparentales et les populations urbaines. Elle affecte aujourd'hui plus particulièrement les enfants (19,9 %), les jeunes adultes (25,2 % des 18-24 ans) et les familles monoparentales (34,9 %). Très exposées au cours de la période dite des « Trente Glorieuses », les personnes âgées et retraitées apparaissent aujourd'hui relativement épargnées par la pauvreté vue au prisme de l'indicateur standard. Cela s'explique par le fait que les montants des retraites, quoique relativement modestes – en 2016, la pension de droit direct s'élevait en moyenne à 1 294 euros par mois (DREES, 2018) –, correspondent à un niveau de vie souvent supérieur au seuil de pauvreté monétaire.

Cette première mesure de la pauvreté fait toutefois l'objet de critiques, qui portent tant sur le niveau du seuil que sur le fait de se focaliser sur le revenu des ménages. Des variations minimes du seuil retenu peuvent en effet conduire à des taux de pauvreté très différents : un seuil ramené à 50 % du niveau de vie médian aboutit, par exemple, à un taux de pauvreté de 8,3 % et non plus de 14,8 % (en 2018). Une diminution du niveau de vie médian de la population peut aussi provoquer mécaniquement une baisse du taux de pauvreté, sans que la situation matérielle des plus démunis se soit améliorée. Par ailleurs, la mesure monétaire raisonne à partir d'une échelle continue où 100 euros en bas de la distribution ont la même valeur que 100 euros au milieu ou en haut de la distribution des niveaux de vie. Or, comme l'étude des inégalités et de la pauvreté de niveau de vie arbitrable le suggérait déjà, dans la vie concrète, des éléments *a priori* homogènes ne le sont pas. Même si les ménages aisés dépensent plus pour une alimentation de meilleure qualité que les ménages modestes, le poids de ce poste est moindre dans leur budget. Une disproportion est à l'œuvre qui explique que la valeur de l'argent ne puisse s'apprécier en fonction d'une échelle continue. Cette idée d'une discontinuité en dessous d'un certain niveau – relatif – de revenus était d'ailleurs à l'origine des raisonnements

s'appuient sur l'enquête « Budget de famille 2011 » ; le taux de pauvreté monétaire 2018 est calculé par l'INSEE à partir de l'enquête « Revenus fiscaux et sociaux ».

sur l'élaboration d'un seuil de pauvreté monétaire, mais se perd dans les usages routiniers de taux agrégés.

Partir des conditions de vie des ménages et des privations qu'ils subissent peut sembler plus juste : c'est la deuxième mesure, celle de la privation matérielle et sociale. Selon cette approche mesurée de manière comparative en Europe à partir du dispositif d'enquête EU-SILC[4], une personne est pauvre si elle déclare souffrir d'au moins cinq difficultés parmi une liste de treize items concernant des restrictions de consommation, les conditions de logement, les retards de paiement, etc. Cette définition renvoie à la capacité de consommation et partage donc de nombreux traits communs avec l'approche « absolue » du phénomène qui détermine le seuil de pauvreté en fonction de l'accès à un panier de biens de base. Dans le même temps, elle est plus subjective car elle s'appuie sur des déclarations de privation. Or celles-ci peuvent être liées à des effets d'habituation où les plus défavorisés ne sont pas nécessairement ceux qui font état des privations les plus criantes.

En France, les taux de pauvreté monétaire relative et en conditions de vie sont proches (13,6 % et 12,7 %, respectivement en France en 2016), mais les groupes que ces deux approches identifient ne se recoupent que partiellement : seule une personne sur vingt est pauvre selon les deux critères, tandis qu'une personne sur cinq l'est selon l'un ou l'autre point de vue. Autour du « noyau dur » de la pauvreté émerge donc un « halo » de la pauvreté qui concerne une fraction très significative de la population, c'est-à-dire des personnes subissant des privations matérielles mais disposant d'un revenu légèrement supérieur au seuil de pauvreté, ou des personnes au revenu inférieur à ce seuil mais ne connaissant pas (encore ?) un nombre significatif de privations. Raisonner en comparant ces indicateurs permet de changer l'ordre de grandeur du phénomène (un cinquième de la population plutôt qu'un septième comme avec chacun des indicateurs pris isolément) et de pouvoir faire ressortir des formes aiguës (celles des populations qui cumulent les deux formes de pauvreté) au sein d'un halo plus large d'exposition à des conditions difficiles.

4. Dispositif statistique européen sur le revenu et les conditions de vie destiné à recueillir des micro-données multidimensionnelles, transversales et longitudinales, actuelles et comparables sur le revenu, la pauvreté, l'exclusion et les conditions de vie. Voir Julien Blasco, François Gleizes, « Qui est pauvre en Europe ? », *INSEE Références*, 16 avril 2019.

Une troisième approche, inspirée de la sociologie de Georg Simmel, estime que la pauvreté ne peut être définie que de manière relationnelle à travers la réaction que la société oppose – pour sa propre conservation – à la pauvreté, par l'octroi de mesures d'assistance. Remise en valeur dans la période récente par Serge Paugam[5], cette vision de la pauvreté fait de la relation d'assistance le cœur de l'analyse, par les effets identitaires négatifs que l'entrée dans ce type de relation avec la société occasionne : l'individu y devient pauvre et « rien que pauvre » selon la formule de Simmel.

Enfin, une quatrième et dernière approche porte sur le sentiment de pauvreté. Elle a permis de démontrer, toutes choses égales par ailleurs et à partir d'un échantillon représentatif de la population française, la validité de la thèse précédente, d'inspiration simmelienne : être assisté expose très fortement au sentiment de pauvreté. Néanmoins, le sentiment de pauvreté est irréductible à l'assistance, puisque près de la moitié des personnes qui se sentent pauvres n'en dépendent pas. Un décalage existe aussi entre l'ensemble des personnes jugées pauvres d'un point de vue monétaire – ou du fait que leur revenu dépend des prestations sociales (situation dite « d'assistance ») – et la diffusion du sentiment de pauvreté au sein de la société française. Le baromètre d'opinion de la DREES, qui suit chaque année l'évolution de la perception des inégalités et du système de protection sociale en France, permet d'identifier les personnes qui disent se sentir pauvres et de décrire leur profil social. Tandis que la pauvreté monétaire relative constitue un indicateur d'inégalité évaluant la part des revenus qui sont éloignés des niveaux intermédiaires et que la pauvreté en conditions de vie représente un indicateur composite de degré de privation matérielle, le sentiment de pauvreté (qui concerne environ 13 % de la population) manifeste quant à lui une condition caractérisée par une insécurité sociale durable. En effet, les conditions matérielles d'existence se traduisent par une appréhension vis-à-vis de l'avenir, ce qui conduit à parler d'insécurité sociale durable, englobant la situation actuelle et la projection dégradée dans l'avenir. Le sentiment de pauvreté d'un ensemble de groupes sociaux allant au-delà de ceux également concernés par la pauvreté monétaire (chômeurs, allocataires de

5. Serge Paugam, *La Disqualification sociale. Essai sur la nouvelle pauvreté*, Paris, PUF, coll. « Sociologies », 1991.

minima sociaux) comme les ouvriers, employés, petits indépendants, retraités locataires, donne accès à des zones de fragilité intenses de la société mais non visibles à travers des données pourtant plus objectives. L'étude des ajustements/désajustements entre dimensions objectives et subjectives permet de documenter la force protectrice du couple et les effets de l'isolement comme du statut d'occupation du logement.

Cette approche vise à intégrer les conditions matérielles d'existence et les statuts sociaux dans une vision dynamique des positions sociales. Les études statiques et monodimensionnelles ne rendent pas justice au fait que les agents sociaux opèrent une synthèse des caractéristiques sociales qui contribuent à les définir. Cette synthèse est porteuse d'informations importantes et même indispensables[6]. La mesure du sentiment de pauvreté corrige la tendance à cet effacement. Elle réinscrit les attributs sociaux dans le sens de la pente de la trajectoire sociale perçue et ressaisit celle-ci dans sa globalité. Cette réflexion vise à dépasser les écueils d'un cloisonnement entre différentes approches, en même temps qu'à faire « parler » de manière dynamique des données en coupe transversale.

Le déclassement social est-il généralisé ?

L'étude de la mobilité sociale, qui s'appuie sur les nomenclatures socioprofessionnelles – catégories socioprofessionnelles (CSP) en 1954, refondue en grille des professions et catégories socioprofessionnelles (PCS) en 1982 –, fait ressortir une même problématique de désajustement entre approches objectives et subjectives. Ce constat donne lieu à des innovations méthodologiques qui se déploient non pas en récusant la mesure statistique, mais au contraire en affinant l'instrument et ses usages et en étudiant la nomenclature à une échelle plus fine. Ainsi, le couple de la mobilité subjective et objective a donné lieu à un débat important dans la sociologie française. La mobilité subjective a pu être quantifiée, en France, à partir de l'édition 2003 de l'enquête de l'INSEE intitulé « Formation, qualification professionnelle ». On y demandait aux enquêtés de

6. On le voit également en épidémiologie où le statut social subjectif, qui repose sur une opération cognitive de synthèse (*cognitive averaging*) effectuée par l'agent, est plus prédictif que le statut social objectif de la survenue d'un certain nombre de problèmes de santé.

comparer leur situation professionnelle à celle de leur père. La question était formulée en ces termes : « Si vous comparez cet emploi [celui que vous occupez actuellement] à celui qu'avait votre père au moment où vous avez arrêté vos études, diriez-vous que le niveau de votre emploi est ou était : "bien plus élevé", "plus élevé", "à peu près le même", "plus bas", "bien plus bas" ? » Des interprétations contrastées du lien entre mobilité subjective et mobilité objective ont été proposées. Marie Duru-Bellat et Annick Kieffer estiment que les désajustements sont majoritaires. À partir de l'étude des mêmes données, Dominique Merllié considère pour sa part que les mobilités objectives et subjectives sont cohérentes[7].

Pour affiner la compréhension de la mobilité et sortir des interprétations contradictoires sur le rapport entre mobilité objective et subjective évoquées précédemment, le sociologue Cédric Hugrée a élaboré des tables de mobilité détaillées (utilisant le niveau 2 des PCS – à 18 postes – au lieu du niveau 1 – à 6 postes)[8]. Celles-ci permettent de saisir de « petits » déplacements dans l'échelle sociale et de rapprocher l'échelle d'observation des distances sociales subjectives. Ces tables montrent que les enfants dont la profession est identique à celle du père sont des cadres d'entreprise, des professions intellectuelles et artistiques, des cadres de la fonction publique, des professions intermédiaires de la santé et de l'enseignement et des ouvriers qualifiés. Les professions libérales sont celles qui parviennent le mieux à préserver leur position. Elles cumulent ressources culturelles et économiques : 52 % des enfants d'un père de cet ensemble y appartiennent. Les classes moyennes connaissent quant à elles un glissement, moins intense cependant que ce que ne le laissaient présager les théories du déclassement généralisé. Le clivage public-privé demeure structurant dans les destinées, d'une part, parce que les agents du public connaissent des taux de reproduction importants, et d'autre part, parce que les professions intermédiaires du secteur public constituent une voie de mobilité sociale ascendante pour les catégories populaires.

---

7. Marie Duru-Bellat, Annick Kieffer, « Les deux faces – objective/subjective – de la mobilité sociale », *Sociologie du travail*, vol. 48, n° 4, 2006, p. 455-473 ; Dominique Merllié, « Comment confronter mobilité "subjective" et mobilité "objective" », *Sociologie du travail*, vol. 48, n° 4, 2006, p. 474-486.
8. Cédric Hugrée, « Les sciences sociales face à la mobilité sociale. Les enjeux d'une démesure statistique des déplacements sociaux entre générations », *Politix*, n° 114, 2016, p. 47-72.

Cette méthode permet par ailleurs à Cédric Hugrée d'opérer une relecture des estimations de la mobilité de la cohorte 1975 proposée par Louis Chauvel en 1998 à partir de la vague 2010-2014. Ses résultats nuancent, sans infirmer l'analyse d'ensemble, la prévision d'un déclassement généralisé. Il montre en effet que si « les enfants des classes moyennes et supérieures nés au milieu des années 1980 connaissent une érosion réelle mais limitée de leurs perspectives, les enfants des classes populaires connaissent de meilleurs destins que ceux estimés mais aussi que leurs homologues de la cohorte 1945 parce qu'ils deviennent plus souvent membres des professions intermédiaires ». Les tables de mobilité qu'il établit confortent quelques résultats bien connus des études sur la mobilité sociale : importance de la mobilité structurelle, hérédité forte aux extrêmes de la hiérarchie sociale (immobilité des cadres et membres des professions intellectuelles supérieures et des agriculteurs), prédominance des mobilités de faible amplitude. Ainsi, la résorption de l'écart entre dimensions objectives et subjectives permet de parvenir à des résultats affinés sur quelques grandes questions sociologiques.

Le même type de raisonnement a été mis en œuvre aux États-Unis sur la notion de classes sociales, avec la même fécondité. En effet, face au défi constitué par la théorie de l'individualisation des sociétés, une des réactions a été de faire jouer les classes à petite échelle, en comprenant celles-ci non comme de grands agrégats mais bien au contraire comme des variables discrètes, rattachées aux groupes socioprofessionnels établis. Les travaux de David Grusky ont développé cette attention aux inégalités internes aux classes et, une fois calibrée à une échelle plus fine l'étude de ces groupes, leur pouvoir explicatif est réaffirmé. En France, les travaux récents de Camille Peugny[9] s'inscrivent dans cette tradition et font ressortir des différences à l'intérieur du groupe ouvrier, la participation électorale et l'implication démocratique de ceux-ci tendant à diminuer quand ils ne sont pas rattachés à des collectifs de travail, ce qui, encore une fois, ne peut pas faire l'objet d'une généralisation à l'échelle de l'ensemble du groupe socioprofessionnel mais affecte des segments de celui-ci.

9. David Grusky, Kathleen Weeden, « The three worlds of inequality », *American Journal of Sociology*, vol. 117, n° 6, 2012, p. 1723-1785 ; Camille Peugny, « Pour une prise en compte des clivages internes aux classes populaires. La participation politique des ouvriers et des employés », *Revue française de science politique*, vol. 65, n° 5-6, 2015, p. 735-759.

Les Gilets jaunes, une mise à l'épreuve

L'importance des dimensions précédemment soulignées peut être montrée à partir de l'étude du mouvement des Gilets jaunes, évoqué à plusieurs reprises par Pierre Rosanvallon dans ce livre. Trois caractéristiques peuvent aider à rendre compte du malaise social dont ce mouvement a été l'expression.

Du point de vue des conditions sociales, les enquêtes de Pierre Blavier[10] font ressortir l'importance des conditions économiques modestes dans la participation au mouvement. Des vies sous tension permanente, où des arbitrages douloureux doivent être faits et des privations consenties pour joindre les deux bouts constituent la condition sociale déterminante de l'entrée dans le mouvement. On voit à travers ces travaux l'emprise des restrictions sur les vies de millions de Français, ouvriers, employés ou petits retraités, qui subissent un effet-ciseau entre l'augmentation de charges incompressibles (liées à l'automobile notamment) et la stagnation ou la régression de leurs revenus.

Du point de vue des catégories sociales d'appartenance, raisonner à l'échelle de groupes comme les ouvriers ou les employés n'apporte guère d'informations véritablement pertinentes. Par contre, à un niveau plus fin, il apparaît que les secteurs de la route (chez les hommes) et les secteurs du sanitaire et du social (chez les femmes) ont été particulièrement mobilisés, ce qui laisse penser que la participation au mouvement a pu faire sens au sein de groupes déjà rompus aux mouvements sociaux et comportant une maîtrise technique pertinente (et sans doute indispensable) pour déployer le répertoire d'action initial du blocage des ronds-points quand, du côté des secteurs sociaux et sanitaires (comme pour les retraités d'ailleurs), c'est la révolte liée à la proximité à la souffrance et à la pauvreté qui s'est exprimée.

Du point de vue de la position sociale, la typologie des populations exposées au sentiment de pauvreté (petits indépendants, petits retraités, ouvriers et employés, familles monoparentales) est bien plus explicative que la pauvreté monétaire relative où les chômeurs dominent. Ce point est fondamental : le terreau favorable à l'expression de la révolte tient non pas à un *état objectif* mais bien à une

10. Pierre Blavier, *Les Gilets jaunes : la révolte des budgets contraints*, Paris, PUF, 2021.

perception de la dégradation de sa condition. D'ailleurs, la sensibilité du baromètre d'opinion de la DREES et de la mesure du sentiment de pauvreté aux Gilets jaunes (passage de 13 % à 18 % en 2018 alors que le taux de pauvreté est resté stable) permet de préciser la nature de l'information produite : le sentiment ou la perception de soi est intégrée, de manière dynamique, à un contexte social et fait ressortir l'évolution de son contexte en en donnant une mesure où la synthèse est opérée par l'acteur lui-même.

Enfin, il faut noter que, dans les premières enquêtes réalisées par le CREDOC sur le mouvement, l'importance quantitative des personnes ayant connu des épisodes tels qu'un décès dans leur entourage ou un divorce dans les deux ans avant le début du mouvement est remarquable, ce qui fait écho aux épreuves de l'incertitude dont parle Pierre Rosanvallon. D'après le CREDOC, 27 % des personnes se disant Gilets jaunes déclarent avoir été confrontées à un décès d'un membre de leur famille au cours de l'année précédente (contre 18 % en population générale) et 17 % ont connu un divorce contre 6 % en moyenne[11]. Cette prégnance des accidents de la vie permet de comprendre que la structure des conditions modestes se lie à l'événement personnel déstabilisant pour déclencher un sentiment d'indignation et initier la participation à un mouvement social. Les fils de la trame collective et de l'expérience personnelle se rejoignent ainsi, comme des groupes en apparence hétéroclites ont pu trouver dans le mouvement des Gilets jaunes une forme d'expression ajustée à leurs difficultés, à leur défiance et à leur colère.

---

11. Sandra Hoibian, « Les Gilets jaunes, un "précipité" des valeurs de notre société », CREDOC, avril 2019.

À L'ÉPREUVE DES ÉMOTIONS : PROTESTER AU XIXe SIÈCLE

Emmanuel Fureix

En 1835, le *Dictionnaire de l'Académie française* définit l'émotion à la fois comme « un trouble de l'âme » et comme un « mouvement populaire qui annonce une disposition au soulèvement, à la révolte ». Au XIXe siècle, émeute et émotion continuent d'être largement confondues dans l'ordre du langage. L'archaïsme linguistique a valeur de symptôme : dans le regard des pouvoirs et des élites de ce temps, les émotions populaires menacent gravement l'ordre social autant que l'ordre de la raison. Le plus dangereux de ces affects est à leurs yeux l'envie, celle qu'éprouvent les « classes inférieures » à l'égard des « classes supérieures » : cette passion dévorante pour l'égalité minerait de l'intérieur les sociétés démocratiques[1]. Au lendemain des révolutions de 1848, un médecin allemand, Groddeck, invente même le concept de *morbus democraticus* (« maladie démocratique »), pour désigner une nouvelle « épidémie morale » fondée sur l'illusion de liberté illimitée, le ressentiment et « l'esprit de négation »[2].

Les historiens ont depuis longtemps mis à distance ce procès des émotions populaires désordonnées et dévastatrices. Ils les ont intégrées à leurs enquêtes, tout particulièrement à propos de la politisation populaire, sans les opposer frontalement à la raison critique. À propos de la Révolution française, tout particulièrement, ils ont souligné l'importance de la « compétence sensible » du peuple, cette faculté de juger, en situation, du tolérable et de l'intolérable, du juste et de l'injuste[3]. Le ressort même de la Révolution tient en

---

1. Voir Alexis de Tocqueville, *De la démocratie en Amérique*, éd. Jean-Claude Lamberti et Françoise Melonio, Paris, Robert Laffont, 1986, p. 197-198.
2. C.-Th. Groddeck, *Die Demokratische Krankheit, eine neue Wanhsinns form ou De morbo democratico, nova insaniae forma*, Berlin, 1850. Commentée par Alexandre Brierre de Boismont dans les *Annales médico-psychologiques*, 1850, vol. II, p. 519-523. Traduite en France par l'auteur et publiée la même année sous le titre *De la maladie démocratique. Nouvelle espèce de folie*, Paris, Germer Baillière, 1850.
3. En particulier Sophie Wahnich, *Les Émotions, la Révolution française et le Présent*, Paris, Éditions du CNRS, 2009.

grande partie à la capacité à transformer ou non ces émotions en lois communes. Particulièrement en 1792, l'épreuve démocratique se joue, selon Sophie Wahnich, dans la capacité à écouter les plaintes du peuple lorsque ses droits sont bafoués[4]. Mais très vite « la rétention des émotions devient un marqueur politique », et sous le Directoire (1795-1799) la « politique raisonnée » est mise à l'ordre du jour[5].

Pour le XIXe siècle français, le chantier historiographique des émotions politiques est sans doute moins avancé[6]. Or ce siècle correspond, on le sait, à un moment de transition décisive des manières de protester, ou « répertoires d'action collective ». Précisément, dans cet entre-deux qui court de l'après-Révolution aux années 1870, l'extériorisation des émotions demeure centrale dans les mobilisations protestataires, au moins autant que la défense des intérêts, et davantage que l'expression des idéologies. Le combat pour la légitimité ou l'illégitimité des émotions populaires est placé au cœur des épreuves du social. Il a laissé des traces nécessairement discontinues et inégales. Les émotions attribuées aux groupes protestataires sont le plus souvent assignées de l'extérieur. Quand les acteurs populaires énoncent eux-mêmes les émotions qui les ont poussés à agir, ils le font généralement dans des interactions qui les contraignent : procédures judiciaires, requêtes, plaintes, justifications, demandes de récompenses, etc. Il faut alors démêler cet écheveau pour saisir, en situation, des émotions toujours insérées dans des rapports de pouvoir. Nous avons retenu ici trois scènes publiques où se déploient et s'énoncent de manière singulière des émotions protestataires au XIXe siècle : la scène émeutière, la scène insurrectionnelle, et la scène ritualisée.

La scène émeutière

Les « émotions populaires », émeutes frumentaires, rébellions anti-gendarmiques, mouvements de résistance à l'État et à l'impôt,

4. Sophie Wahnich, *La Longue Patience du peuple. 1792, naissance de la République*, Paris, Payot, 2008.
5. Guillaume Mazeau, « Émotions politiques : la Révolution française », dans Alain Corbin, Jean-Jacques Courtine, Georges Vigarello (dir.), *Histoire des émotions*, tome 2 : *Des Lumières à la fin du XIXe siècle*, Paris, Seuil, 2016, p. 98-142.
6. Pour une première approche de méthode, voir Quentin Deluermoz, Emmanuel Fureix, Hervé Mazurel et M'hamed Oualdi, « Écrire l'histoire des émotions. De l'objet à la catégorie d'analyse », *Revue d'histoire du XIXe siècle*, n° 47, 2013/2, p. 155-189.

ainsi que les violences contre les machines continuent de traverser le monde social durant le premier XIXe siècle, avant de décroître sensiblement. Leurs historiens, sans placer les émotions au cœur de leur étude, en ont restitué les logiques principales[7]. Ils ont dû pour ce faire percer l'écran des discours dominants, qui relient mécaniquement ces émeutes à des passions haineuses ou au ressentiment. En 1847, l'émeute frumentaire de Buzançais est ainsi lue comme le fruit d'une sourde excitation des « petits » contre les « gros », des « blouses » contre les « bourgeois ». Tocqueville n'a pas de mots assez durs pour décrier une émeute aux « traits sauvages », qu'il associe à une haine de classe : « Des menaces de pillage, d'incendie et de meurtre étaient proférées contre la classe entière des propriétaires, désignés sous le nom générique de *bourgeois*[8]. »

Mais les émeutes sociales ne se réduisent pas à une soif de vengeance des faibles. Les historiens ont souligné, à la suite d'Edward P. Thompson, le rôle dans les rébellions protestataires d'une « économie morale » et d'une grammaire de la justice chargée d'affects[9]. Les relations sociales à l'intérieur des communautés locales continuent au XIXe siècle d'être travaillées par les « usages de la coutume » et une conception du bien commun qui contredit les logiques du libre marché national. Les émeutes frumentaires, en particulier, voient s'affronter dans un face-à-face négocié une foule de consommateurs et des autorités locales sommées de prendre le parti du « juste prix » conforme au droit à l'existence, et de punir les « accapareurs » qui profitent de la misère du peuple. E. P. Thompson définit ainsi la composante affective de cette « économie morale » : ce sont « les émotions profondes suscitées par la disette, les exigences formulées par la foule à l'égard des autorités lors de ces

---

7. Nicolas Bourguinat, *Les Grains du désordre. L'État face aux violences frumentaires dans la première moitié du XIXe siècle*, Paris, Éditions de l'EHESS, 2002 ; Aurélien Lignereux, *La France rébellionnaire. Les résistances à la gendarmerie, 1800-1859*, Rennes, Presses universitaires de Rennes, 2008 ; Nicolas Delalande, *Les Batailles de l'impôt. Consentement et résistances de 1789 à nos jours*, Paris, Seuil, 2011 ; François Jarrige, *Au temps des « tueuses de bras ». Les bris de machines à l'aube de l'ère industrielle (1780-1860)*, Rennes, Presses universitaires de Rennes, 2009.
8. « Discours à l'Académie française sur les prix de vertu prononcé le 22 juillet 1847 », dans Alexis de Tocqueville, *Études économiques, politiques et littéraires*, vol. 9 des *Œuvres complètes*, Paris, Michel Lévy, 1866, p. 30.
9. Edward P. Thompson, « The moral economy of the English crowd in the eighteenth century », *Past & Present*, vol. 50, n° 1, février 1971, p. 76-136 ; Didier Fassin, « Les économies morales revisitées », *Annales. Histoire, Sciences sociales*, novembre-décembre 2009, n° 6, p. 1237-1266.

crises, et la rage provoquée par la recherche du profit dans des situations d'urgence vitale[10]. La foule émeutière, en l'absence de protection des autorités, se fait alors justice elle-même, par la « taxation » des grains et le châtiment des spéculateurs. L'intuition sensible du juste et de l'injuste est au cœur de ce processus. Mais « l'économie morale » évolue au cours du premier XIXe siècle et se politise de plus en plus[11] : lors de la deuxième grande crise frumentaire du siècle, en 1846-1847, les émeutiers se réfèrent moins à des usages communautaires qu'à un « régime du peuple », capable de garantir la justice sociale et pas seulement la protection des individus, l'encadrement du marché et pas seulement la philanthropie. La mémoire du « maximum » révolutionnaire – prix maximal fixé par l'État en septembre 1793 pour les denrées de première nécessité – est alors réactivée.

Les épreuves du social sont aussi ordonnées, durant ce premier XIXe siècle, par la reconnaissance du « bon droit », ou « droit des ouvriers »[12]. Ce dernier passe par des règles coutumières, jugées légitimes par les deux parties en conflit. Les conseils de prud'hommes créés en 1806 sont l'enceinte où se règlent les transgressions de ce « bon droit » : ouvriers et patrons (ou négociants) purgent leurs différends, dans une publicité limitée et à l'issue d'une catharsis affective. Le « bon droit » est intimement lié à l'affirmation de la *dignité* des ouvriers, devenue centrale au XIXe siècle. « Le XVIIIe siècle, écrit Jacques Rougerie, connaissait l'honneur (tant soit peu exclusif) du métier. Il s'agit désormais de dignité, dignité du travail, dignité de l'homme travailleur[13]. » L'émeute peut prendre la forme visible – et quelquefois paroxystique – de cette lutte morale pour la reconnaissance d'une dignité ouvrière. C'est le cas notamment des destructions de « mécaniques » qui scandent le premier XIXe siècle[14]. L'ordre des machines ne vient pas seulement « tuer des bras » en créant du chômage, il s'attaque aux savoir-faire et aux compétences d'ouvriers qualifiés – les tondeurs de drap ou les ouvriers typographes,

10. Edward P. Thompson, « The moral economy reviewed », *Customs in Common*, Londres, The Merlin Press, 1991, p. 259-351.
11. Nicolas Bourguinat, *Les Grains du désordre…*, *op. cit.*
12. Alain Cottereau, « Justice et injustice ordinaire sur les lieux de travail d'après les audiences prud'homales (1806-1866) », *Le Mouvement social*, octobre-décembre 1987, n° 141, p. 25-60.
13. Jacques Rougerie, « Le mouvement associatif populaire comme facteur d'acculturation politique à Paris de la Révolution aux années 1840 : continuité, discontinuités », *Annales historiques de la Révolution française*, 1994, n° 297, p. 497-516.
14. François Jarrige, *Au temps des « tueuses de bras »…*, *op. cit.*

par exemple. Le bris de machine permet à des ouvriers de recouvrer leur dignité morale, à l'issue d'une longue chaîne de doléances, pétitions, plaintes dont la violence n'est que l'ultime maillon.

C'est aussi le cas lors du soulèvement en novembre 1831 des canuts lyonnais, chefs d'atelier et compagnons. Le journal *L'Écho de la fabrique*, porte-parole de ces ouvriers tisseurs, explicite dans une adresse aux marchands-fabricants (les donneurs d'ordre) « l'épreuve du mépris » dont ils font l'expérience : « Que MM. les négociants se rappellent bien leur origine ; qu'ils pensent qu'eux tous sont sortis de cette classe qu'ils méprisent aujourd'hui ; [...] et que leurs ouvriers sont des hommes comme eux, et dignes d'autant de respect[15]. » Les relations contractuelles entre ouvriers et marchands-fabricants sont devenues de plus en plus asymétriques du fait des « vexations continuelles » de la part « d'une partie de MM. Les fabricants ». Le refus de ces derniers de reconnaître la légalité de l'accord collectif sur le « tarif » minimum[16], pourtant négocié en octobre 1831 en présence du préfet, s'est ajouté à une longue suite d'« abus » – par exemple l'exigence de délais de fabrication plus courts. Dans un contexte de concurrence internationale, le « bon droit » de la fabrique lyonnaise vole en éclats.

Dans un tel moment, énoncer le mépris et dire l'humiliation revient à la fois à justifier l'émeute, à identifier l'adversaire, mais aussi à « constituer un sujet collectif de revendications[17] », rassemblant chefs d'atelier et simples compagnons en un corps solidaire. Les émotions entrent clairement dans des luttes de représentations : au moment où le publiciste Saint-Marc Girardin agite la peur des « barbares » des « faubourgs de nos villes manufacturières », les porte-parole de la cause ouvrière défendent le « sentiment de la dignité humaine, animés de la conviction des droits individuels et hardiment froissés des spoliations et de l'ilotisme[18] ».

À la fin du XIXe siècle, l'économie des affects se modifie graduellement. Alors que l'économie se désencastre du social, que le

15. *L'Écho de la fabrique*, n° 2, 6 novembre 1831.
16. Prix des façons payé par les négociants aux chefs d'atelier. Sur la fabrique lyonnaise, voir le classique Fernand Rude, *Le Mouvement ouvrier à Lyon de 1827 à 1832*, Paris, Monchrestien, 1944.
17. Emmanuel Renault, « Mépris et souffrance dans *L'Écho de la fabrique* », dans Ludovic Frobert (dir.), *L'Écho de la fabrique : Naissance de la presse ouvrière à Lyon*, Lyon, ENS Éditions, 2010, p. 87-110.
18. Lettre de Théodore de Seyne à Pierre Charnier, le 30 septembre 1835.

droit du travail se détache du « bon droit », et que se transforment les répertoires d'action collective, les sentiments moraux, fondés sur des relations de proximité et de réciprocité, semblent moins souvent mobilisés, au sein de mouvements sociaux plus institutionnalisés[19].

La scène insurrectionnelle

La protestation populaire s'incarne dans une autre scène caractéristique du XIXe siècle : l'insurrection barricadière. De 1827[20] à 1871, avec une fréquence impressionnante dans la capitale parisienne, plus épisodiquement ailleurs, des citoyens (et des citoyennes) prennent possession de l'espace civique en construisant des barricades et/ou en prenant les armes. L'insurrection doit se comprendre comme le prolongement d'une citoyenneté armée qui nous est devenue aujourd'hui étrangère, mais aussi comme la manifestation d'une souveraineté populaire pensée en termes concrets et spatiaux – à l'échelle du quartier ou de la ville. L'insurrection, selon la constitution du 24 juin 1793, constitue un droit sacré lorsque « le gouvernement viole les droits du peuple ». Cette « citoyenneté-combattante », appuyée sur une culture des armes, entre cependant en conflit avec d'autres formes de souveraineté, déléguée, à partir du moment où s'impose le suffrage universel masculin, en mars 1848[21].

Dans chacun de ces mouvements insurrectionnels, l'émotion primordiale – au sens de fondatrice – est l'indignation. Mélange de colère et de révolte, émotion morale, elle éclate en réaction à une « épreuve d'injustice ». L'indignation répond à une agression du pouvoir, à la violation de droits perçus comme sacrés, constitutifs du contrat social : le droit de publier en 1830, le droit de s'assembler dans un banquet en février 1848, le droit au travail en juin de la même année, après la dissolution des ateliers nationaux, le droit de résistance à l'oppression, à la suite du coup d'État de décembre 1851, le droit de conserver ses propres armes – financées par souscription – en mars 1871. Paradoxalement, l'insurrection

---

19. Michel Pigenet et Danielle Tartakowky (dir.), *Histoire des mouvements sociaux en France, de 1814 à nos jours*, Paris, La Découverte, 2012, p. 181-195.
20. Insurrection barricadière de faible ampleur, autour de la rue Saint-Denis à Paris, en novembre 1827.
21. Louis Hincker, *Citoyens-combattants à Paris, 1848-1851*, Villeneuve-d'Ascq, Presses universitaires du Septentrion, 2008.

vise, du point de vue des acteurs, le retour du droit dans la cité. Le 18 mars 1871, lorsque l'ordre donné aux troupes versaillaises de récupérer les canons de la garde nationale fédérée est connu, il est perçu comme un « coup d'État[22] ». De même, en juin 1848, des milliers d'insurgés parisiens – et banlieusards – prennent les armes aux cris de « Vive la République démocratique et sociale ! ». Loin de s'opposer à la République, ils pensent venir à son secours, après avoir diagnostiqué une violation du pacte démocratique scellé lors de la révolution de février.

Et si l'on observe de plus près la mécanique de construction des barricades, c'est un droit encore plus sacré qui catalyse les premières émotions collectives, à l'échelle du quartier : le droit à l'existence, violé par la mise à mort de citoyens innocents, désignés comme « martyrs de la liberté ». Chaque insurrection, en 1830, 1832, 1839, 1848, 1851, commence par un rite inaugural : la monstration ou la procession des premiers cadavres tombés, qui engage les citoyens à prendre les armes au nom de leurs « frères ». Le 23 février 1848 au soir, lors de la célèbre « promenade des cadavres » aux flambeaux, après la fusillade du boulevard des Capucines, on entend sur les boulevards : « Aux armes ! Aux armes ! Nous sommes trahis, on égorge nos frères[23]. » Le 23 juin 1848, les mêmes mots résonnent à la barrière Poissonnière : « Marchons au secours de nos frères qu'on égorge ! » Le culte des martyrs politiques, particulièrement puissant à l'âge romantique, est au cœur des dynamiques insurrectionnelles suivies au ras du sol : une fraternité civique, primordiale, se noue dans le sang versé[24].

Dans les récits des insurgés, l'exposition à la mort et les émotions qu'elle sécrète sont, de fait, centrales. Louis Hincker constate ainsi « une certaine irréductibilité propre à la prise d'armes citoyenne que souligne à sa manière le rappel de la proximité de la mort[25] ». Henri Floucaud, ouvrier chandelier, ancien insurgé de juin 1848, évoque rétrospectivement son désir de vengeance après sa transportation à Cherbourg : « Je jurai de me vangé a la premiere revolte, ou de me faire tué sur la bariquad. » En décembre 1851, occasion lui

22. Martial Senisse, *Les Carnets d'un fédéré de la Commune (1871)*. Recueillis et présentés par Jean-André Faucher, Paris, Éditions Saint-Just, 1965, p. 48.
23. *Le Siècle*, 24 février 1848.
24. Emmanuel Fureix, *La France des larmes. Deuils politiques à l'âge romantique, 1814-1840*, Seyssel, Éditions Champ Vallon, 2009.
25. Louis Hincker, *Citoyens-combattants à Paris, 1848-1851*, *op. cit.*, p. 130.

en est donnée. À la lecture des affiches annonçant le coup d'État, écrit-il, « le sang me boulliona dans le corps je ne pouvais plus y tenir ». Il combat sur les barricades, est arrêté, tente de s'évader et côtoya de très près la mort, à laquelle il échappe finalement : « Le brigadié Menvoya un coup dépé dans lepine dorsal dont jen soufrit Beaucou et longtemps il criait a toute de me tué, on me ranversa les coups de bottes dans les cotes ne me manquerent pas, les coup de points et le cou seré[26]. » L'exposition à la mort est à la fois une expérience affective, paroxystique, et une ressource politique pour mieux requérir la « bonté », l'« humanité » et la « justice » des autorités auxquelles on s'adresse après coup.

À l'échelle des individus insurgés, la sismographie des émotions ne suit pas nécessairement une courbe aussi claire. L'« épreuve de l'injustice » ne se résout pas toujours dans un engagement absolu. La peur, l'incertitude, l'hésitation ont aussi leur part face à l'expérience de la guerre civile. Un ouvrier typographe anglais, Charles Manby Smith, travaillant à Paris dans un atelier d'imprimerie, est saisi par la révolution de 1830 comme par « un coup de tonnerre[27] ». Le 27 juillet, il commence par manifester son indifférence face à une expérience qui lui est doublement étrangère, hors cadre : « Je n'avais alors jamais entendu parler de barricades [...], et je mis quelque temps à saisir ce qui se passait. » Il rencontre un de ses camarades, ouvrier français, insurgé résolu et passionné : « Tout son sang républicain était en feu, et il n'avait plus d'autre intérêt dans la vie que la Révolution française qui, déclara-t-il, était en marche et serait l'aube d'une nouvelle ère de liberté pour le monde[28]. » Charles Manby Smith, de son côté, fait dans un premier temps défection. Il ne partage en rien les codes de l'héroïsme civico-militaire : « Je déclinai toute participation à une entreprise aussi vaine, et lorsqu'il m'en demanda la raison, je lui avouai tout net mon aversion viscérale pour le contact de l'épée ou du fusil, surtout s'il n'y avait rien à y gagner. » Mais il finit par participer tout de même à « mouler et à polir des balles de mousquet pour les patriotes », dans un atelier situé près des quais de la Seine. Puis il se couche au petit matin

26. *Ibid.*, p. 133.
27. *Les Sentiers de l'ouvrier. Le Paris des artisans britanniques (autobiographies, 1815-1850). Textes de John Colin, Charles Manby Smith et William Duthie*, traduits par Sabine Reungoat, édités et présentés par Fabrice Bensimon, Paris, Éditions de la Sorbonne, 2017.
28. *Ibid.*, p. 86.

« pour rêver de bataille, de meurtre et de mort subite ». S'ensuit une journée de tourments et d'injonctions contradictoires : « J'étais malheureux à la maison, où mon agitation me rendait incapable d'agir ou de réfléchir, et inquiet et perdu à l'extérieur[29]. »

De même, un insurgé de juin 1848, Martin-Eugène Deloris, tourneur en cuivre de La Chapelle (alors hors de Paris), clubiste et militant révolutionnaire très actif, fait part de ses oscillations et contradictions intimes, dans un passionnant récit exhumé par Alexandre Frondizi[30]. Le 23 juin, il est saisi d'une peur panique à l'idée que son quartier puisse être assiégé, sans bien saisir les lignes de fracture : « Il était évident pour moi qu'il fallait prendre les armes pour se défendre. Mais contre qui[31] ? »

Le lendemain, il quitte son quartier et descend vers le centre de Paris, muni d'un laissez-passer. Il tente de sortir de la guerre civile en rencontrant le président de l'Assemblée nationale, Jules Sénard, ainsi que le général Cavaignac, pour leur proposer un plan de sortie de crise, orienté vers une authentique république démocratique et sociale. Il caresse le rêve éphémère d'une conciliation fondée sur le retour du droit, mais l'espoir est vite douché. De retour dans son quartier, il apprend la mise en application de l'état de siège, qui annonce un déchaînement de violence répressive. Le 25 juin, le vaincu se résigne à sortir de l'espace public : « J'avais pris le parti de ne pas sortire [*sic*] et de plier la téte sous les événements[32]. » Il rend alors ses armes, justifiant son geste par ces mots poignants : « Il fallait obéir ou mourir et je ne voulais pas mourir. »

La scène ritualisée

La troisième scène protestataire est, au contraire de la précédente, étrangère à l'épanchement de la violence sanglante. Elle s'incarne dans des rites coutumiers détournés de leur fonction

29. *Ibid.*, p. 87.
30. Alexandre Frondizi, *Paris au-delà de Paris : urbanisation et révolution dans l'outre-octroi populaire, 1789-1860*, thèse de doctorat d'histoire sous la direction de Jean-François Chanet et Florence Bourillon, soutenue le 17 novembre 2018 à l'Institut d'études politiques de Paris, p. 309 et suiv.
31. *Id.*
32. *Ibid.*, p. 316.

ordinaire pour énoncer une protestation publique : enterrements d'opposition, charivaris et banquets. À l'âge romantique se construit ainsi un espace public informel, aux côtés de l'espace officiel de délibération critique, celui de la presse et de la représentation parlementaire[33]. Cet espace public oppositionnel est dominé par la raison sensible. À un moment où les réunions publiques et les manifestations sont impossibles ou impensables (avant 1848), il permet de rendre visibles des opinions par ailleurs comprimées. Mais ces opinions, faiblement explicitées, sont couplées à des émotions incorporées et partagées : les rituels fabriquent des communautés d'expérience dont nous discuterons les contours et la stabilité.

Les enterrements d'opposition deviennent à Paris un rite protestataire dans les années 1820 et atteignent leur apogée dans les années 1830 avant de ressurgir plus ponctuellement après 1848 dans une arène politique transformée par l'avènement du suffrage « universel » masculin[34]. Ils célèbrent des personnalités du panthéon libéral et républicain, du général Foy au général Lamarque, de Benjamin Constant à La Fayette, accompagnées jusqu'à leur dernière demeure par des foules compactes, essentiellement masculines. Ces dernières énoncent une protestation plus ou moins explicite dans des cris – « Vive les libertés publiques ! Vive la République ! » –, des chants révolutionnaires, des gestes – le port à bras du cercueil, alors prohibé –, des symboles – des couronnes civiques et des drapeaux –, des éloges profanes prononcés sur la tombe, et des serments collectifs visant à honorer l'héritage politique du défunt. Les émotions qui s'y donnent à voir sont pour partie attendues – l'affliction, les larmes écoulées – mais aussi discordantes et subversives dans le contexte du deuil : l'enthousiasme, la joie ou l'indignation. L'indignation domine lorsque sont honorées des victimes d'une violence aveugle, ainsi lors des funérailles de l'étudiant Lallemand, tué par des gardes royaux en juin 1820, ou encore lorsque la troupe charge la foule endeuillée portant à bras le cercueil du défunt. Mais c'est l'enthousiasme qui l'emporte le plus souvent, lié à une projection sur un futur que l'on espère émancipé.

33. Emmanuel Fureix, « Rites protestataires et tensions démocratiques en France (1820-1848) », *Almanack*, revue brésilienne d'études dix-neuviémistes, 2015/1 (http://www.scielo.br/pdf/alm/n9/2236-4633-alm-9-00005.pdf).
34. Emmanuel Fureix, *La France des larmes. Deuils politiques à l'âge romantique, 1814-1840*, *op. cit.*, p. 323 et suiv.

De même, les banquets politiques, nés en France à partir de 1818, permettent de contourner un interdit – celui des réunions et des associations politiques – par un rite de partage culinaire[35]. Ils rassemblent des centaines de convives – parfois davantage – ayant participé à une souscription préalable. Autour d'un repas commun, des discours et des toasts sont prononcés par des orateurs qui dessinent une critique plus ou moins virulente des pouvoirs. Limités à une élite de notables sous la Restauration, ces banquets se démocratisent, partiellement, sous la monarchie de Juillet. Ils sont pensés à la fois comme des relais d'expression et comme des rites d'effervescence collective. Dès 1842, le républicain Altaroche écrit à leur sujet :

> Le banquet est un excellent moyen d'agitation, comme on dit en Angleterre, et de propagande, comme nous disons en France. Sous l'influence des sentiments d'amour et d'égalité fraternelle que toute grande réunion fait naître et réchauffe, des milliers de citoyens sont bientôt animés d'une pensée commune ; [Grâce à ces citoyens] toujours pleins d'expansion et d'enthousiasme, les aspérités s'effacent, les petites divergences s'harmonisent, et l'assemblée unanime acclame d'une seule voix, à la formule des toasts et aux développements des discours. Toute idée qui a largement passé dans les banquets, passe par cela même dans le vœu national, et ne tarde pas à passer dans la loi[36].

Les banquets peuvent relayer des pétitions collectives, c'est le cas en 1840 à propos de la réforme électorale, par analogie avec les meetings chartistes au Royaume-Uni au même moment. En ce sens, l'effervescence collective vise à transformer l'émotion en loi. Au fond, banquets et enterrements ont en commun d'incarner rituellement une fiction-maîtresse, celle d'une nation ou d'un peuple souverain. Les uns et les autres décernent les honneurs aux grands hommes défenseurs de la « cause du peuple » et dénoncent symétriquement les errements du pouvoir, se transformant en Parlement de place publique. Il en est de même des charivaris politiques, qui font leur apparition autour de 1830[37]. Ils dérivent d'un rite coutumier :

35. Étudiés par Vincent Robert, *Le Temps des banquets. Politique et symbolique d'une génération, 1818-1848*, Paris, Publications de la Sorbonne, 2011.
36. *Dictionnaire politique. Encyclopédie du langage et de la science politiques, rédigée par une réunion de députés, de publicistes et de journalistes, avec une introduction par Garnier-Pagès* (1842), publié par E. Duclerc et Pagnerre, Paris, Pagnerre éditeur, rue de Seine, 1857, p. 147.
37. Emmanuel Fureix, « Le charivari politique : un rite de surveillance civique dans les années 1830 », dans Adeline Beaurepaire et Jérôme Guedj (dir.), *L'Entre-deux électoral. Une autre histoire de la représentation politique en France (XIXe-XXe siècle)*, Rennes, Presses universitaires de Rennes, 2015, p. 53-70.

les concerts tonitruants, à coups de casseroles, chaudrons, cornets et sifflets, contre des veufs remariés, devant leur domicile, la nuit tombée. En se politisant, les charivaris visent désormais des députés, préfets, procureurs, etc. Ils s'imposent comme des manifestations de contrôle démocratique, comme des jugements émis au nom d'une morale populaire. Ils sanctionnent la violation d'un pacte démocratique : des votes de députés contraires à leurs promesses, par exemple. Des insultes permettent d'expulser la colère tout en explicitant la charge, ainsi contre Adolphe Thiers à Aix-en-Provence en 1832 : « À bas l'écrivain vendu, l'orateur acheté ! À bas le traître, le traître à son pays, le traître à la Pologne, le traître à l'Italie ! » La corruption d'électeurs, l'octroi de décorations indues, et plus généralement un régime de faveurs sont dénoncés au son des chaudrons.

L'espace public informel, en ce premier XIXe siècle, rend donc visible et dicible une émotion protestataire. Mais cette dernière s'accompagne d'une retenue de la violence. À l'exception des funérailles du général Lamarque, qui dérivent sur une insurrection en juin 1832, les rites que nous venons d'évoquer excluent le passage à l'acte violent. Ils visent à concilier la critique du pouvoir et l'harmonie des passions. Les émotions justes, en de telles circonstances, font l'objet d'un apprentissage pour prévenir ce qui est regardé par les élites comme des excès populaires. Lamartine, en juin 1843, évoque en ces termes un banquet qu'il juge réussi et dont il a été l'orateur vedette, à Mâcon : « Mille cinq cents convives. Quatre mille ou cinq mille auditeurs. Un ordre, un recueillement, une décence digne d'un temple parmi tous ces hommes dont deux cents ouvriers et petits marchands [...]. Une scène de saint Bernard parlant aux masses[38]. » Un charivari réussi est un charivari maîtrisé où la foule sait suffisamment contenir son indignation pour ne pas frapper l'adversaire visé, ni violer sa propriété.

Les émotions partagées lors de ces rites protestataires ont-elles institué des communautés d'expériences ? Ce n'est pas du tout certain : l'incorporation des mêmes émotions ne constitue pas en soi un collectif stable, et ne renvoie pas davantage à des croyances enracinées[39]. En revanche, la répétition du rituel dans un tempo accé-

---

38. Cité par Vincent Robert, *Le Temps des banquets...*, *op. cit.*, p. 219.
39. Nicolas Mariot, « Qu'est-ce qu'un "enthousiasme civique" ? Sur l'historiographie des fêtes politiques en France après 1789 », *Annales. Histoire, Sciences sociales*, vol. 63, n° 1, 2008, p. 113-140.

léré rend possible un grand récit national. C'est l'organisation de campagnes nationales de banquets et de charivaris qui en fait des caisses de résonance de l'indignation populaire. En 1830, 1840 et 1847-1848, trois grandes campagnes de banquets rythment l'histoire de la protestation libérale puis radicale. La presse les relaie et les constitue en événements d'opinion. En quelques mois, ce sont plusieurs dizaines de banquets, et des dizaines de milliers de banqueteurs qui se réunissent à travers le territoire national, et qui défendent des droits à protéger ou à conquérir : les libertés publiques menacées en 1829-1830, une réforme électorale en 1840, une réforme politique et sociale en 1847. De même, les charivaris politiques ont été démultipliés en une campagne nationale en 1832, contre la politique conservatrice du régime de Louis-Philippe, oublieux des promesses de la révolution de Juillet.

Avant l'avènement de la démocratie représentative, l'espace public de protestation est pour l'essentiel informel. Un puissant imaginaire de la souveraineté populaire traverse l'ensemble des scènes protestataires que nous avons identifiées. Il est moins centré sur la délibération que sur l'échange sensible et le partage d'affects. Les émotions et sentiments moraux, singulièrement l'indignation, affleurent partout, davantage que la défense des intérêts. En certaines circonstances et dans certains espaces, l'indignation pousse à s'exposer à la mort ; dans d'autres, la retenue de la violence s'impose au contraire pour rendre la protestation audible et légitime. L'ensemble de cette économie des émotions a été bouleversé à la fin du XIXe siècle. La crise actuelle de la démocratie représentative et le retour de certaines formes revisitées d'« économie morale[40] » rendent ces gestes et ces pratiques davantage intelligibles, et aiguisent le regard que nous portons sur eux.

40. *Cf.*, par exemple, Samuel Hayat, « Les Gilets jaunes, l'économie morale et le pouvoir » (https://samuelhayat.wordpress.com/2018/12/05/les-gilets-jaunes-leconomie-morale-et-le-pouvoir/).

REDONNER VOIX AUX ÉMOTIONS LITTÉRATURE ET CULTURES OUVRIÈRES

Aurélie Adler

Comment rendre compte des épreuves traversées par nombre de nos concitoyens aujourd'hui lorsque les données chiffrées des statistiques peinent à nous éclairer ? La littérature contemporaine passe régulièrement par l'enquête pour rendre compte des émotions des individus méprisés ou discriminés socialement. Déchiffrer le monde par le détour de l'investigation n'est pas un fait nouveau : dès le XIXe siècle s'impose dans les disciplines émergentes du savoir une « culture de l'enquête[1] » qui informe aussi bien l'écriture journalistique que la production littéraire. Les mutations sociales, liées à la démocratisation et à l'urbanisation, expliquent en partie cette passion pour l'enquête qui conduit des écrivains tels qu'Émile Zola à nourrir la fiction de notes prises sur le terrain. Largement diffusé dans les genres romanesques noirs (polars, romans d'espionnage) mais aussi dans le journalisme tout au long du XXe siècle, ce paradigme de l'enquête trouve à se renouveler dans le dialogue qu'entretient la littérature avec les sciences humaines et sociales. Notre époque serait ainsi celle d'un « nouvel âge de l'enquête » pour reprendre le titre d'un essai récent[2]. Mais si les écrivains se réclament volontiers de cette démarche d'écriture, ils mettent en avant leur illégitimité et leur inconfort méthodologique. En quoi la littérature peut-elle précisément dire ce qui reste en deçà des enquêtes statistiques ou à la marge des études historiques ou sociologiques ?

Cette question se pose avec une acuité toute particulière lorsque la littérature se saisit des mondes ouvriers qui souffrent d'un sentiment de relégation sociale, comme le montre Pierre Rosanvallon dans son essai. Soucieux de montrer « ce que personne ne voit, en faisant entendre ceux que personne n'écoute », l'écrivain entend redonner

1. Dominique Kalifa, « Enquête et culture de l'enquête au XIXe siècle », *Romantisme*, n° 149, 2010, p. 3-23.
2. Laurent Demanze, *Un nouvel âge de l'enquête*, Paris, Corti, coll. « Les essais », 2019.

« une dignité aux pauvres, aux humbles, à tous les nuls et non avenus de la société[3] ». Telle semble être l'ambition des enquêtes menées par Jean-Paul Goux (*Mémoires de l'enclave*, 1986), François Bon (*Daewoo*, 2007) ou Sylvain Pattieu (*Avant de disparaître. Chronique de PSA-Aulnay*, 2013)[4]. Leurs livres se présentent comme des recueils d'entretiens assortis de commentaires ou de réflexions de l'écrivain : ils exposent un savoir sur la culture, les conditions de travail ou de licenciement des ouvriers à l'heure de la délocalisation. Cette quête de connaissance se double d'un impératif éthique et politique de reconnaissance de ceux ou celles à qui l'on dénie la légitimité de parler. Pour les auteurs de ces récits sur la culture ouvrière, il s'agit moins de se faire le porte-parole d'une histoire que de restituer la parole aux individus inaudibles dans l'espace médiatique, négligés par les hommes politiques. Ces recueils de voix tirent leur force de leur littérarité même. Dans ces récits d'un monde ouvrier en voie de disparition ou de précarisation croissante, l'écrivain collecte les témoignages et agence les récits de vie suivant une polyphonie qui confère une portée politique aux émotions recueillies.

Une littérature de terrain

Le dialogue entre littérature et sciences sociales s'est intensifié à partir des années 1980 : tandis que la littérature manifeste une préoccupation de plus en plus prononcée pour les réalités du monde du travail, les sciences sociales infléchissent leurs méthodes en intégrant la littérature et le récit pour mieux saisir leurs objets. À la fin des années 1970, alors même que la classe ouvrière semble se déliter, on assiste à une multiplication des publications sur l'histoire de la culture ouvrière et du mouvement ouvrier. Les travaux de l'historienne Michelle Perrot sur les grèves ouvrières, des historiens Yves Lequin et Jean Métral sur les métallurgistes de la ville de Gisors participent de ce renouvellement de l'histoire sociale qui se propose désormais d'étudier les dynamiques constitutives des groupes sociaux

3. Ivan Jablonka, *L'Histoire est une littérature contemporaine* (2014), Paris, Seuil, 2017, p. 222.
4. On pourrait également citer l'enquête menée par le romancier Arno Bertina auprès des ouvriers de GM&S publiée sur le site *AOC* le 28 janvier 2019 : « Ce qui est beau dans votre combat… » et à paraître aux éditions Verticales sous le titre *Ceux qui trop supportent* en septembre 2021.

à partir de territoires donnés[5]. Rompant avec la conception marxiste de la classe ouvrière perçue comme seul vecteur possible de l'émancipation sociale, les historiens s'intéressent également aux figures de la relégation sociale. Deux intellectuels vont en outre contribuer au renouvellement des objets et des méthodes : Michel Foucault d'abord, dont les travaux (*Moi, Pierre Rivière*... ou *Vie des hommes infâmes*) et les engagements (au sein du Groupe d'information sur les prisons ou GIP) marquent toute une génération d'historiens et d'intellectuels ; Pierre Bourdieu ensuite qui, avec son équipe, montre dans *La Misère du monde* (1993) à quel point la sociologie pose des questions formelles (multiplier les points de vue sur un événement) qui ont intéressé au premier chef les romanciers de la modernité (Faulkner, Joyce, Woolf).

L'exemple de Bourdieu en témoigne : les liens entre littérature et sciences sociales ne se limitent pas à une proximité thématique (intérêt pour les ouvriers, pour les laissés-pour-compte) ; ils relèvent d'un partage de questionnements méthodologiques. Comment faire entendre la voix des sans-voix ? Les historiens et les sociologues délaissent les approches quantitatives au profit d'une approche qualitative, fondée sur la collecte de témoignages oraux ou sur le recours au récit de vie, ce qui rapproche l'histoire des modes littéraires de compréhension du monde[6]. *A contrario*, la littérature témoigne d'un goût croissant pour le document et la matérialité des archives de l'historien. Les écrivains se figurent volontiers sous les traits de l'historien, du sociologue ou de l'ethnologue, selon qu'ils produisent des documents à titre de preuves, qu'ils recueillent des entretiens ou qu'ils recourent à un inventaire des usages et des pratiques d'un groupe donné. On songe bien sûr à Annie Ernaux retraçant la culture du milieu populaire qui fut le sien en « ethnologue de [s]oi-même » ou situant le récit dédié à sa mère quelque part « entre la littérature, la sociologie et l'histoire[7] ».

---

5. Michelle Perrot, *Les Ouvriers en grève : France, 1871-1890*, Paris, Mouton, coll. « Civilisations et sociétés », 1973 ; Yves Lequin, « À la recherche d'une mémoire collective : les métallurgistes de Givors », *Annales ESC*, janvier-février 1980, p. 149-166, ou Yves Lequin, « Jalons pour une histoire de la culture ouvrière en France », *Milieux*, 1981-1982, n° 7-8, p. 70-79.
6. Florence Descamps, *Les Sources orales et l'histoire : récits de vie, entretiens, témoignages oraux*, Paris, Bréal, « Sources d'histoire », 2006 ; Daniel Bertaux, *L'Enquête et ses méthodes : le récit de vie* (1997), Paris, Armand Colin, 3e éd., 2010.
7. Annie Ernaux, « La honte », dans *Écrire la vie*, Paris, Gallimard, « Quarto », 2011, p. 224 ; *Id.*, *Une femme*, Paris, Gallimard, 1989, p. 507.

Endosser le rôle de l'ethnologue, du sociologue ou de l'historien ne va pourtant pas de soi dès lors que l'écrivain ne se limite plus à sa propre histoire familiale et qu'il intervient sur un territoire qui lui est étranger. C'est le cas du romancier Jean-Paul Goux lorsqu'il accepte de répondre à une commande de l'association culturelle La Cité du comité d'établissement Peugeot de Sochaux, en partenariat avec le ministère de la Culture[8]. Du printemps 1984 à l'automne 1985, l'écrivain sillonne le territoire du pays de Montbéliard dont la culture industrielle (textile, sidérurgie, automobile) est en voie de disparition. Au terme de ces vingt et un mois d'enquête dans l'enclave, l'auteur doit proposer « un ouvrage littéraire sur la mémoire collective des habitants de la région de Montbéliard[9] » à un éditeur de son choix. Honorer une telle commande pose toutefois le problème de la légitimité de l'intervention de l'écrivain sur un terrain sensible : « L'extériorité de l'enquêteur, l'autorité suscitée par sa démarche et l'étrangeté de sa langue suscitent défiance et réserve[10]. » Lors de son premier entretien, Jean-Paul Goux relève ainsi les effets d'une violence sociale exercée malgré lui :

> « Vous êtes pas ouvrier, vous ! Vous croyez que vous allez être capable d'écrire un livre sur les ouvriers ? » Il est impeccablement droit, plus grand que moi, plein d'aplomb et me toise du regard[11].

L'écrivain François Bon fait état d'une défiance similaire lorsqu'il intervient en 2003 sur le site industriel de Daewoo à la demande du metteur en scène Charles Tordjman qui dirige alors le théâtre populaire de Lorraine. Pendant six mois, François Bon se documente sur l'usine coréenne et mène une enquête *in situ* en vue de composer une pièce de théâtre dont on retrouve l'empreinte dans *Daewoo*, « roman » qui découle de cette investigation sur le terrain. Constitué d'entretiens fictifs menés avec des ouvrières de la vallée de la

8. Sur ce contexte de la commande, voir Maud Lecacheur : « Écrire la mémoire d'un territoire sur commande. *Mémoires de l'enclave* de Jean-Paul Goux », dans *COnTEXTES* [En ligne], 29 2020, mis en ligne le 15 décembre 2020, consulté le 21 mars 2021. URL : http://journals.openedition.org/contextes/9798.
9. « Convention sous seing privé conclue entre *La Cité* et M. Goux », Montbéliard, 21 avril 1984, Fonds MSHE, citée par Maud Lecacheur.
10. Laurent Demanze, *Un nouvel âge de l'enquête*, *op. cit.*, p. 191.
11. Jean-Paul Goux, *Mémoires de l'enclave* (1986), Arles, Actes Sud, 2003, p. 82.

Fensch, le livre met l'accent sur l'écart entre l'écrivain, soupçonné de se donner une autorité morale à bon compte, et les ouvrières au destin tragique :

> Les gens qui liront votre livre c'est pareil, je suis sûre qu'ils vous aiment bien : quelqu'un qui écrit sur les ouvriers, c'est la preuve que dans ce bas monde on a encore un peu de bon cœur. Et accessoirement que tout reste à sa place, on a fait ce qu'il fallait, posé le bouquet de fleurs à l'enterrement[12].

Fragilisée, la démarche de l'écrivain paraît même à certains égards contre-productive, comme l'indique encore ce reproche qu'un ouvrier adresse à Sylvain Pattieu, historien de formation et romancier, venu collecter les témoignages des ouvriers de PSA-Aulnay en lutte contre la direction de l'usine :

> Tu écris un livre, c'est ça ? À quoi il va servir ton livre, il nous servira à rien, à nous. Il servira aux riches, s'ils le lisent, ils se diront, ah, il faut faire autrement la prochaine fois, faire plus attention, quand ils verront ce qu'on a fait. À eux il leur servira. Ce qui nous servirait, à nous, c'est tout le monde en grève[13].

Ces critiques restent toutefois marginales, comme si l'écrivain les intégrait pour conjurer le spectre de la bonne conscience et d'un agir politique de la littérature. Si le doute est de rigueur, il n'en demeure pas moins qu'une nouvelle figure de l'écrivain engagé apparaît dans ces récits d'enquête. Jean-Paul Goux « exhume des histoires qui vont mourir parce que les voix vivantes qui pourraient les transmettre ne peuvent pas les faire circuler[14] », tandis que François Bon entend « refuser l'effacement[15] ». Suivant le projet lancé par les éditions Plein Jour – proposer à des écrivains de recueillir des voix ordinaires pour rendre compte des réalités sociales du monde contemporain –, Sylvain Pattieu documente les actions de la lutte engagée par les grévistes du groupe PSA « de l'annonce de la fermeture jusqu'à la confirmation du plan social[16] ». En relayant les voix des ouvriers, l'écrivain se fait peut-être moins porte-parole

12. François Bon, *Daewoo*, Paris, Fayard, 2007, p. 104.
13. Sylvain Pattieu, *Avant de disparaître. Chronique de PSA-Aulnay*, Paris, Plein Jour, 2013.
14. Jean-Paul Goux, *Mémoires de l'enclave*, *op. cit.*, p. 581.
15. François Bon, *Daewoo*, *op. cit.*, p. 14.
16. Sylvain Pattieu, *Avant de disparaître*, *op. cit.*, 4e de couverture.

que médiateur d'une colère, témoin et passeur de revendications – être reconnu pour son savoir-faire, être traité dignement – inaudibles ailleurs.

Restituer des voix

Tout l'enjeu de ces récits d'enquête sur le monde du travail tient à la qualité de l'écoute et de la transmission des voix ordinaires des ouvriers. Tout comme Pierre Bourdieu se montre attentif dans *La Misère du monde* à la transcription des entretiens et à leur agencement dans l'espace du livre, les écrivains qui enquêtent sur le monde du travail font état d'une réappropriation nécessaire – sous peine d'illisibilité – des discours recueillis au cours de leurs entretiens. À la fin de son livre, Sylvain Pattieu explicite ainsi les difficultés éthiques liées à cette inévitable part de réécriture : « Je voudrais que ceux qui ont accepté de me parler, de me consacrer du temps, ne se sentent pas en décalage avec le contenu de l'ouvrage. Je suis parti de leurs mots, mais les poser dans un livre les transforme inévitablement[17]. »

Dans *Daewoo*, le lieu commun de la transcription fidèle atteste moins de l'authenticité de l'entretien qu'il ne manifeste la portée éthique et démocratique de la délégation des voix. Si François Bon prétend rapporter mot à mot les propos de Géraldine Roux, c'est parce qu'ils dénoncent l'incurie de Jean-Pierre Aubert, auteur d'un rapport interministériel portant sur les restructurations dans le secteur de la défense :

> Voilà ce qu'il dit, mon ami Aubert : « Il faut accepter que les emplois créés soient d'une autre nature que ceux détruits. Les nouvelles usines sont plus sensibles aux cycles économiques, elles ne sont plus installées pour un siècle. Le temps est à l'usine jetable. Cette idée heurte les salariés, on garde toujours un haut-fourneau dans sa tête. Or, comme pour Mitsubishi près de Rennes, il peut se passer quatre ans entre l'ouverture et la fermeture du site. » – Moi, Géraldine, j'ai un haut-fourneau dans la tête ? Et c'est pour cela que Daewoo m'a mise au chômage ? On leur a fait quoi, à ces gens-là, pour qu'ils nous traitent comme ça ? Seulement, ce sont eux qui disent oui aux patrons…[18]

17. *Id., ibid.*, p. 339.
18. *Ibid.*, p. 108.

La dimension littéraire et politique de *Daewoo* tient ainsi à la sélection, au montage et au télescopage des énoncés rapportés et nécessairement transformés par l'écrivain : les voix des représentants de l'autorité publique, qui protègent les intérêts financiers des multinationales, se heurtent aux points de vue des salariés. On retrouve ces jeux de chassé-croisé entre paroles d'en haut et paroles d'en bas dans *Avant de disparaître. Chronique de PSA-Aulnay*. Sylvain Pattieu juxtapose ainsi la parole des ouvriers qui font état des dégradations physiques et morales liées à l'exercice de métiers difficiles à la langue de bois du patronat qu'il s'emploie à déchiffrer :

> Poissy, 12 décembre 2012,
> – Jour de colère, action coup de poing. La veille, PSA l'a annoncé : finalement, il y aura plus de suppressions d'emplois que les 8 000 prévues. 1 500 de plus. Des « départs naturels », non remplacés.
> – Naturels : inévitables, biologiques, incontestables. Naturels : c'est la vie, c'est comme ça, un point c'est tout.
> – Circulez, y a rien à voir[19].

Cette attention aux mots se lit en outre dans les pauses qui interrompent l'enquête, signalant l'incertitude ou l'interrogation quant au sens à donner aux récits collectés. L'entretien engage ainsi un dialogue fait d'écoutes, d'interprétations et de corrections, qui n'est pas sans rappeler l'approche philologique des textes sacrés. Dans un chapitre de *Mémoires de l'enclave* consacré aux témoignages de Christian Corouge, un O.S. en garniture à Sochaux, Jean-Paul Goux alterne ainsi propos rapportés et exégèse interrogative :

> Mais que dit de si violent Christian Corouge, que son interlocuteur en vienne à son tour à se trouver mal à sa place ? Il y a les voitures qu'on appelle des *poubelles* et leurs sièges des *sacs*. [...] Il y a le travail répétitif et l'avenir fermé, « la mauvaise bouffe et les mauvais apparts », le mal-être physique et le mal-être psychologique[20].

19. Sylvain Pattieu, *Avant de disparaître*, *op. cit.*, p. 169.
20. Jean-Paul Goux, *Mémoires de l'enclave*, *op. cit.*, p. 266.

Consonances et dissonances

Si la manière de retranscrire les mots des autres inquiète l'écrivain, c'est bien parce qu'elle implique la dignité et la visibilité des ouvriers et des ouvrières auxquels ces auteurs entendent rendre hommage. Au seuil de son récit, Sylvain Pattieu fait ainsi état d'une lacune du monde ouvrier dans l'ordre des représentations contemporaines du travail :

> On n'en a plus parlé, à un moment. [...] On a dit que les ouvriers maintenant c'étaient les autres, Chinois, Indiens, Marocains ou Roumains. Moins chers. On a oublié le temps de la classe ouvrière, quand les ouvriers étaient forts, quand ils faisaient peur. [...] Qu'est-ce qui fait classe ? Qu'est-ce qui permet d'unir le multiple, le divers, de faire politique, de faire commun ?[21]

Aux discours et aux représentations qui ont fait l'histoire et la mémoire de la classe ouvrière du XIXe siècle jusqu'aux années 1970, Sylvain Pattieu entend ajouter son propre travail d'écriture littéraire. Se refusant à la fiction, il entend élaborer un récit sans surplomb, un récit composé de « rencontres », de « discussions » afin d'inscrire « la petite histoire » d'Aulnay dans la grande histoire des luttes ouvrières : « Pour se rappeler la fierté[22]. » Cet enchâssement du récit de la lutte des salariés de PSA-Aulnay dans le grand récit des luttes d'hier, documenté par les travaux des historiens, des documentaristes ou des reporters cités à la fin du livre, donne du relief aux paroles ordinaires, les enrichissant d'une perspective historique largement occultée dans les représentations médiatiques du monde ouvrier. Ce qui ressort, c'est dès lors une continuité de la lutte contre des conditions de travail et de licenciement dégradantes.

Si le souhait de faire récit est partagé par l'ensemble des écrivains qui documentent le monde ouvrier aujourd'hui, ce récit prend toutefois des formes différentes selon que l'écrivain met l'accent sur la consonance ou au contraire la dissonance des voix. François Bon et Sylvain Pattieu ont tendance à lisser les voix de sorte qu'elles s'additionnent et résonnent de façon concertée. Dans le

21. Sylvain Pattieu, *Avant de disparaître*, *op. cit.*, p. 16.
22. *Ibid.*, p. 17.

livre *Daewoo*, les entretiens avec les ouvrières sont entrecoupés de fragments rapportant les échanges et les répliques de trois actrices répétant la pièce de théâtre *Daewoo* imaginée par François Bon en collaboration avec Charles Tordjman. Ce prolongement du drame social par la pièce de théâtre confère une dimension chorale au récit : les voix des actrices répètent et répercutent avec force les voix des ouvrières d'une séquence à l'autre. Le narrateur du récit projette ainsi une représentation où les trois actrices reprendraient à tour de rôle des phrases extraites des journaux, des entretiens afin de dénoncer le désastre humain généré par le plan social de l'usine coréenne. Cet enchaînement de répliques met en évidence le travail de répétition et d'amplification à l'œuvre dans l'écriture de François Bon : le chœur des actrices semble retrouver les fonctions dévolues au chœur de la tragédie antique.

Bien qu'elle ne redouble pas le discours social sur la scène d'un théâtre populaire, la chronique de Sylvain Pattieu assemble les voix des ouvriers de façon concertée. D'un entretien à l'autre, on relève une forme d'homogénéisation de l'énonciation, sensible dans le travail sur le lexique et la syntaxe, mettant au premier plan des façons de dire, des émotions communes. Dans les temps forts de la lutte, l'écrivain juxtapose sur la même page les réactions à vif des grévistes qui semblent faire chorus les unes par rapport aux autres. La progression même du livre signale encore cette recherche d'une forme de cohésion. Du « je » de chaque salarié replacé dans son parcours individuel, on passe significativement au pronom « on » d'une collectivité unie dans la grève. Sylvain Pattieu rapporte ainsi le propos d'un gréviste : « Ils voulaient nous virer comme des chiens, on a eu une réaction humaine indispensable, on a gardé la tête haute. [...] On est restés ensemble, unis. On a appris à être les maîtres de notre lutte[23]. »

A contrario, *Mémoires de l'enclave* de Jean-Paul Goux déroute davantage, dans la mesure où l'auteur se refuse à fondre dans une mise en intrigue naturaliste les récits de vie collectés au cours de son enquête. Composé de deux parties, un journal de terrain semi-fictif et cinq cents pages d'entretiens avec les anciens ouvriers et ouvrières de l'enclave, *Mémoires de l'enclave* narre les obstacles formels et les questionnements éthiques auxquels s'expose

23. Sylvain Pattieu, *Avant de disparaître*, *op. cit.*, p. 330.

l'enquêteur. Se mettant en scène sous les traits d'un archéologue, un « Informateur » missionné par un « Conseil de doctes » pour garder mémoire d'une culture sur le point de disparaître, Goux convoque l'imaginaire romantique du collecteur des contes populaires (les frères Grimm, Herder). Mais cet imaginaire est lui-même mis à distance : en raison de leur diversité, les enquêtes orales ne permettent pas de ressaisir la figure d'un peuple homogène, idéalisé. À mesure que progressent les entretiens, l'écrivain fait état de sa perplexité croissante :

> S'il me semble maintenant que toutes choses ici soient appelées à tomber dans l'oubli comme si n'avait jamais existé que ce qui est et qui s'offre à la vue, c'est que les récits qu'on me fait m'apparaissent le plus souvent imprécis, inorganisés, remplis d'obscurités et lacunaires, ô combien lacunaires ! Étais-je vraiment à ce point naïf que j'aie cru que chacun de mes interlocuteurs devait être une sorte de dépositaire fidèle et scrupuleux d'un patrimoine collectif soigneusement préservé ? Je m'étais attribué le rôle du chef de chœur qui permet à chacun des chanteurs de tenir sa partie dans l'harmonie de l'ensemble, je me vois plutôt maintenant comme un modeste amateur de puzzle tentant d'organiser les innombrables pièces d'un vaste tableau dont il ignore tout, puisqu'il n'en a même pas la reproduction qui l'aiderait à le reconstituer[24].

Mémoires de l'enclave ouvre ainsi un espace de voix et de points de vue hétérogènes, résolument dissonants, comme le souligne le pluriel du titre. Et c'est peut-être cet éclatement qui restitue au plus juste la singularité et la disparité des expériences narrées par les ouvrières et les ouvriers du pays de Montbéliard. Du fait de leur disparité, ces récits stratifiés, détaillant aussi bien les violences polymorphes au travail (mutilations physiques et psychiques, mépris d'en haut, racisme et misogynie dans les ateliers) que des moments de joie significatifs de la culture ouvrière, suscitent des émotions contraires, comme le note l'enquêteur, régulièrement partagé entre l'admiration, la déception, l'irritation ou l'étonnement au cours de ses rencontres avec les ouvriers. La littérarité de cette enquête, ce qui la distingue d'un reportage ou d'un travail scientifique, tient précisément à la façon dont le narrateur s'interroge sur les mots qui charrient ces émotions.

---

24. Jean-Paul Goux, *Mémoires de l'enclave*, *op. cit.*, p. 96. Passage cité et commenté par Laurent Demanze dans *Un nouvel âge de l'enquête*, *op. cit.*, p. 155-156.

Composés d'entretiens, les livres d'enquêtes sur les mondes ouvriers assemblent des portraits de voix où résonnent la colère, le courage, l'intelligence et la fierté de celles et ceux qui s'estiment mal représentés, déclassés, voire laissés-pour-compte. Qu'ils mettent l'accent sur l'hétérogénéité des points de vue ou qu'ils orchestrent les voix à la manière d'un chœur, ces livres sont portés par un même projet : restituer des paroles qui demandent à être entendues, légitimées. Dans *Cinq mains coupées*, un recueil d'entretiens réalisés auprès de cinq manifestants mutilés lors du mouvement des Gilets jaunes, la journaliste et romancière Sophie Divry soutient qu'écrire ne revient pas à ajouter des mots (« pas une phrase n'est de moi ») mais bien à écouter et agencer les paroles des témoins pour leur insuffler une force thymique et politique. Renouant avec la métaphore musicale du chœur, elle justifie ainsi sa démarche dans la postface du livre : « J'ai seulement fait de ce quintette de souffrance un chœur avec des solos. Car s'ils ont tous rejoint les manifestations du samedi, par un phénomène d'agrégation politique rare, la grenade les a brutalement démembrés, renvoyés chacun à sa propre médicalisation, ses propres démarches et son propre foyer. Cependant, comme je le pressentais, il demeure dans ces cinq vécus une sorte de cri commun, de même qu'il y a dans le mouvement des Gilets jaunes une même clameur, une même quête de dignité et une même volonté de justice[25]. »

25. Sophie Divry, *Cinq mains coupées*, Paris, Seuil, 2020, p. 118.

TABLE

LES ÉPREUVES DE LA VIE
Pierre Rosanvallon

REBONDS ET EXPLORATIONS

RÉALISATION : NORD COMPO À VILLENEUVE-D'ASCQ
IMPRESSION : NORMANDIE ROTO IMPRESSION S.A.S.
DÉPÔT LÉGAL : AOÛT 2021. N° 148643 (2103203)
IMPRIMÉ EN FRANCE